Diversidade e Inclusão no Direito

Diversidade e Inclusão no Direito

PROMOVENDO A EQUIDADE RACIAL NA ADVOCACIA BRASILEIRA

2024

Coordenadora
Laura Davis Mattar

ALMEDINA

DIVERSIDADE E INCLUSÃO NO DIREITO
PROMOVENDO A EQUIDADE RACIAL NA ADVOCACIA BRASILEIRA

COORDENADORA: Laura Davis Mattar

DIRETOR ALMEDINA BRASIL: Rodrigo Mentz
EDITORA JURÍDICA: Manuella Santos de Castro
EDITOR PLENO: Aurélio Cesar Nogueira
PRODUTORA EDITORIAL: Erika Alonso
ASSISTENTES EDITORIAIS: Letícia Gabriella Batista e Tacila da Silva Souza

DIAGRAMAÇÃO: Almedina

DESIGN DE CAPA: FBA

ISBN: 9786556279886
Fevereiro, 2024

Dados Internacionais de Catalogação na Publicação (CIP)
(Câmara Brasileira do Livro, SP, Brasil)

Diversidade e inclusão no direito : promovendo a
equidade racial na advocacia brasileira
coordenação Laura Davis Mattar.
São Paulo : Almedina, 2024.

Vários autores.
ISBN 978-65-5627-988-6

1. Direitos fundamentais – Brasil 2. Diversidade social
3. Equidade (Direito) 4. Inclusão social
5. Racismo – Aspectos jurídicos I. Mattar, Laura Davis.

23-172891 CDU-347.121

Índices para catálogo sistemático:

1. Inclusão social : Direito fundamental 347.121

Eliane de Freitas Leite – Bibliotecária – CRB 8/8415

Este livro segue as regras do novo Acordo Ortográfico da Língua Portuguesa (1990).

EDITORA: Almedina Brasil
Rua José Maria Lisboa, 860, Conj. 131 e 132, Jardim Paulista | 01423-001 São Paulo | Brasil
www.almedina.com.br

SOBRE A COORDENADORA

Laura Davis Mattar

Doutora em Saúde Pública pela USP, 2011. *Visiting Scholar* de Columbia University (2009-2010). LL.M. pela Sussex University (2002). Graduada em Direito pela PUC-SP (2000). Advogada de Direitos Humanos, atuou por mais de 15 anos em organizações da sociedade civil. Desde 2016, é responsável pela área de Cidadania Corporativa do Mattos Filho e pela gestão do Instituto Mattos Filho. Foi Secretária-Executiva da Aliança Jurídica pela Equidade Racial de 2018 a 2023.

SOBRE OS AUTORES

Adilson José Moreira
Pós-Doutor pela Faculdade de Direito da Universidade de Berkeley. Doutor em Direito Constitucional Comparado pela Faculdade de Direito da Universidade de Harvard. Doutor em Direito Constitucional pela Faculdade de Direito da UFMG. Autor de *Pensando Como Um Negro*: Ensaio de Hermenêutica Jurídica (finalista do Prêmio Jabuti, 2020).

Ana Camila Correia Conceição
Pós-Graduanda em Advocacia do Direito Negocial e Imobiliário. *Product Counsel.* Conselheira Fiscal do Instituto Baiano de Direito e Feminismos (IBADFEM). Coordenadora da Comissão de Promoção da Igualdade Racial no IBADFEM.

Ana Carolina Lourenço
Advogada especialista em gestão de crise, atua no Contencioso Cível do Machado Meyer. Pós-graduada em Direito Digital pela FGV-SP e em Direito Tributário pela PUC-SP. Conselheira Seccional da OAB/SP, Conselheira da Jovem Advocacia, Vice-presidente da Comissão das Mulheres Advogadas, Coordenadora do Grupo de Trabalho Advocacia 5.0. Coordenadora do Projeto Incluir Direito.

Bruna Adelita Gonçalves
Especialista em Direito Empresarial pela Escola Paulista da Magistratura de São Paulo. Formada em direito pela USP. Bolsista do Deutscher Akademischer Austauschdienst em 2016/2017. Advogada.

Bruno Eduardo Pereira Costa
Bacharel em Direito pela PUC Minas com MBA em Gestão de Negócios pela FGV. Membro das Comissões de Imóvel Rural e Contratos Agrários e Regularização Fundiária do IBRADIM. Reconhecido em Real Estate na categoria Up and Coming pela Chambers Latin América 2023, e na categoria Recommended pela Legal 500, edição 2023. Ranqueado pela Chambers Latin América 2018 na área de Direito Imobiliário. Advogado. Especialista em direito imobiliário e negócios imobiliários no escritório Machado Meyer Sendacz e Opice Advogados.

Fernando Morais da Silva
Pós-graduando em Direito do Trabalho pela USP. Bacharel em Direito pela PUC-SP. Advogado na área Trabalhista no escritório Stocche Forbes Advogados.

Jarbas Vargas Nascimento
Pós Doutor em Letras pela UNESP (campus Assis), Doutor em Letras (Semiótica e Linguística Geral) pela USP, Mestre em Língua Portuguesa pela PUC-SP, Graduação e Licenciatura Filosofia e em Letras (Português e Francês) pela Faculdade Nossa Senhora Medianeira – SP, Professor Titular do Departamento de Filosofia e Ciências da Linguagem e do Programa de Pós-Graduação em Língua Portuguesa da PUC-SP.

João Alfredo Busin Fernandes
Graduado pela Faculdade de Direito da Pontifícia Universidade Católica de São Paulo (PUC-SP) e especializado em Gestão Empresarial pela Business School São Paulo. João é reconhecido nos relevantes guias jurídicos Chambers Brazil, IFLR1000, Latin Lawyer 250, The Legal 500 e Análise Advocacia 500. Atuou como associado estrangeiro no escritório Freshfields Bruckhaus Deringer LLP, de Londres, de 2011 a 2012. É sócio responsável pela prática de Investimentos Alternativos no TozziniFreire Advogados.

July Samary S. Araujo
Advogada. Bacharela em Direito pela Universidade Presbiteriana Mackenzie, obteve seu LL.M. em direito transnacional e estadunidense pela University of Dayton School of Law. Foi membra do grupo de

estudos de Direito Antidiscriminatório: teoria e prática, coordenado pelo Professor Adilson Moreira. Recebeu certificado de melhor trabalho de pesquisa apresentado à Semana Jurídica da Universidade Presbiteriana Mackenzie – edição de 2021. Atualmente, é membra da Comissão das Mulheres Advogadas e da Comissão Especial da Advocacia Empresarial OAB/SP.

Kenneth Ferreira
Kenneth Ferreira tem mais de 20 anos de vivência em mercado de capitais e direito bancário, incluindo a estruturação e negociação de documentos relativos a operações financeiras e de mercado de capitais, notadamente em operações de crédito estruturado. Também possui vasta experiência em instituições financeiras, com regulação e supervisão do Banco Central e da CVM. É graduado em Direito pela UNIP, mestre em Direito Comercial pela PUC-SP e tem MBA Executivo em Finanças Corporativas pelo IBMEC-SP. Cursou também Advanced Business Law e International Business Law, na Mt. San Antonio College, EUA.

Larissa dos Santos Vaz Brandão
Mestranda em Antropologia do Direito pela Universidade de São Paulo. Bacharel em Direito pela Universidade de São Paulo. Advogada de societário de Veirano Advogados.

Leonardo Silva Balbino Xavier
Graduado pela Universidade Presbiteriana Mackenzie em 2022. Especialista em Direito de Energia, Infraestrutura, Civil e Societário. Advogado.

Lorena Alves da Silva
Acadêmica de Direito na Faculdade Nacional de Direito da UFRJ. Estagiária na área de Mercado de Capitais no Stocche Forbes Advogados.

Lucca Miguel Margoni Pereira
Bacharel em Direito pela Universidade Presbiteriana Mackenzie. Secondee no escritório Simpson Thacher & Bartlett LLP. Advogado no escritório Lefosse Advogados, atua na área de Mercado de Capitais e Corporate. Reconhecido pelo TTR Data em 2º lugar no ranking de rising star dealmakers em Equity Capital Markets no ano de 2023.

Luiza Nunes Lemos
Mestre em Direito pela Puc-Rio. Especialista em Direito do Trabalho e Previdenciário pela Universidade do Estado do Rio de Janeiro. Bacharel em Direito pela Universidade Federal do Rio Grande do Sul. Advogada da área trabalhista de Veirano Advogados.

Maria Angélica dos Santos
Doutora em Direito pela Faculdade de Direito da UFMG. Brasil. Mestre em Direito Público pela PUC-MG. Brasil. Professora Adjunta de Direito da UFV/Campus Florestal. Escritora.

Maria Izabel Feitosa Accioly
Mestre em Antropologia Social pela UFSCar, pesquisadora do Núcleo de Estudos em Raça e Interseccionalidades (UFC/UNILAB).

Mayna Dias de Melo
Mestranda na Universidade de Columbia/NY. Especialista em Concessões e Parcerias Público – Privadas – FESPSP. Advogada.

Mayara Sant'Anna
Especialista em Direitos Humanos, Diversidade e Inclusão no ambiente de trabalho pela PUC-RS. Bacharel em Direito pela Universidade Federal do Rio de Janeiro. Advogada da área trabalhista de Veirano Advogados.

Nicolas Nunes
Bacharel em Direito pela Universidade Presbiteriana Mackenzie. Ex-membro dos grupos de estudos Direitos Humanos e Empresas, Direito Antidiscriminatório e Direito Ambiental. Serviu o Exército brasileiro por meio do serviço militar inicial e foi dispensado com diploma de honra ao mérito.

Raphaela Azevedo de Mello e Silva
Bacharel em Direito pela Faculdade de Direito da UERJ. Advogada.

Robson de Oliveira
Mestre em Direitos Humanos pela Universidade Pablo de Olavide (Sevilha/Espanha). Pós-graduado em Direito Imobiliário, Especialista

em Direito Imobiliário e Agrário. Ex-Membro das Comissões de Direito Imobiliário, Urbanístico e de Direito Notarial e Registros Públicos da OAB/SP. Advogado do Escritório Demarest Advogados, foi Conselheiro Seccional e Presidente da Comissão Permanente de Igualdade Racial da OAB/SP, vencedor do Chambers Diversity & Inclusion Awards 2019 na categoria Future Leader – Minority Lawyers e vencedor do Chambers Brazil 2022, na categoria Future Leader, idealizador do Comitê D Raízes do Demarest Advogados e Coordenador do Projeto Incluir Direito.

Viviane Scrivani
Pós-Graduada em Direito e Processo do Trabalho na EPD. Diretora Secretária Geral Adjunta da OAB Subseção Santo Amaro. Integrante do GAfinidade Etnias do Trench Rossi e Watanabe. Membro do Associação Nacional da Advocacia Negra – ANAN. Membro do Núcleo de Direito Antidiscriminatório – Comissão da Jovem Advocacia da OAB/SP.

SUMÁRIO

Introdução
A Promoção da Equidade Racial no Mercado Advocatício Brasileiro

Roberto Quiroga Mosquera[1]

A promoção da equidade racial é um tema urgente, que ganha cada vez mais espaço na sociedade brasileira e, consequentemente, nas organizações de todo o país. É recente o reconhecimento das barreiras que têm impedido, há tempos, negros e negras de chegarem em espaços de poder e de decisão, e, conforme essa conscientização avança, iniciativas vêm sendo adotadas para enfrentar esse enorme desafio.

Para construir um futuro equânime para pessoas negras, não se podem esquecer, invisibilizar ou desconsiderar os contextos social, econômico e histórico de violências, discriminações e impedimentos a que essa população esteve sujeita. O Brasil foi o último país das Américas a abolir o regime escravocrata. Embora a sua abolição seja muito celebrada por ter, teoricamente, libertado essa população, sabe-se que as pessoas negras, no período pós-abolição, não tiveram medidas de suporte (social e econômico) que permitissem sua adequada inserção social, tendo se mantido, com frequência, excluída da sociedade. Nesse sentido, muitos consideram que a abolição da escravatura no Brasil não extinguiu a vulnerabilidade dos negros, tendo criado, tão somente, novas formas de exclusão desse grupo.

[1] Presidente da Aliança Jurídica pela Equidade Racial (2022-2023). Mestre e Doutor em Direito Tributário pela Pontifícia Universidade Católica – PUC-SP. Professor de Direito Tributário da Faculdade de Direito da USP e do Mestrado Profissional da FGV Direito SP. Sócio-diretor do Mattos Filho.

Passados mais de 130 anos desde a abolição, as pessoas negras, infelizmente, continuam tendo seus direitos humanos violados, sendo o grupo populacional mais presente em estatísticas de vulnerabilidade social e econômica e o mais ausente nos índices de desenvolvimento humano, como o de acesso aos serviços de educação e saúde de qualidade, de inserção no mercado de trabalho e outros que materializam o que é uma vida digna na sociedade contemporânea. Como reflexo direto desse contexto, enquanto 56% dos brasileiros autodeclaram-se como pretos ou pardos[2], essa população tem os menores rendimentos mensais no Brasil[3]; representa quase 80% das vítimas de homicídio[4]; é a maioria dos encarcerados irregularmente[5] e é a mais afetada pela insegurança alimentar[6].

Inserido na dinâmica do racismo estrutural, o mundo do trabalho reflete a desigualdade racial: negros são a maioria entre os desempregados e dos empregados em subocupações[7] e, quando estão no mercado de trabalho formal, aparecem em quase 60% nos cargos de base, representando apenas 4,7% dos cargos executivos em empresas[8].

[2] Utilizamos a categoria do Instituto Brasileiro de Geografia e Estatística (IBGE), que considera "negro" como a soma de pretos e pardos.

[3] IBGE – Instituto Brasileiro de Geografia e Estatística. *Síntese de indicadores sociais*: uma análise das condições de vida da população brasileira 2021. Rio de Janeiro: IBGE, 2021. 206 p. Disponível em: https://static.poder360.com.br/2021/12/Sintese-de-Indicadores-Sociais-Uma-analise-das-condicoes-de-vida-da-populacao-brasileira-2021.pdf. Acesso em: 25 jan. 2023.

[4] CERQUEIRA, Daniel *et al*. *Atlas da violência 2021*. São Paulo: FBSP, 2021. 108 p. Disponível em: https://www.ipea.gov.br/atlasviolencia/arquivos/artigos/5141-atlasdaviolencia2021completo.pdf . Acesso em: 29 dez. 2022.

[5] DPRJ – Defensoria Pública do Estado do Rio de Janeiro; CONDEGE – Conselho Nacional das Defensoras e Defensores Públicos-Gerais. Relatório consolidado sobre reconhecimento fotográfico em sede policial. RJ: DPRJ, 2020. 3 p. Disponível em: https://sistemas.rj.def.br/publico/sarova.ashx/Portal/sarova/imagem-dpge/public/arquivos/consolida%C3%A7%C3%A3o_relat%C3%B3rio_CONDEGE_e_DPERJ_reconhecimento_fotogr%C3%A1fico.pdf. Acesso em: 25 jan. 2023.

[6] REDE PENSSAN – Rede Brasileira de Pesquisa em Soberania e Segurança Alimentar e Nutricional. *VIGISAN* – Inquérito nacional sobre insegurança alimentar no contexto da pandemia da covid-19 no Brasil. 2020. 66 p. Disponível em: https://olheparaafome.com.br/Uma-analise-das-condicoes-de-vida-da-populacao-brasileira-2021.pdf. Acesso em: 25 jan. 2023.

[7] IBGE, 2021.

[8] INSTITUTO ETHOS. *Perfil social racial e de gênero das 500 maiores empresas do Brasil e suas ações afirmativas*. São Paulo: Ethos, 2010. 51 p. Disponível em: https://www3.ethos.org.br/

O direito e a criação da aliança jurídica pela equidade racial

De acordo com o mais recente Censo do Poder Judiciário, divulgado pelo Conselho Nacional de Justiça em 2014, servidores e magistrados autodeclarados negros representavam apenas 15% do total de profissionais respondentes. O cenário nos escritórios de advocacia *full-service* não seria diferente: em 2017, um levantamento (não publicado) feito pelo Centro de Estudos das Sociedades de Advogados (CESA) revelou que pessoas negras representavam menos de 1% dos profissionais[9] das bancas do país. Além disso, a divisão dos profissionais na hierarquia de cargos dos escritórios atestou a ausência de pessoas negras na liderança, isto é, em espaços de decisão, e sua presença maciça na base: entre os poucos autodeclarados negros, a maioria estava em cargos de entrada e/ou administrativos-operacionais.

O enfrentamento deste quadro de desigualdade racial alarmante foi discutido no evento "Igual por direito: diversidade racial no meio jurídico", realizado em novembro de 2017 na Escola de Direito da Fundação Getúlio Vargas, em São Paulo, com a participação de Sheila Carvalho do Instituto Ethos e de Thiago Amparo, professor da casa. Na ocasião, os oito escritórios de advocacia *full-service* participantes convenceram-se da necessidade de um comprometimento genuíno com a pauta da promoção da equidade racial. Ainda que muitos tivessem programas de diversidade e inclusão em desenvolvimento, com iniciativas focadas principalmente na equidade de gênero e na efetiva inclusão de profissionais LGBTQIAPN+, não haviam, ainda, se dedicado com o afinco necessário às pautas da inserção e da representatividade de pessoas negras nos escritórios.

À época, um dos principais desafios a ser superado era o discurso meritocrático[10], segundo o qual profissionais negros estavam sub-representados

wp-content/uploads/2012/12/4Perfil-Social-Racial-e-de-G%C3%AAnero-das-500-Maiores--Empresas-do-Brasil-e-suas-A%C3%A7%C3%B5es-Afirmativas-Pesquisa-2010.pdf. Acesso em: 25 jan. 2023.

[9] Consideramos "profissionais" aqueles que integram a área técnico-jurídica dos escritórios de advocacia respondentes: auxiliares jurídicos, estagiários, assistentes jurídicos, advogados/associados e sócios.

[10] Cf. BENTO, Cida. *O pacto da branquitude*. São Paulo: Companhia das Letras, 2022. p. 21. Segundo a autora, "[...] o conceito comum de meritocracia é o de um conjunto de habilidades intrínsecas a uma pessoa que despende esforço individual e não estabelece nenhuma relação dessas 'habilidades' com a história social do grupo a que ela pertence e com o contexto no

nos escritórios simplesmente porque a maioria não tinha as competências necessárias para a prestação de serviços jurídicos de excelência, o que retirava das organizações sua responsabilidade, atribuindo-a às próprias pessoas negras. O raciocínio, evidentemente, reproduzia o processo de exclusão social da população negra, por serem contratadas tão somente pessoas com formação em escolas e faculdades tradicionais de Direito, experiências internacionais, fluência em diferentes idiomas, além de *soft skills,* como desenvolvimento de negócios e *networking.* Foi, assim, o discurso da meritocracia que, de modo geral, manteve o meio jurídico homogêneo (e bastante branco), já que recrutava as pessoas privilegiadas.

Somou-se a esse desafio o ainda presente "pacto da branquitude" estabelecido, evidentemente, entre brancos que não se reconhecem como um grupo racializado e privilegiado. De acordo com Cida Bento[11], "as instituições públicas, privadas e da sociedade civil definem, regulamentam e transmitem um modo de funcionamento que torna homogêneo e uniforme não só processos, ferramentas e sistema de valores, mas também o perfil de seus empregados e lideranças, majoritariamente masculino e branco". Trata-se, como ela diz, "de um pacto de cumplicidade não verbalizado entre pessoas brancas, que visa manter seus privilégios". Frente a tal pacto narcísico, voltado à autopreservação, vêm sendo necessários esforços hercúleos para romper com as formas de exclusão e de manutenção de privilégios em nossas instituições, reconhecendo-as e dando-lhes visibilidade para evitar o favorecimento de interesses específicos em detrimento daquele coletivo.

Assim, considerando o racismo estrutural no Brasil e o fato de os escritórios de advocacia *full-service* serem majoritariamente brancos e terem práticas, governança e processos bastante parecidos, os nove escritórios de advocacia presentes no evento anteriormente citado se reuniram no escritório do Mattos Filho para pensarem juntos o que poderia ser feito para promover a equidade racial no meio jurídico. Essa reunião, pode-se dizer, foi um marco histórico, tendo em vista que, ineditamente, os principais

qual está inserida. Ou seja, a meritocracia defende que cada pessoa é a única responsável por seu lugar na sociedade, seu desempenho escolar e profissional, etc. Parte de uma ideia falsa para chegar a uma conclusão igualmente falsa".

11 BENTO, 2022, p.18.

escritórios de advocacia do país, concorrentes que são, concordaram em reunir seus esforços para enfrentarem o racismo estrutural no mercado jurídico por meio da criação da Aliança Jurídica pela Equidade Racial.

A primeira constatação da reunião foi a de que, ainda que bem-intencionados, éramos, todos nós, pouco letrados sobre o racismo e suas manifestações sociais. Para aprender sobre o tema e, ao mesmo tempo, sensibilizar nossos sócios e advogados, resolvemos fazer oito eventos sobre racismo e o mercado jurídico em 2018, um em cada escritório de advocacia. Nascia, assim, o grupo fundador da Aliança Jurídica pela Equidade Racial – formado por BMA, Demarest, Machado Meyer, Mattos Filho, Pinheiro Neto, Trench Rossi Watanabe, Tozzini Freire e Veirano –, ao qual, alguns meses depois, se juntaria o Lefosse.

Primeiros anos da aliança jurídica

Em fevereiro de 2018, foi feito o primeiro evento sobre diversidade racial na advocacia, no Tozzini Freire, com a participação de advogados negros das bancas da Aliança, que contaram sobre as suas experiências e percepções do ambiente de trabalho. Foi a partir desse mesmo mês que os escritórios passaram a se reunir mensalmente. Logo no primeiro encontro, foi feito um calendário único de eventos de sensibilização em que foram discutidos temas como a diversidade racial na magistratura, no Ministério Público e na academia, mulheres negras, vieses inconscientes e branquitude. Ao longo do ano, foi possível atestar o interesse crescente pelo tema da equidade racial entre os profissionais dos escritórios, de modo que o objetivo de os sensibilizar para a temática, ainda que de modo incipiente, foi aos poucos avançando.

Para sermos mais assertivos em nossas estratégias de promoção da equidade racial, entendemos que era preciso conhecer a nossa composição demográfica. Assim, em outubro do mesmo ano, realizamos, em parceria com o CEERT – Centro de Estudos das Relações de Trabalho e Desigualdades e a consultoria Diversidade Corporativa, um Censo da Diversidade conjunto. Os resultados, de alguma maneira esperados, confirmaram os números da pesquisa do CESA: advogados negros representavam, à época, menos de 1% da área técnico-jurídica das nove bancas. Somando-se o número de advogados ao de profissionais autodeclarados negros nas áreas administrativas dos escritórios, tinha-se um total de 19%, portanto, ainda pouco representativo. Em uma perspectiva interseccional, foi constatado que mulheres negras eram minoria em todos os cargos dos escritórios.

Realizar o mapeamento demográfico do grupo, com resultados tão estarrecedores, foi o começo de grandes mudanças nos ambientes de trabalho. Isso porque os escritórios, além de receberem os números do Censo da Diversidade da Aliança Jurídica, também tiveram acesso aos seus resultados individuais, visando subsidiar as equipes de Recursos Humanos (RH) em seus processos atração, recrutamento e seleção, desenvolvimento e retenção de talentos negros.

A partir de 2019, as iniciativas de promoção da equidade racial passaram da teoria à prática e ganharam tração em cada uma das bancas. De modo geral, foram revistos os processos seletivos, especialmente na área técnico-jurídica, que deixaram de exigir a fluência no inglês e a formação em universidades tradicionais. Foram oferecidos também treinamentos, de caráter obrigatório, para combater os vieses inconscientes no recrutamento, desenvolvimento, gestão e retenção de talentos negros.

Os escritórios também passaram a participar mais ativamente do Incluir Direito, iniciativa do CESA com a Universidade Presbiteriana Mackenzie, que prepara universitários autodeclarados negros do 3º ao 5º ano da faculdade de Direito para trabalharem nos escritórios patrocinadores e os inclui em um programa de mentoria com sócios desses escritórios.

Terminamos o ano com um encontro entre os membros dos grupos de afinidade racial dos escritórios, que trocaram experiências sobre suas vivências no trabalho. Foi pelo relato comum da falta de letramento racial dos times de Recursos Humanos que iniciamos o ano de 2020 com um treinamento, feito pelo time do CEERT às equipes de RH dos escritórios, sobre racismo estrutural e gestão de pessoas. Dos aprendizados e provocações surgidos no treinamento, políticas e processos foram atualizados para impulsionar a presença de pessoas negras em diferentes níveis hierárquicos de nossos ambientes de trabalho.

Em 2020, mesmo com a pandemia, a Aliança continuou se reunindo mensalmente e, frente às incertezas, acabou postergando a realização do seu segundo Censo da Diversidade para 2021. Foram realizados alguns webinars que chamaram a atenção para o impacto desproporcional da pandemia em grupos vulnerabilizados, especialmente na população negra.

Institucionalização do grupo e iniciativas recentes

Foi em 2021, no quarto ano da Aliança Jurídica, com vários outros escritórios demonstrando interesse em participar do grupo, que decidimos por sua institucionalização com uma governança clara. Naquele momento, além de definirmos que o seu objetivo principal é "promover, por meio de uma ação coordenada, a equidade racial no mercado jurídico de modo a contribuir para o combate ao racismo estrutural presente em nossa sociedade", também acordamos alguns dos seus objetivos específicos, estando entre eles (i) educar, sensibilizar e conscientizar o mercado jurídico a respeito da temática racial; (ii) promover a troca de experiências e de boas práticas de promoção da equidade racial; e (iii) recrutar, desenvolver e reter profissionais negros e negras no mercado jurídico.

Para permitir a participação de novos escritórios, de modo a ampliar o impacto social da Aliança Jurídica no mercado jurídico, ficou decidido que poderiam somente participar da Aliança Jurídica: escritórios *full-service* regularmente inscritos na Ordem dos Advogados do Brasil e no CESA que tenham ao menos 150 advogados e um Programa de Diversidade e Inclusão estruturado, com uma política de promoção da equidade racial. Com isso, entre seus membros estão os fundadores, como já mencionado, formado pelos nove escritórios que participaram dos primeiros anos de atividade da Aliança; membros convidados – bancas que querem promover a equidade racial e que participam, durante um ano, das reuniões e ações realizadas pelo grupo; e membros associados, que cumprem os requisitos, participaram como convidados por mais de um ano e que têm estruturado um Programa de Diversidade e Inclusão, além de uma política específica de promoção da equidade racial. Assim, além dos nove escritórios fundadores, a Aliança Jurídica pela Equidade Racial conta hoje com mais três membros associados, os escritórios Cescon Barrieu, Felsberg e Stocche Forbes, e dois convidados, Lobo de Rizzo e Milbank.

Reaplicação do censo da diversidade e os cinco anos da aliança jurídica pela equidade racial

Em 2021, com a chegada dos novos membros, decidimos por mais uma rodada de eventos de sensibilização, que duraria um pouco mais de um ano. Novamente, cada escritório ficou responsável por organizar um evento sobre um tema distinto, para sensibilizar continuamente, sobre o racismo estrutural, os profissionais de todos os membros da Aliança Jurídica – fundadores, convidados e associados.

Ao longo do ano, realizamos duas iniciativas até então inéditas: a primeira foi um encontro entre os sócios-diretores dos escritórios de advocacia, portanto a sua alta liderança. Nele foram compartilhadas as ações em prol da equidade racial de cada um dos escritórios, além dos avanços e desafios enfrentados cotidianamente. O segundo foi um evento no Rio de Janeiro, capitaneado pelo BMA e Veirano, escritórios originalmente cariocas, ampliando assim a visibilidade das nossas iniciativas.

No segundo semestre, aplicamos novamente o Censo da Diversidade em parceria com o CEERT e a consultoria Diversidade Corporativa. Feito com respeito aos limites impostos pela Lei Geral de Proteção de Dados (LGPD), o censo teve como objetivo mapear o perfil demográfico dos profissionais dos 12 escritórios membros para avaliar os avanços na equidade racial entre 2018 e 2021 e, também, aprimorar a criação e/ou manutenção de políticas de atração, recrutamento, desenvolvimento e retenção de talentos diversos nos escritórios participantes.

Como passamos de nove escritórios em 2018 para 12 em 2021, buscando respeitar a amostra original e preservar a metodologia da pesquisa, foram realizadas duas análises: uma considerou apenas o grupo dos nove escritórios fundadores; a outra, os atuais 12 membros (fundadores e associados, sem os convidados). Dada a sensibilização já existente sobre a temática da diversidade e inclusão nos escritórios, o Censo da Diversidade 2021 contou com a participação de 70% dos profissionais do conjunto dos escritórios. Os resultados, ainda que estejam longe do ideal, demonstram um salto de mais de 1.100%: a demografia da Aliança Jurídica passou de menos de 1% de profissionais negros nas áreas técnico-jurídicas em 2018 para 11,4% em 2021, devendo ser ressaltado o aumento desse público em cargos seniores, bem como a presença de mulheres negras em praticamente todos os cargos.

Em apenas cinco anos de existência, a Aliança Jurídica alcançou resultados significativos, que devem ser comemorados, especialmente quando se considera que este é um trabalho de promoção de direitos humanos que implica uma mudança na cultura organizacional de escritórios de advocacia bastante tradicionais. A expectativa é de que possamos seguir avançando até que de fato alcancemos, no mercado jurídico, uma representatividade que seja proporcional à porcentagem de pessoas negras existentes na sociedade brasileira. A jornada é longa, mas os avanços obtidos nesses primeiros cinco anos são animadores e certamente nos dão fôlego para seguir.

Nos próximos anos, a Aliança Jurídica quer se consolidar como grupo e ampliar a troca de experiências e boas práticas relacionadas à promoção da equidade racial. Nosso principal desafio agora é promover o senso de pertencimento dos profissionais negros e negras em nossos escritórios, para poderem efetivamente realizar plenamente seu potencial. Além disso, a Aliança seguirá investigando, de forma contínua, acerca dos facilitadores e possíveis entraves para o desenvolvimento profissional efetivo de pessoas negras no meio jurídico. Por fim, mas não menos importante, esperamos influenciar positivamente outros setores, demonstrando as transformações possíveis a partir do trabalho colaborativo, inclusive entre concorrentes.

Com a certeza de que um país sem racismo é um país melhor para todos nós, a Aliança Jurídica seguirá incentivando a reflexão e os debates sobre a promoção da equidade racial no mercado jurídico e na sociedade brasileira, buscando sensibilizar e conscientizar sobre sua importância, sendo este livro um exemplo desse nosso esforço. Nele, você encontrará uma coletânea de artigos que compartilham a experiência do grupo, além de textos que contribuem para a reflexão sobre o racismo estrutural no Brasil. Vale ressaltar que as datas e dados citados ao longo dos textos contemplam o período em que os artigos foram organizados para o livro (2022-2023). Esperamos com ele contribuir com o seu letramento sobre o tema.

Boa leitura!

Referências

BENTO, Cida. *O pacto da branquitude*. São Paulo: Companhia das Letras, 2022.

CERQUEIRA, Daniel et al. *Atlas da violência 2021*. São Paulo: FBSP, 2021. 108 p. Disponível em: https://www.ipea.gov.br/atlasviolencia/arquivos/artigos/5141--atlasdaviolencia2021completo.pdf. Acesso em: 29 dez. 2022.

DPRJ – Defensoria Pública do Estado do Rio de Janeiro; CONDEGE – Conselho Nacional das Defensoras e Defensores Públicos-Gerais. *Relatório consolidado sobre reconhecimento fotográfico em sede policial*. Rio de Janeiro: DPRJ, 2020. 3 p. Disponível em: https://sistemas.rj.def.br/publico/sarova.ashx/Portal/sarova/imagem-dpge/public/arquivos/consolida%C3%A7%C3%A3o_ relat%C3%B3rio_CONDEGE_e_DPERJ_reconhecimento_fotogr%C3%A1fico.pdf. Acesso em: 25 jan. 2023.

IBGE – Instituto Brasileiro de Geografia e Estatística. *Síntese de indicadores sociais:* uma análise das condições de vida da população brasileira 2021. Rio de Janeiro: IBGE, 2021. 206 p. Disponível em: https://static.poder360.com.br/2021/12/Sintese-de-Indicadores-Sociais-Uma-analise-das-condicoes-de-vida-da-populacao-brasileira-2021.pdf. Acesso em: 25 jan. 2023.

INSTITUTO ETHOS. *Perfil social racial e de gênero das 500 maiores empresas do Brasil e suas ações afirmativas.* São Paulo: Ethos, 2010. 51 p. Disponível em: https://www3.ethos.org.br/wp-content/uploads/2012/12/4Perfil-Social-Racial-e-de-G%C3%AAnero-das-500-Maiores-Empresas-do-Brasil-e-suas-A%C3%A7%C3%B5es-Afirmativas-Pesquisa-2010.pdf. Acesso em: 25 jan. 2023.

REDE PENSSAN – Rede Brasileira de Pesquisa em Soberania e Segurança Alimentar e Nutricional. *VIGISAN – Inquérito nacional sobre insegurança alimentar no contexto da pandemia da covid-19 no Brasil.* 2020. 66 p. Disponível em: https:// olheparaafome.com.br/VIGISAN_Inseguranca_alimentar.pdf. Acesso em: 25 jan. 2023.

Eventos realizados pela aliança jurídica pela equidade racial

Abaixo, segue uma lista com todos os eventos realizados pela Aliança Jurídica desde o início de suas atividades, em 2018, até a data da publicação deste livro. Por meio dela, veem-se os temas tratados em cada evento, quem foram os/as seus/suas facilitadores/as ou palestrantes e qual escritório o promoveu.

2018

1. Diversidade racial nos escritórios de advocacia, com Thiago Amparo – Tozzini Freire
2. Diversidade racial nas carreiras jurídicas públicas, com Júlio de Castilhos e Mylene Pereira Ramos – Veirano
3. Diversidade racial no meio acadêmico, com Fábio Franco Pereira, Kabengele Munanga, Maria Aparecida Silva Bento, Márcio José de Macedo – Demarest
4. Diversidade racial em departamentos jurídicos, com Marcela Veríssimo e Itamar Gaino Jr. – Trench Rossi Watanabe
5. Desigualdade e mulheres negras, com Ianda Lopes, Mafoane Odara e Lucineia Rosa dos Santos – Mattos Filho
6. Vieses inconscientes, com Antonio Pereira Jr – BMA e Lefosse
7. Bravo!, com Djamila Ribeiro – Pinheiro Neto

2019

1. Apresentação dos resultados do Censo da Diversidade 2018, na FGV-Direito SP

2. Equidade racial e liberdade religiosa, com Mario Alves da Silva Filho – Pinheiro Neto
3. Vieses inconscientes e diversidade étnico-racial, com Alessandra Loras – Lefosse

2020
1. Obstáculos e oportunidades na gestão das ações de inclusão em meio à pandemia da covid-19, com Thiago Amparo
2. Ações afirmativas na contratação de pessoas negras, com Alessandra Benedito e Theo Van Der Loo

2021
1. Encontro com sócios-diretores de escritórios integrantes da Aliança Jurídica pela Equidade Racial
2. Branquitude e práticas antirracistas, com Lia Vainer Schucman – Mattos Filho
3. Como a educação antirracista ajuda a combater o racismo estrutural, com Silvio Almeida – Lefosse
4. Descolonizando a saúde mental: os impactos do racismo nas subjetividades negras, com Lucas Veiga – Stocche Forbes
5. A luta antirracista na gramática dos direitos humanos, com Sheila de Carvalho – Trench Rossi Watanabe
6. Equidade racial na advocacia, com candidatos à presidência da OAB/SP – Pinheiro Neto

2022
1. 10 anos da lei de cotas raciais, com Alessandra Benedito e Daniel Bento – Machado Meyer
2. África – um novo olhar sobre o continente africano, com José Rivair Macedo – Veirano
3. Revisionismo histórico da abolição da escravatura e o impacto da inserção do negro no mercado de trabalho, com Dr. José Vicente – Cescon Barrieu
4. Racismo cotidiano, acesso à justiça civil e desigualdades no Brasil, com Júlia Drummond – Felsberg
5. Letalidade policial: segurança pública e políticas públicas antirracistas, com Dra. Karen Luise e Dr. Rafael Alcadipani da Silveira – Demarest

Capítulo 1
Inclusão Racial no Meio Jurídico: Desafios e Perspectivas

July Samary S. Araújo
Kenneth Ferreira
Leonardo Silva Balbino Xavier
Lucca Miguel Margoni Pereira
Nicolas Nunes[1]

1. Introdução

A proposta deste capítulo, em celebração aos cinco anos da Aliança Jurídica pela Equidade Racial, é contar um pouco da trajetória construída até aqui, olhar para trás, ver os resultados que foram alcançados e provocar uma reflexão sobre os desafios que nos guiarão de agora em diante.

A construção do texto que apresentamos se deu por meio do esforço conjunto de alguns dos profissionais negros que atuam no Lefosse Advogados, retratando a percepção e a experiência vivenciada por eles nos primeiros anos em que a inclusão racial foi realizada neste escritório. Assim, permitimo-nos falar das percepções que tivemos nas mais diferentes fases de implementação e desenvolvimento dos programas de inclusão racial hoje em funcionamento na instituição em que atuamos.

Falaremos brevemente sobre a visão da liderança acerca da necessidade de se empreender um programa de diversidade, equidade e pertencimento, a sensibilização dos times internos quanto ao assunto, o letramento

[1] Agradecemos a contribuição de Isabelle Oliveira e Nataniele Mariano na construção deste artigo.

dos profissionais sobre a temática racial, as modificações do processo de contratação – incentivando uma abordagem mais inclusiva – e o esforço coletivo feito por escritórios concorrentes para transformar um mercado elitista em um segmento mais aberto e inclusivo.

Também abordaremos a visão dos profissionais que ingressaram em nosso escritório por meio de programas de inclusão, a experiência que tiveram durante os processos seletivos, como se deu sua adaptação em um ambiente acessível a poucos (ou nenhum) profissionais negros, a importância da representatividade, os desafios para o seu desenvolvimento no escritório, a expectativa de que esses profissionais sejam exemplos para outras gerações, a visão sobre os programas de inclusão racial implementados pelo escritório e a importância da criação de um networking de profissionais negros no mercado jurídico.

Este capítulo também aborda algumas ideias práticas e propostas a serem implementadas no futuro sobre os desafios que serão enfrentados, não só para o crescimento do número de profissionais negros neste mercado, mas também para haver maior representatividade nos cargos de liderança e nos mais altos níveis hierárquicos da nossa organização.

Por fim, ressaltamos novamente que pretendemos tratar da experiência empírica e das percepções dos profissionais envolvidos nos programas de inclusão. Este não é, portanto, um artigo acadêmico, mas uma compilação dos relatos vividos por alguns profissionais que têm participado dessa prazerosa – e necessária – jornada de aprendizado para que se alcance uma efetiva inclusão racial no mercado jurídico.

O texto está dividido em duas partes. A primeira, escrita por um sócio do escritório, relata, do ponto de vista da instituição, a construção de iniciativas de inclusão racial. A segunda foi escrita por profissionais que se juntaram ao escritório no âmbito desses programas. A ideia é passar uma visão abrangente do processo, apresentando diferentes perspectivas sobre o assunto em tela.

Esperamos que este texto sirva de inspiração para outros escritórios de advocacia, departamentos jurídicos e profissionais dos mais diversos mercados. Vivenciar a implementação desses projetos é uma verdadeira jornada de conhecimento, aprendizado e transformação da vida não só dos jovens profissionais que ingressam no mercado jurídico, como também daqueles que se dispõem a trabalhar para tornar realidade a verdadeira inclusão.

2. A visão de um sócio

A criação da Aliança Jurídica pela Equidade Racial se deu de uma maneira muito interessante. No meio do ano de 2017, o sócio de um dos escritórios membros convocou uma reunião com seus maiores concorrentes e a iniciou com uma pergunta: "Quantos profissionais negros trabalham no corpo jurídico de seus escritórios?". Os representantes de cada uma das firmas se entreolharam, pois todos já sabiam a resposta. O número era muito baixo ou simplesmente inexistente.

Com essa provocação, o debate o que veio a seguir resultou no compromisso de cada um dos escritórios em aumentar o número de profissionais negros, ainda que não se soubesse como fazer isso ou por onde começar. Havia uma certeza, entretanto: a de que os esforços conjuntos das várias firmas ali presentes seriam muito mais efetivos do que realizar uma implementação independente, ou seja, promovida isoladamente em cada escritório.

Naquela reunião, firmou-se o compromisso de que os escritórios se ajudariam, trocariam experiências sobre os acertos e os erros que experimentassem e colaborariam para aumentar o número de profissionais negros no mercado jurídico.

2.1. Por onde começar?

Muitos se perguntam como começar um programa de inclusão racial. Não existe uma resposta correta para essa pergunta e há muitas maneiras de se colocar em prática um projeto como esse. O primeiro passo é, sem dúvida, a necessidade de se reconhecer que o problema existe e que todos somos responsáveis por ele. O cenário atual, de exclusão dos grupos minorizados, só poderá ser transformado com a quebra desse paradigma em todos os setores da sociedade, com a compreensão de que o ambiente corporativo reflete nossa estrutura social e, portanto, a discriminação racial.

Em algumas organizações, isto é um imenso desafio, pois alguns de seus membros não aceitam a ideia de que há um problema a ser solucionado e que a falta de profissionais negros é "um mero acaso" ou a "consequência de um sistema de ensino não inclusivo", não havendo nada, portanto, que as empresas possam fazer a respeito. É preciso, então, que aqueles que pretendem trabalhar a inclusão também façam o esforço necessário de convencimento interno sobre a importância e a gravidade do tema.

Atualmente, o próprio mercado espera das empresas um compromisso quanto às pautas que tratam de diversidade e inclusão, o que ajuda a angariar aliados para o tema. Entretanto, é importante que, ao tomar a decisão de implementar um programa inclusivo, a instituição, por meio da sua liderança, demonstre ter um comprometimento genuíno com a causa. Esse é um processo de educação de todos os envolvidos e que requer compreensão sobre os desafios que um processo como esse impõe. Estamos todos aprendendo.

3. Algumas sugestões e observações para implementação de programas de inclusão racial

Quando falamos em implementar programas de inclusão racial, nos deparamos com muitos desafios, alguns previsíveis, outros não. A abordagem sobre esse assunto pode se dar de várias formas e com muitas variáveis, mas vou me limitar a listar alguns pontos que me chamaram a atenção e que podem ser de muita utilidade para aqueles que querem começar esta jornada.

Neste ponto, volto a insistir que este texto é apenas um relato da minha percepção sobre o que vivenciamos na construção da Aliança Jurídica pela Equidade Racial. Dito isso, vou chamar a atenção para quatro temas que, se não são os mais importantes, certamente foram muito relevantes na minha experiência pessoal.

3.1. Letramento e sensibilização

O primeiro desafio é iniciar o processo de educação interna sobre a temática racial. Promover eventos para tratar de assuntos que sejam chamativos na comunidade corporativa é uma boa maneira de dar o primeiro passo. Discussões sobre "vieses inconscientes", "meritocracia" e "racismo estrutural" podem se tornar um bom ponto de partida para despertar o interesse sobre o tema.

É importante também citar que encontros regulares para discutir a temática racial são cruciais, pois demonstram o compromisso da instituição e reforçam a ideia de que há uma preocupação genuína com o tema. O mais importante e desejável, porém, é que esses encontros sejam espaços onde todos se sintam efetivamente seguros e acolhidos para dividir suas reais dificuldades para o seu desenvolvimento profissional no escritório.

3.2. Troca de ideias

O que foi conquistado por meio das ações da Aliança Jurídica pela Equidade Racial, como já foi dito, é resultado de um esforço coletivo de vários escritórios que são, no âmbito profissional, concorrentes entre si. Trata-se de uma iniciativa inédita e que deveria ser replicada em outros mercados. Essa oportunidade serviu para que cada escritório compartilhasse com os outros as experiências vividas, incluindo erros e acertos, as quais puderam ser aproveitadas (e, em alguns casos, aperfeiçoadas) no programa de inclusão racial feito pelos demais membros da Aliança.

Além disso, um passo fundamental para o desenvolvimento das instituições foi contar com a ajuda de profissionais extremamente qualificados, que trouxeram embasamento teórico e conhecimento acadêmico para as discussões. Fomos privilegiados nessa jornada por poder contar com os ensinamentos de pessoas que são referência no assunto. Cito apenas alguns, como Cida Bento, Silvio Almeida, Thiago Amparo, Alessandra Benedito e Adilson José Moreira, mas, para não ser injusto, devo dizer que muitos outros foram, como os já mencionados, fundamentais para construir a Aliança.

3.3. Recrutamento e desenvolvimento profissional

Os escritórios de advocacia sempre tiveram uma forma muito particular de contratação de profissionais. Historicamente, buscavam estudantes das chamadas faculdades de primeira linha, fluentes em inglês e que nem precisavam ter experiência profissional. Os alunos vinham das mesmas faculdades e, por vezes, já se conheciam por estudarem também nas mesmas escolas. O resultado disso era um ambiente bastante homogêneo em todas as firmas.

Não se tinha em conta o quão excludentes eram essas premissas de contratação. Os alunos que entravam nos escritórios eram considerados os talentos a serem lapidados e muitos, de fato, eram. Mas algumas perguntas se impuseram quando foram implementados os programas de inclusão racial: "Será que só nessas faculdades estão os talentos do mundo jurídico?" e "O inglês é mesmo fundamental desde o início? Não seria possível aprender o idioma enquanto os profissionais se desenvolvem internamente?"

Outra questão que pudemos notar é que, para os estudantes chegarem às faculdades escolhidas pelos escritórios, nos seus dezessete ou dezoito anos, deveriam ter tido uma formação de base bastante privilegiada. Isso afastava dos escritórios os jovens talentos que não tiveram as mesmas oportunidades.

Atualmente, uma ideia comum é a de que a maior contribuição da diversidade é que uma empresa inclusiva consegue olhar para um problema por vários ângulos diferentes e, assim, pode oferecer soluções mais criativas e completas aos seus clientes. Sem dúvida isso é verdade, mas eu vejo a inclusão racial também como uma oportunidade para as próprias organizações, não apenas para os clientes delas. Eliminar as barreiras tradicionais (faculdade de "primeira linha" e inglês) possibilita que as instituições captem profissionais que antes nem sabiam que existiam e que podem contribuir de muitas outras maneiras. Cabe a cada uma delas olhar para o recrutamento de uma forma em que se busque os verdadeiros talentos e não credenciais.

3.4. Acolhimento e desenvolvimento

Uma vez que o escritório decide ser diverso, tem que trazer para si o desafio de criar um ambiente acolhedor e que propicie o desenvolvimento dos profissionais, respeitando as suas trajetórias e oferecendo as ferramentas necessárias ao crescimento de cada um.

Assim, ao dar espaço a esses profissionais, é necessário também criar um ambiente que vise extrair as suas melhores qualidades e, ao mesmo tempo, propiciar as condições necessárias não só para o seu desenvolvimento profissional, mas para eles se sentirem pertencendo verdadeiramente à empresa. Isso é muito importante para um programa de inclusão de sucesso. E é um grande desafio.

4. A visão de ingressados por meio dos programas de inclusão – desenvolvimento de carreira

4.1. Desenvolvimento de carreira

4.1.1. Ambiente inclusivo

A entrada em grandes bancas de advocacia, marcada por uma série de desafios, é uma das barreiras a ser superada por profissionais negros e negras, que, em geral, se deparam com uma realidade bastante distinta daquela de suas vivências anteriores. A ocupação destes espaços, certamente, é um divisor de águas para jovens que, muitas vezes, se sentem insuficientemente preparados ou duvidam de sua capacidade. Por isso, para além da contratação, é necessária a adoção de mecanismos para se criar um ambiente livre de preconceitos raciais, que não reforce os estereótipos que normalmente afetam diretamente a integração e o desenvolvimento desses profissionais. Esses ambientes não foram pensados para pessoas negras, nem foram desenvolvidos levando em conta a sua presença. Todo o ecossistema desses espaços opera em uma lógica desenvolvida para o que é considerado o padrão, com pactos implícitos de convivência social e suporte mútuo – isso porque o racismo é um elemento inerente à sociedade, ou seja, é a sua normalidade e, por consequência, molda todas as suas instâncias e gera um sistema de reprodução de desigualdade.[2]

Em vista disso, tornar este ambiente diverso demanda esforço por parte dos escritórios, principalmente na inserção e acolhimento de profissionais negros, de modo que tenham as mesmas oportunidades de desenvolvimento que os demais e possam se integrar a ele com possibilidades reais de desenvolver a plenitude de seus potenciais.

4.1.2. Compromisso genuíno da instituição

Nesse sentido, é fundamental que a diversidade seja tratada para além de uma iniciativa de marketing ou questão de posicionamento de marca, não somente para não dar ensejo ao *socialwashing*,[3] mas para promover e difundir uma cultura diversa, que faça parte do DNA dos escritórios, de

[2] ALMEIDA, Silvio Luiz de. *O que é racismo estrutural?* São Paulo: Pólen, 2019. E-book. p. 21.

[3] *Socialwashing* é um termo em inglês que expressa a falta de um compromisso genuíno no que diz respeito ao papel social da empresa.

forma que todos vejam as iniciativas em prol da diversidade como inerentes ao funcionamento deles. Além disso, trata-se de uma questão de justiça no que diz respeito ao papel social da empresa, tendo em vista que, ao aderir a ações afirmativas, ela está cumprindo com o caráter e a finalidade horizontal dos direitos fundamentais.[4]

A recepção e integração desses profissionais tem de ser feita de maneira coletiva e consciente. Todos devem, em maior ou menor grau, estar empenhados em contribuir para o desenvolvimento daquele talento que chega. Essencialmente, não é algo que possa ser feito de cima para baixo. Apesar das diretrizes vindas do topo fazerem toda a diferença, não devem soar como uma ordem da liderança ou obrigação, tendo em vista a realidade do mercado, que demanda o avanço das pautas de ESG,[5] ou seja, que a preocupação com os fatores econômicos deve estar aliada às questões ambientais, sociais e de governança. Por essa mesma razão, entendemos ser necessário que iniciativas para Diversidade, Equidade e Pertencimento sejam valores intrínsecos e desenvolvidos nas grandes bancas. Não se produzem grandes resultados se apenas sócios, *counsels*[6] e diretores são aliados à causa, mas o restante dos funcionários, não. É na ponta que acontece verdadeiramente a inclusão, ou seja, nas relações cotidianas com os advogados juniores, plenos e seniores.

4.1.3. Aspectos subjetivos no desenvolvimento do profissional negro

Por outro lado, o ambiente precisa estar pronto para o acolhimento de profissionais negros e negras, gerando o sentimento de empatia nos aspectos psicológico e social. As iniciativas para conscientização interna, a depender da forma como são conduzidas, conseguem produzir um efeito extremamente positivo para isso.

Cumpre lembrar que o racismo opera na sociedade de diversas formas e, ao longo do tempo, se refina de maneira a criar mecanismos extremamente sofisticados de controle social, afetando o reconhecimento do valor do sujeito negro perante o mundo. A consequência, nesse contexto,

[4] MOREIRA, Adilson José. *Tratado de direito antidiscriminatório*. São Paulo: Contracorrente, 2020.

[5] ESG é a sigla em inglês para *environmental, social and governance*, que em português significa ambiental, social e governança.

[6] Em português: consultores ou conselheiros.

é a produção nele de uma incapacidade de se sentir pertencente a locais de destaque e com prestígio social. Caso o profissional não consiga gerir e desamarrar essas travas, passa a viver um sofrimento decorrente da sensação de não pertencimento ao local e a insegurança sobre a sua permanência naquele meio. Esse processo é extremamente doloroso e complexo para os envolvidos.

Nesse cenário, o ideal é que profissionais negros e negras tenham suporte e acompanhamento para transpassar esse problema e possam se desenvolver de maneira satisfatória. O papel dos aliados é ainda mais fundamental, pois demonstra que há pessoas com quem o profissional pode contar. Programas internos de mentoria, por exemplo, podem ser ótimas ferramentas para o apoio ao desenvolvimento profissional de quem passa por esse processo.

4.1.4. Ações concretas de apoio ao efetivo desenvolvimento

Em seguida, tem-se o desenvolvimento relacionado aos conhecimentos e habilidades técnicas necessários para um ambiente de trabalho competitivo, dinâmico e complexo. Nesse sentido, cabe também ao escritório assegurar oportunidades para o profissional conseguir adquirir essas ferramentas e possa planejar sua carreira a longo prazo.

As oportunidades nem sempre precisam vir em forma de auxílios ou bolsas, apesar de estas serem de suma importância. Muitas vezes facilitar o acesso, direcionar o profissional ou incentivá-lo a procurar o desenvolvimento de habilidades técnicas já é medida que faz grande diferença em seu desenvolvimento. Tais gastos não são despesas, mas investimentos. Aportar para o conhecimento técnico de um bom funcionário é dedicar recursos a um ativo valioso da companhia que, futuramente, poderá tornar-se sócio.

Em uma visão mais concreta, o escritório pode dar subsídios para cursos de inglês e de aperfeiçoamento, realizar parcerias com instituições de ensino, oferecer empréstimos para pós-graduações, além de promover programas internos de mentoria, cursos e aulas sobre temas técnicos do dia a dia.

5. Processo seletivo e integração

Por meio da Aliança Jurídica pela Equidade Racial, as maiores firmas de advocacia se uniram com o objetivo de somar esforços para a inclusão e a equidade racial de profissionais negros e negras nos seus escritórios e no meio jurídico.

Muitos profissionais negros e negras que entram nas grandes bancas de advocacia têm como forma de ingresso o Projeto Incluir Direito, um programa de ação afirmativa que visa aproximar jovens negros e negras dos grandes escritórios, potencializar suas habilidades e proporcionar um espaço de discussão para as pautas raciais, ao mesmo tempo em que traz uma experiência de autoconhecimento e crescimento em conjunto com os demais alunos. Entre os requisitos para participação no processo, além de se autodeclarar preto ou pardo, é o de ser aluno na condição de bolsista ou apresentar vulnerabilidade socioeconômica.

Políticas racialmente inclusivas implementadas pelas iniciativas privada e pública fomentam a discriminação positiva como meio de inclusão de grupos marginalizados e contribuem para reverter a estratificação social, fruto de um processo que se perpetua há várias gerações. O Incluir Direito constrói uma ponte entre esses grupos e os grandes escritórios, favorecendo o contato com profissionais experientes na sua área de atuação. Por meio da mentoria, o jovem pode visualizar como seriam a vivência e a rotina trabalhando em bancas como essas.

O projeto se mostrou bastante disruptivo, posto que, à época, sequer se falava em inclusão de negros e negras, nem se encarava a ausência dessas pessoas como uma preocupação destes grandes escritórios de advocacia. Em que pese o Projeto Incluir Direito trazer aprendizados acerca do Direito Antidiscriminatório e munir jovens com as ferramentas básicas para a inclusão, além de lhes propiciar formas de atuar em ambientes corporativos de alta performance e competitividade, era necessário estimular o desenvolvimento da carreira deles. Via de regra, os e as participantes, embora estivessem sedentos por oportunidades e aprendizado, não estudaram inglês ou, se o fizeram, não puderam desenvolver a fluência no idioma estrangeiro, sendo este o principal requisito exigido nos processos seletivos dos grandes escritórios.

Por meio do Projeto Incluir, o Centro de Estudos das Sociedades de Advogados (CESA) subsidia o curso de inglês, em escolas renomadas, de jovens aspirantes a entrar nessas bancas de advocacia, as quais assumem o compromisso de continuar apoiando-os com este subsídio após a contratação. Esse requisito, que antes era um fator excludente, deixou de ser uma barreira e se converteu em um investimento, e de altíssimo retorno, nesses jovens talentos, que almejam uma oportunidade de atuar nas grandes bancas. Como contrapartida, os grandes escritórios passam a contar com profissionais ainda mais motivados para atuar em trabalhos de alta complexidade que, em geral, necessitam do domínio do inglês, o que contribui ainda mais para o seu desenvolvimento profissional.

Além disso, nos últimos meses do projeto, os e as jovens se dedicam à realização de simulação de entrevistas e acompanham as apresentações institucionais de diversos escritórios para identificar se há afinidade de valores entre as partes. Este, em nossa perspectiva de egressos e egressas desse projeto de extrema relevância social, é um dos pontos mais marcantes. É neste momento que se torna possível fazer uma retrospectiva e repensar nossa trajetória, já que, no início, muitos de nós não se viam ocupando espaços como os desses grandes escritórios, sendo que vários viam a carreira pública como a única possível. E é nesse momento que, finalmente, nos livramos de nossas crenças limitantes e percebemos que há abertura e incentivo para estarmos nesses lugares, o que nos permite sonhar com uma trajetória de sucesso.

No âmbito do processo seletivo, os alunos do Projeto Incluir realizam todas as etapas, incluindo os testes de inglês, e assim é possível entender qual é o ponto de partida para o aprimoramento necessário. Avaliar as áreas e escritórios durante as inúmeras entrevistas é algo desafiador, mas em um sentido muito positivo. A mistura de ansiedade e encantamento com esse novo mundo gera uma expectativa ainda maior, com a possibilidade de atuar em um escritório *full service* e atuar em casos de alta complexidade.

Muitos de nós iniciamos nos escritórios durante a pandemia, o que tornou o processo de integração ainda mais desafiador. Nessa situação excepcional, todos estavam diante de uma realidade atípica. O desafio da adaptação e do aprendizado para lidar com casos complexos que, obrigatoriamente, demandam uma interação recorrente de sócios com advogados, foi trabalhado a partir da comunicação e de alinhamentos internos frequentes, essenciais para suprir a lacuna da integração presencial.

6. Reflexões finais e proposições

Diante do crescente aumento da contratação de pessoas negras dentro das organizações, verifica-se a necessidade de investimentos voltados à inclusão. Como discutimos ao longo deste texto, algumas dessas iniciativas sequer requerem investimento financeiro, mas uma conscientização conjunta e uma transformação da cultura corporativa.

Quando olhamos para trás, vemos o quanto houve de avanço e, ainda, que as perspectivas para o futuro são muito positivas. O nosso desejo é que Diversidade, Equidade e Inclusão sejam valores componentes da cultura das organizações em prol da mudança, com impacto social, transformador e positivo.

Referências

ALMEIDA, Silvio Luiz de. *O que é racismo estrutural*? São Paulo: Pólen, 2019. E-book.

MOREIRA, Adilson José. *Tratado de direito antidiscriminatório*. São Paulo: Contracorrente, 2020.

Capítulo 2
Racismo estrutural e ocupação de espaços de poder

Robson de Oliveira

1. Introdução

O presente trabalho tem por objetivo colocar luz sobre o problema da ocupação dos espaços de poder e tomada de decisões por pessoas negras, problematizando a sua ausência, bem como evidenciando as causas desse problema.

Historicamente reclamado pelos movimentos negros, o exercício de mandatos políticos, tanto no Poder Executivo como no Poder Legislativo, assim como o acesso aos cargos do Poder Judiciário e carreiras jurídicas do Ministério Público e Defensoria Pública, além de outras carreiras de Estado, estão marcados por desafios e obstáculos à realização substantiva do princípio da igualdade, insculpido não apenas na Declaração de Direitos Humanos, como na Constituição da República Federativa do Brasil.

Para além dos espaços públicos, não se pode olvidar de todos os cargos de direção, chefia, comando e tomada de decisão no setor privado, os quais não são menos importantes, pois impactam diretamente toda a sociedade.

Assim, pelo presente, propõe-se visibilizar o problema e desestabilizar a lógica de acesso a esses espaços, a fim de que mudanças estruturais possam ser pensadas e a questão racial seja definitivamente enfrentada em nosso país.

2. Vidas negras, espaços de poder e mercado de trabalho

Verdadeiramente, um dos maiores desafios da população negra na sociedade brasileira é a ocupação dos espaços de poder. As dinâmicas estabelecidas tanto no setor público como privado são altamente discriminatórias, de modo que a realidade presente não contempla que negros e negras acedam a postos de tomada de decisão e comando.

Nesse sentido, falar da ocupação de espaços de poder na sociedade brasileira, impõe a análise da questão pelo prisma do racismo estrutural, por meio do qual a raça vai determinar o lugar social da pessoa humana, estabelecendo relações de subalternidade e subordinação racializadas como modo de funcionamento normal do sistema.

Pessoas negras, via de regra, estão nesses espaços notadamente servindo outras pessoas. As tarefas que desempenham não exigem uma formação educacional especializada, suas remunerações são as menores e muitas vezes diferentes, para menos, daquelas destinadas às pessoas brancas.

O racismo é, pois, um dos pilares de sustentação da sociedade brasileira e de tantas outras que funcionam a partir dessas premissas e que produzem e reproduzem desigualdades entre as raças. Tem-se aqui o privilégio de pessoas brancas na ocupação dos espaços de poder, como explicita Carneiro: [1]

> A branquitude como sistema de poder fundado no contrato racial, da qual todos os brancos são beneficiários, embora nem todos sejam signatários, pode ser descrita no Brasil por formulações complexas ou pelas evidências empíricas, como no fato de que há prevalência pura da brancura em todas as instâncias de poder e da sociedade: nos meios de comunicação, nas diretorias, gerências e chefias das empresas, nos poderes Legislativo, Executivo e Judiciário, nas hierarquias eclesiásticas, no corpo docente das universidades públicas ou privadas, etc.

Na atualidade, no mercado de trabalho brasileiro, não há espaço que tenha uma composição sequer paritária entre pessoas negras e não negras. Dados colhidos pela Pesquisa sobre Negros e Negras no Poder Judiciário indicam que apenas 12,8% das juízas e juízes brasileiros são negras e negros, o que representa apenas 1534 magistrados e magistradas.[2] Um dos

[1] CARNEIRO, Sueli. *Racismo, sexismo e desigualdade no Brasil.* São Paulo: Selo Negro Edições, 2011. p. 192

[2] CNJ – Conselho nacional de Justiça. *Pesquisa sobre negros e negras no poder judiciário.* 2021. 118 p. Disponível em: https://www.cnj.jus.br/wp-content/uploads/2021/09/rela-negros-negras--no-poder-judiciario-150921.pdf. Acesso em: 16 fev. 2023.

achados da pesquisa indicou que existem tribunais que sequer atentam, em seus bancos de dados, para a realização de registros sobre cor/raça, o que por óbvio dificulta a identificação desses indivíduos, bem como a realização de diagnósticos que colaborem para o desenvolvimento de estratégias para a eliminação dessa situação de desigualdade.

Ainda, no setor público, verifica-se que, em 2018, para o Poder Executivo foram eleitos apenas sete Governadores que se autodeclararam negros. São 20 governadores brancos e sete pardos, nenhum preto.[3] Já no Poder Legislativo, dos 513 Deputados Federais eleitos em 2018, apenas 125 autodeclararam-se negros, sendo 104 pardos e 21 pretos, o que indica que 75% dos parlamentares da Câmara Federal são brancos.[4]

Não há dúvidas, pois, que esses espaços não correspondem à diversidade étnico-racial deste país, que conta com 56% de pessoas negras, o que representa mais de 120 milhões de negros e negras, considerando-se a projeção da população do país, que hoje seria de pouco mais de 215 milhões de habitantes.[5] Nesse sentido, é possível dizer que, passados 134 anos da abolição da escravização, os números demonstram que políticas públicas até agora implementadas não foram suficientes para dar conta de uma verdadeira emancipação da população negra.

Importante destacar que, ainda que o acesso a essas instâncias de poder se dê por diferentes formas (concurso público e voto popular), em ambas a população branca encontra-se sobrerrepresentada, o que denuncia a existência de um modo de funcionamento da sociedade que discrimina negros e negras nestes espaços.

Em outras palavras, isso demonstra o que apontou Bersani: "a constituição do Estado branco não foi uma consequência natural ocorrida ao

[3] TSE – Tribunal Superior Eleitoral. *Resultados das eleições de 2022*. Disponível em: https://sig.tse.jus.br/ords/dwapr/seai/r/sig-eleicao-resultados/resultado-consolidado?ses sion=24939152735805. Acesso em: 16 fev. 2023.

[4] SENADO FEDERAL. *Brancos dominam representação política, aponta grupo de trabalho Agência Senado*. 26 nov. 2021. Disponível em: https://www12.senado.leg.br/noticias/materias/2021/11/26/brancos-dominam-representacao-politica-aponta-grupo-de-trabalho. Acesso em: 16 fev. 2023.

[5] IBGE – Instituto Brasileiro de Geografia e Estatística. *Projeção da população do Brasil e das Unidades da Federação*. Disponível em: https://www.ibge.gov.br/apps/populacao/projecao/index.html. Acesso em: 22 jul. 2022.

longo da História do Brasil. Ela se explica pela forma como o racismo se deu aqui: um projeto de constituição e manutenção do Estado."[6]

Com efeito, a natureza da desigualdade racial no Brasil confirma os motivos pelos quais se defende que a abolição da escravização das pessoas negras neste país deu-se não por um ideal de igualdade, mas sim em razão de pressões externas ao governo brasileiro, que pretendia manter a sustentação de sua economia na exploração da mão de obra escrava. Já escrevi com Souza[7] que

> a dura realidade que se apresentou no dia seguinte à "suposta" libertação dos escravizados foi a de que mais [do que] 750.000 pessoas negras restaram entregues à sua própria sorte, desprovidas de qualquer apoio para que pudessem ter mínimas condições de sobrevivência. Foi Florestan Fernandes quem muito bem analisou esse cenário, indicando que a Lei Áurea eximiu os senhores de escravos das pouquíssimas responsabilidades que possuíam, sem que ninguém tivesse assumido esse papel.
>
> As pessoas negras não foram postas em atividades remuneradas após a abolição e sequer tinham onde morar, seja nas localidades onde se situavam as fazendas em que eram exploradas, tampouco nos grandes centros para os quais se deslocaram em busca de oportunidades de vida dignas.
>
> Sendo assim, a grande maioria dessa população permaneceu em subempregos, situações de trabalho adversas, desumanas, com nenhuma ou baixa remuneração, condições que mantiveram os livres, os libertos e seus descendentes em total desvantagem social, obstaculizando e impedindo sua mobilidade efetiva, vivendo indignamente, portanto sob novas formas de exploração e escravização.

Os efeitos presentes da falta de políticas públicas de integração social estendem-se a todas as áreas do mercado de trabalho. No setor privado, o estado de discriminação e desigualdade é ainda maior, uma vez que

[6] BERSANI, Humberto. Racismo, trabalho e estruturas de poder no Brasil. *Kenneth Ferreira*: OLIVEIRA, Dennis de (org.); ADÃO, Claudia (org.); BERSANI, Humberto. (org.). *A luta contra o racismo no Brasil.* Belo Horizonte: Fórum, 2017. p.100.

[7] SOUZA, Karen Luise. OLIVEIRA, Robson. A Abolição da Escravatura e a Nova Escravização. *Carta Capital.* 13 maio 2020. Disponível em: https://www.cartacapital.com.br/opiniao/abolicao-da-escravatura-e-a-nova-escravizacao/. Acesso em: 16 fev. 2023.

sempre se entendeu (e muitos ainda compreendem assim) que é tarefa exclusiva do Estado a promoção da igualdade racial.

Contudo, prevê o Estatuto da Igualdade Racial, em seu artigo 2º, ser dever do Estado e da sociedade garantir a igualdade de oportunidades aos cidadãos brasileiros, independentemente da etnia ou da cor da pele. A referida norma afirma o direito à "participação na comunidade, especialmente nas atividades políticas, econômicas, empresariais, educacionais, culturais e esportivas, defendendo sua dignidade e seus valores religiosos e culturais".[8]

Em que pese a normativa ser evidente, inclusive em consonância com diferentes instrumentos internacionais que proclamam a corresponsabilidade entre Estado e sociedade para a promoção da igualdade racial, tem-se que os números são ainda muito desfavoráveis para a população negra no Brasil.

Recentemente, a pesquisa realizada pela Iniciativa Empresarial pela Equidade Racial revelou que, nos espaços de tomada de decisão, negros e negras estão em um número muito reduzido. Homens negros são apenas 10,3% dos gerentes e supervisores e ocupam 3,3% dos cargos em Diretorias e Conselhos Administrativos. Já as mulheres negras são somente 5,5% das gerentes e supervisoras e 0,8% pertencem a Diretorias e Conselhos Administrativos.[9]

O estudo concluiu também que homens negros são apenas 17,4% e mulheres negras 12,2% das pessoas que trabalham nas empresas pesquisadas.[10] São dados alarmantes que, em uma análise perspectiva, podem apresentar um prognóstico nada favorável às pessoas negras no Brasil.

Esses números revelam que o vetor do artigo 3º da Constituição Federal, que objetiva promover o bem de todos sem preconceitos, seja de origem, raça, sexo, idade ou outras formas de discriminação, aparece mais

[8] BRASIL. Lei n.º 12.288, de 20 de julho de 2010. Institui o Estatuto da Igualdade Racial; altera as Leis n.º 7.716, de 5 de janeiro de 1989, 9.029, de 13 de abril de 1995, 7.347, de 24 de julho de 1985, e 10.778, de 24 de novembro de 2003. Brasília: Presidência da República: CasaCivil. Disponível em: http://www.planalto.gov.br/ccivil_03/_ato2007-2010/2010/lei/l12288.htm. Acesso em: 16 fev. 2023.

[9] INICIATIVA EMPRESARIAL PELA IGUALDADE RACIAL. *Índice de Equidade Racial Empresarial* – IERE. s/d. Disponível em: https://iniciativaempresarial.com.br/indice-de-equidade-racial-empresarial/. Acesso em: 16 fev. 2023.

[10] INICIATIVA EMPRESARIAL PELA IGUALDADE RACIAL, s/d.

como mera intenção do que um mandamento constitucional de efetiva promoção da igualdade racial em nosso país. Por isto, foi muito oportuna a recente promulgação, pelo Congresso Nacional brasileiro, do Decreto Legislativo n.º 1, de 2021, aderindo aos compromissos firmados no texto da Convenção Interamericana Contra o Racismo, a Discriminação Racial e Formas Correlatas de Intolerância, que reconhece o dever de agir das partes signatárias:

> CONVENCIDOS de que os princípios da igualdade e da não discriminação entre os seres humanos são conceitos democráticos dinâmicos que propiciam a promoção da igualdade jurídica efetiva, e pressupõem uma obrigação por parte do Estado de adotar medidas especiais para proteger os direitos dos indivíduos ou grupos que sejam vítimas de discriminação e intolerância, em qualquer esfera da atividade humana, seja pública ou privada, com vistas a promover condições equitativas para a igualdade de oportunidades, bem como combater a discriminação e a intolerância em todas as suas manifestações individuais, estruturais e institucionais"[11-12].

Em outras palavras, não restam dúvidas de que não há ambiente, lugar ou espaço para que se percebam os objetivos da República Federativa do Brasil como meras aspirações dos constituintes brasileiros.

As normativas postas na Carta Magna precisam fazer sentido nas vidas reais, no dia a dia das pessoas, com melhores condições de vida, as quais apenas serão alcançadas mediante a instituição de políticas públicas de saúde, educação, habitação, saneamento básico e que, por fim, encontrarão

[11] BRASIL. Decreto legislativo n.º 1, de 2021. Aprova o texto da Convenção Interamericana contra o Racismo, a Discriminação Racial e Formas Correlatas de Intolerância, adotada na Guatemala, por ocasião da 43ª Sessão Ordinária da Assembleia Geral da Organização dos Estados Americanos, em 5 de junho de 2013. Brasília: Senado Federal. Disponível em: http://www.planalto.gov.br/ccivil_03/_Ato2019-2022/2021/Congresso/DLG-1-2021.htm#:~:text=DECRETO%20LEGISLATIVO%20N%C2%BA%201%2C%20de,5%20de%20junho%20de%202013. Acesso em: 16 fev. 2023.

[12] BRASIL. Decreto n.º 10.932, de 10 de janeiro de 2022. Promulga a Convenção Interamericana contra o Racismo, a Discriminação Racial e Formas Correlatas de Intolerância, firmado pela República Federativa do Brasil, na Guatemala, em 5 de junho de 2013. Brasília: Presidência da República:Secretaria-Geral. Disponível em: http://www.planalto.gov.br/ccivil_03/_Ato2019-2022/2022/Decreto/D10932.htm. Acesso em: 16 fev. 2023.

seu ápice com a criação de condições de acesso ao mercado de trabalho em situação de igualdade entre todas as pessoas.

Por isto, as ações tanto no setor público como privado aparecem como forma de, substancialmente, promover a igualdade racial no mercado de trabalho, que viabilizará a ocupação dos espaços de poder e tomada de decisão por pessoas negras. As políticas de cotas nas universidades e nos cargos públicos são excelentes exemplos, pois cada vez mais elas vêm viabilizando a formação de pessoas negras, que, com o curso superior, promovem a transformação social do seu entorno. Levam renda para suas comunidades e, por si próprias, podem promover melhores condições de vida para suas famílias, representando a efetiva emancipação do grupo racial.

Na iniciativa privada, algumas ações já são visíveis. A Aliança Jurídica pela Equidade Racial é um grande referencial. Formada com a participação de 12 expressivos escritórios de advocacia do país (BMA, Cescon Barrieu, Demarest, Felsberg, Lefosse, Machado Meyer, Mattos Filho, Pinheiro Neto, Stocche Forbes, Trench Rossi Watanabe, Tozzini Freire e Veirano), busca a inclusão racial no setor jurídico, desenvolvendo diversas ações, formativas e concretas, para dar maior diversidade a esses espaços. Afinal, diversidade também gera riqueza e os resultados positivos são evidentes: o último Censo de Diversidade[13] concluiu que, em 4 anos, houve um salto de menos de 1% para 11,4% de advogados e advogadas negras nos setores jurídicos dos escritórios supramencionados.

O Centro de Estudos das Sociedades de Advogados (CESA) idealizou e vem executando o Projeto Incluir Direito, que surgiu a partir das pesquisas que foram realizadas para compreender a baixa participação de pessoas negras nas sociedades de advogados. Daí a iniciativa de capacitar estudantes negros e negras, em parceria com os cursos jurídicos de algumas universidades, proporcionando-lhes condições de participarem de processos seletivos em condições de igualdade com as pessoas que sempre tiveram acesso às melhores escolas de formação. Com isto, são oferecidos estudos, mentoria e a possibilidade de contratação desses alunos pelos escritórios patrocinadores do projeto, que colaboraram com a admissão, acolhimento, capacitação e retenção de profissionais.

[13] Disponível em https://exame.com/esg/como-a-uniao-de-escritorios-de-advocacia--promove-avanco-na-equidade-racial/.

Tal ação tem, portanto, o potencial de realizar a genuína inclusão racial no mercado de trabalho a partir dos pilares acima citados, que indico como fundamentais nos processos verdadeiramente antidiscriminatórios e antirracistas. Como venho referindo há algum tempo:

> Compreendo que assim podemos realizar inclusão racial de forma genuína: admitindo, acolhendo, capacitando e retendo profissionais. Nisso deve consistir nosso empenho, para realizar equidade (adaptação de oportunidades no intuito de deixá-las justas) a fim de que as futuras gerações não encontrem tantas barreiras para adentrar no mercado de trabalho e cada vez mais aumente a ocupação de cargos de liderança pela população negra, com iguais oportunidades para todos.[14]

O trabalho do CESA foi recentemente premiado pelo Instituto Innovare como uma prática da advocacia que contribui para a modernização, a democratização do acesso, a efetividade e a racionalização do sistema judicial brasileiro. Também recebeu o prêmio Benedicto Galvão, honraria concedida pela Ordem dos Advogados do Brasil de São Paulo (OAB/SP).

O IBGE, na pesquisa "Desigualdades sociais por cor e raça no Brasil", apontou que a população negra corresponde a maior força de trabalho do país (57 milhões de pessoas). No entanto, essa é a mesma população que tem maiores dificuldades de ingressar no mercado laboral.

Destaque-se a preocupação de uma das maiores empresas do varejo do Brasil, Magazine Luiza, que, arrojadamente, no ano de 2020, criou o Programa Trainee Magalu, voltado exclusivamente para pessoas negras. Reconhecendo que a ocupação de alguns espaços no setor privado historicamente é conseguida apenas por pessoas que ostentam privilégios decorrentes da cor da sua pele, a empresa enfrentou críticas, foi acionada judicialmente, mas manteve seus objetivos de oportunizar formação de profissionais negros e negras, desenvolvendo neles e nelas competências técnicas e comportamentais, além de visão de negócio, com mentoria, tudo com o objetivo de auxiliá-los a obterem os melhores resultados.

[14] OLIVEIRA, Robson. Os desafios da inclusão racial no mercado de trabalho. *Jornal da Advocacia*. 19 nov. 2021. São Paulo: OAB. Disponível em: https://jornaldaadvocacia.oabsp.org.br/noticias/ponto-de-vista/os-desafios-da-inclusao-racial-no-mercado-de-trabalho/. Acesso em: 16 fev. 2023.

A empresa, inclusive, apresenta seu programa dizendo: "Nosso propósito é levar ao acesso de muitos o que é privilégio de poucos." Essa expressão é uma referência direta ao que Bento[15] nomeia como o "pacto narcísico da branquitude". Sua tese de doutoramento aborda e evidencia convergência existente entre pessoas brancas com o objetivo de manter seus privilégios. Em Branqueamento e branquitude no Brasil[16], a autora diretamente denuncia os processos de discriminação, exclusão e privilégios raciais operados no mercado de trabalho ao longo da história brasileira, afirmando:

> Outrossim, a monopolização dos postos de trabalho pelos imigrantes europeus, na sociedade de classes que emergia, interpretado como fruto de um melhor preparo desses imigrantes, foi posteriormente contestado por vários estudiosos. Na verdade, o que se deu foi a mais cristalina discriminação racial com o objetivo explícito, como veremos mais adiante, de excluir o negro, uma vez que os imigrantes que aqui vieram tinham o mesmo nível de preparo que o negro.

O que a autora denuncia e conclui é que as ações constantes, e que se perpetuaram ao longo dos anos, nada mais eram que expressões evidentes de uma prática racista a impedir a inserção das pessoas negras no mercado de trabalho e a obstaculizar seu crescimento social nas mesmas condições das pessoas brancas, o que repercute diretamente nas condições de vida daquele grupo.

Assim, a abertura de processos exclusivos para pessoas negras a fim de que participem de programas de trainee, convertem-se em uma ruptura com esse pacto entre brancos, abrindo caminhos para trajetórias

[15] Maria Aparecida da Silva Bento, conhecida como Cida Bento, é uma psicóloga e ativista brasileira, diretora do Centro de Estudos das Relações de Trabalho e Desigualdades (CEERT), que atua na redução das desigualdades raciais e de gênero no ambiente de trabalho. É doutora em psicologia pela USP, onde homologou em 2002 a tese *Pactos narcísicos no racismo*: branquitude e poder nas organizações empresariais e no poder público. Também é professora visitante na Universidade do Texas em Austin, nos Estados Unidos. *Wikipédia*: Cida Bento. Disponível em: https://pt.wikipedia.org/wiki/Cida_Bento. Acesso em: 16 fev. 2023.

[16] CARONE, Iraí; BENTO, Maria Aparecida da Silva. (orgs.). *Psicologia social do racismo*: Estudos sobre Branquitude e Branqueamento no Brasil. 6ª ed. Petrópolis, RJ: Vozes, 2014. p. 50.

e carreiras no setor privado, sendo fundamental para a formação de executivos negros. Capacitando esses profissionais, as empresas colaboram para que futuramente eles estejam nos espaços de tomada de decisão e poder. Não obstante, cabe questionar quão importantes seriam essas participações e se apenas a geração de postos de trabalho seria suficiente para eliminação de desigualdades.

A questão é que não se pode conceber que empresas atuantes nos mais diferentes setores da sociedade, produzindo para todas as camadas e para todas as pessoas, possam pensar que irão criar os melhores produtos, prestar os melhores serviços e tomar as melhores decisões a partir de uma visão unidimensional do mundo. Os dados demonstram a importância de estratégias para reverter essa realidade e a urgência da questão, que representa para além de um reflexo das desigualdades, a presença do racismo e de um verdadeiro déficit democrático, enquanto a maioria racial brasileira não está incluída nos espaços que podem decidir os destinos das suas vidas.

3. Espaço de poder e racismo estrutural

Quando se fala em poder, diz-se sobre a faculdade de agir, deliberar, determinar, exercer autoridade, liderança, capacidade de realizar e tomar decisões. Este estudo não tem por objetivo analisar com profundidade as perspectivas sociológicas e filosóficas acerca do poder. Contudo, tomando-se uma visão de que o poder é relacional, é plausível dizer com relação às pessoas negras que ele historicamente vem sendo exercido sobre elas.

Nesse sentido, em que pesem todas as medidas voltadas para o acesso ao mercado de trabalho, bem como as ações afirmativas, normativas internacionais e a legislação brasileira, guardando proteção às pessoas negras, essas não são suficientes para que estejam inseridas nos espaços de tomada de decisão, permanecendo com sua presença meramente formal nos quadros tanto da esfera pública como da iniciativa privada.

Verifica-se, desse modo, que a sub-representação de pessoas negras nos espaços de poder se dá em razão do racismo estrutural que está presente no Brasil, do qual decorrem preconceitos e a concepção de estereótipos que questionam a capacidade de exercício de posições de liderança e autoridade.

Racismo estrutural pode ser definido como o modo normal de funcionamento de uma sociedade que hierarquiza pessoas a partir da cor da sua pele, colocando pessoas negras em situações de subalternidade e subordinação. Em razão dele, são geradas diversas privações na vida desses indivíduos, desde o acesso ao mercado de trabalho até a saúde, a educação e a economia, gerando profundas desigualdades sociais.

Nessa linha, é possível dizer que, ainda que superado o obstáculo de acesso de pessoas negras no mercado de trabalho, estas enfrentam o que é conceituado como "teto de vidro". Carli e Eagly (2001),[17] ao analisar a presença maciça de mulheres no mercado de trabalho e, ao mesmo tempo, a ausência de progressão nas suas carreiras, levantaram a existência de preconceito e discriminação contra essas mulheres, as quais, embora altamente capacitadas, deparavam-se com aquilo que chamaram de "teto de vidro". O "teto de vidro" é, portanto, um preconceito que "se traduz em decisões de pessoal em organizações e estruturas políticas", que acaba por não possibilitar a progressão na carreira a elas.

Do mesmo modo como essas autoras apontaram, legitimamente pode-se dizer que, se o racismo estrutura as relações raciais no Brasil, o preconceito contra pessoas negras assume formas flagrantes e sutis de comportamentos por empregadores, chefes, eleitores, acarretando impossibilidade de ocuparem espaços de poder, exercer liderança e autoridade em todos os lugares nos quais estejam pleiteando ou almejando cargos, ou funções, ou até mesmo estejam apenas trabalhando e performando, sem, contudo, ter ascensão nas carreiras.

De fato, o fenômeno que acontece com as mulheres, também é experimentado por pessoas negras. No que se refere às mulheres negras especificamente, estudos realizados pelo IPEA assinalam que a realidade experimentada por elas é ainda mais dramática. Nos estudos realizados na publicação Mulher no Poder e na Tomada de Decisões, Rezende afirma[18]

> Explicita-se uma dinâmica racial que interage com a dimensão de gênero, o que indica que a presença de mulheres nos espaços de poder deve ser

[17] CARLI, L. L.; EAGLY, A. H. Gender, Hierarchy, and Leadership: An Introduction. *Journal of Social Issues.*17 December 2002. Disponível em: https://spssi.onlinelibrary.wiley.com/doi/abs/10.1111/0022-4537.00232. Acesso em: 16 fev. 2023.

[18] Rezende, Daniela Leandro. *Mulher no poder e na tomada de decisões*. Ipea. Disponível em https://www.ipea.gov.br/retrato/pdf/190215_tema_g_mulher_no_poder_e_na_tomada_de_decisoes.pdf. Acesso em: 27 fev. 2023.

analisada sobre uma perspectiva que considere as desigualdades existentes entre as próprias mulheres.

Trata-se do "racismo genderizado", concebido por Kilomba,[19] que incide nas relações sociais, onde gênero e raça ocasionam uma experiência única para mulheres negras.

Como explica Souza ao defender a diversidade racial dentro do Poder Judiciário: se o mundo é percebido culturalmente de maneiras distintas, não é razoável pretender que o Direito seja concebido por meio de uma visão unidimensional dos fatos. O mesmo raciocínio pode ser realizado para todos os espaços de poder, tanto na esfera pública como privada. Souza ainda aponta:

> Pretende-se uma Justiça composta por homens e mulheres que possuam formas diversas de ver, sentir e compreender a vida, provocando um novo arranjo nas estruturas, com decisões efetivas, que dialoguem com as necessidades e especificidades de todos, evitando-se a reprodução de desigualdades.[20]

Portanto, a ocupação de espaços de poder e de tomada de decisão por pessoas negras vai muito além de uma necessidade estética. A pluralidade serve como referência a todas as pessoas, demonstrando, como assinala a autora, que nenhum cargo ou função possui destinatário certo, e que a diversidade racial aumenta a própria credibilidade das instituições, empresas e poderes, fazendo com que sejam respeitadas e percebidas como lugares onde todas as demandas podem ser vocalizadas e avaliadas, satisfazendo os interesses de todas as pessoas, independentemente da cor da sua pele.

É inegável que a maioria das empresas, na atualidade, têm a compreensão da necessidade de que os espaços sejam plurais e diversos. Não é à toa que são criados diferentes comissões, núcleos e grupos de trabalho

[19] KILOMBA, Grada. *Memória da plantação*: episódios de racismo cotidiano. Rio de Janeiro: Cobogó, 2019.

[20] PINHEIRO, Karen. Uma magistrada negra: história e um Judiciário para além da exceção. *CartaCapital*. 21 mar. 2019. Disponível em: https://www.cartacapital.com.br/blogs/sororidade-em-pauta/uma-magistrada-negra-historia-e-um-judiciario-para-alem-da-excecao/. Acesso em: 16 fev. 2023.

com o objetivo de promover a igualdade racial. Entretanto, apenas esse arranjo não é suficiente, tendo em vista que a mudança de mentalidade com a construção de subjetividades antirracistas, ou ao menos atentas para o racismo na nossa sociedade, por si só não promovem a inclusão. Conceber espaços antirracistas é preenchê-los com pessoas negras, as quais devem representar seu grupo racial de forma crítica e responsável, contribuindo definitivamente para a eliminação da discriminação racial em nossa sociedade.

Cabe aqui acrescentar que, nesse ponto, não há como conceber, principalmente no setor público, admissões que chancelem condutas de "afro conveniência", ou seja, a inclusão de pessoas que não ostentam fenotipicamente as características da raça negra e que, por conseguinte, não são privadas do acesso e da ascensão aos espaços de poder. Cumpre salientar a importância das comissões de heteroidentificação, que se dedicam a identificar as pessoas negras que efetivamente são excluídas e que fazem jus às vagas ofertadas pelas políticas afirmativas.

Enfim, a meu ver, não existe um caminho sem que ele contemple ações de discriminação positiva, ou seja, políticas públicas e privadas que tenham por objetivo eliminar processos de opressão, exclusão e marginalização de pessoas negras. Essas ações devem remover comportamentos que levem à hierarquização dos indivíduos e que se afastem dos princípios da igualdade, da justiça social, da fraternidade e da solidariedade.

Conclusões

Diante do acima exposto, vale dizer esta é apenas uma das inúmeras dimensões acerca do racismo estrutural e as formas de ocupação dos espaços de poder. Trata-se de uma perspectiva que também percebe o setor privado como um lugar importante e necessário de exercício de poder e de tomada de decisão, as quais irão interferir nas vidas de todas as pessoas.

A escolha pela contratação ou não de pessoas negras impacta definitivamente nas relações raciais e na pirâmide social de uma nação. Eleger apenas um grupo racial é o uso de um privilégio que marca a sociedade brasileira, o qual é compartilhado e desfrutado por poucos. Nesse diapasão, ressalto que um dos maiores desafios da população negra é a ocupação dos espaços de poder na sociedade brasileira, na qual o racismo é estrutural e estruturante das relações interpessoais e institucionais. Ele estabelece o lugar social da pessoa humana, sustentando relações de subalternidade e subordinação racializadas.

O racismo é um dos pilares de sustentação da sociedade brasileira. Do passado mais remoto até a atualidade, os números indicam que políticas públicas até agora implementadas não foram suficientes para dar conta de uma verdadeira emancipação das pessoas negras, de modo que a população branca se encontra sobrerepresentada em todos os espaços.

O objetivo do artigo 3º da Constituição Federal[21] é de promover o bem de todos sem preconceitos de origem, raça, sexo, idade e outras formas de discriminação. A Convenção Interamericana contra o Racismo, a Discriminação Racial e Formas Correlatas de Intolerância[22] reconhece ser obrigação de seus signatários adotar medidas especiais para proteger os direitos dos indivíduos ou grupos que sejam vítimas de discriminação e intolerância, seja pública ou privada.

As inúmeras iniciativas tanto no setor público como no privado demonstram a urgência de promoção da inclusão racial no mercado de trabalho, mediante condutas que incluam, acolham, capacitem e retenham pessoas negras em todos os espaços e lugares, principalmente os de poder e de tomada de decisão, pois o compartilhamento de privilégios apenas entre pessoas brancas sustenta e aumenta as desigualdades raciais.

É urgente a criação de uma agenda que contemple a genuína inclusão racial no mercado de trabalho, nos espaços de poder e nos lugares de tomada de decisão, a fim de que se construam espaços verdadeiramente diversos e que deem conta de satisfazer o princípio da dignidade da pessoa humana. O poder não pode ser sempre exercido pelas mesmas pessoas! Os espaços não possuem destinatário certo! A vida em sociedade clama pela visibilização das vozes, dos desejos e das necessidades de todas as pessoas!

A representatividade deve ser exercida de forma crítica e consciente, pois os indivíduos não podem ser instrumentalizados por um sistema opressor e excludente. Devem, sim, carregar consigo as demandas de seus grupos, a visão de mundo que eles trazem, de modo a contribuir para a emancipação de todas as pessoas. Somente assim, haverá a proteção daquelas pessoas que são socialmente vulneráveis e sujeitas a todas as formas de discriminação.

[21] Disponível em: https://www.planalto.gov.br/ccivil_03/constituicao/constituicao.htm.

[22] Disponível em: https://www.planalto.gov.br/ccivil_03/decreto/d0678.htm.

Referências

BERSANI, Humberto. Racismo, trabalho e estruturas de poder no Brasil. *In*: OLIVEIRA, Dennis de (org.); ADÃO, Claudia (org.); BERSANI, Humberto. (org.). *A luta contra o racismo no Brasil*. Belo Horizonte: Fórum, 2017.

BRASIL. Decreto legislativo n.º 1, de 2021. Aprova o texto da Convenção Interamericana contra o Racismo, a Discriminação Racial e Formas Correlatas de Intolerância, adotada na Guatemala, por ocasião da 43ª Sessão Ordinária da Assembleia Geral da Organização dos Estados Americanos, em 5 de junho de 2013. Brasília: Senado Federal. Disponível em: http://www.planalto.gov.br/ccivil_03/_Ato2019-2022/2021/Congresso/DLG-1-2021.htm#:~:text=DECRETO%20LEGISLATIVO%20N%C2%BA%201%2C%20de,5%20de%20junho%20de%202013. Acesso em: 16 fev. 2023.

BRASIL. Decreto n.º 10.932, de 10 de janeiro de 2022. Promulga a Convenção Interamericana contra o Racismo, a Discriminação Racial e Formas Correlatas de Intolerância, firmado pela República Federativa do Brasil, na Guatemala, em 5 de junho de 2013. Brasília: Presidência da República:Secretaria-Geral. Disponível em:http://www.planalto.gov.br/ccivil_03/_Ato2019-2022/2022/Decreto/D10932.htm. Acesso em: 16 fev. 2023.

BRASIL. Lei n.º 12.288, de 20 de julho de 2010. Institui o Estatuto da Igualdade Racial; altera as Leis nos 7.716, de 5 de janeiro de 1989, 9.029, de 13 de abril de 1995, 7.347, de 24 de julho de 1985, e 10.778, de 24 de novembro de 2003. Brasília: Presidência da República: Casa Civil. Disponível em: http://www.planalto.gov.br/ccivil_03/_ato2007-2010/2010/lei/l12288.htm. Acesso em: 16 fev. 2023.

CARLI, L. L.; EAGLY, A. H. Gender, Hierarchy, and Leadership: An Introduction. *Journal of Social Issues*.17 December 2002. Disponível em: https://spssi.onlinelibrary.wiley.com/doi/abs/10.1111/0022-4537.00232. Acesso em: 16 fev. 2023.

CARNEIRO, Sueli. *Racismo, sexismo e desigualdade no Brasil*. São Paulo: Selo Negro Edições, 2011. 192 p.

CARONE, Iraí; BENTO, Maria Aparecida da Silva. (orgs.). *Psicologia social do racismo*: Estudos sobre branquitude e branqueamento no Brasil. 6ª ed. Petrópolis, RJ: Vozes, 2014.

CNJ – Conselho nacional de Justiça. *Pesquisa sobre negros e negras no poder judiciário*. 2021. 118 p. Disponível em: https://www.cnj.jus.br/wp-content/uploads/2021/09/rela-negros-negras-no-poder-judiciario-150921.pdf. Acesso em: 16 fev. 2023.

IBGE –Instituto Brasileiro de Geografia e Estatística. *Projeção da população do Brasil e das Unidades da Federação*. Disponível em: https://www.ibge.gov.br/apps/populacao/projecao/index.html. Acesso em: 22 jul. 2022.

INICIATIVA EMPRESARIAL PELA IGUALDADE RACIAL. *Índice de Equidade Racial Empresarial – IERE*. Disponível em: https://iniciativaempresarial.com.br/indice-de-equidade-racial-empresarial/. Acesso em: 16 fev. 2023.

KILOMBA, Grada. *Memória da plantação*: episódios de racismo cotidiano. Rio de Janeiro: Cobogó, 2019.

OLIVEIRA, Robson. Os desafios da inclusão racial no mercado de trabalho. *Jornal da Advocacia*. 19 nov. 2021. São Paulo: OAB. Disponível em: https://jornaldaadvocacia.oabsp.org.br/noticias/ponto-de-vista/os-desafios-da-inclusao-racial-no-mercado-de-trabalho/. Acesso em: 16 fev. 2023.

PINHEIRO, Karen. Uma magistrada negra: história e um Judiciário para além da exceção. *CartaCapital*. 21 mar. 2019. Disponível em: https://www.cartacapital.com.br/blogs/sororidade-em-pauta/uma-magistrada-negra-historia-e-um-judiciario-para-alem-da-excecao/ Acesso em: 16 fev. 2023.

SENADO FEDERAL. Brancos dominam representação política, aponta grupo de trabalho *Agência Senado*. 26 nov. 2021. Disponível em: https://www12.senado.leg.br/noticias/materias/2021/11/26/brancos-dominam-representacao-politica-aponta-grupo-de-trabalho. Acesso em: 16 fev. 2023.

SOUZA, Karen Luise. OLIVEIRA, Robson. A Abolição da Escravatura e a Nova Escravização. *CartaCapital*. 13 maio 2020. Disponível em: https://www.cartacapital.com.br/opiniao/abolicao-da-escravatura-e-a-nova-escravizacao/. Acesso em: 16 fev. 2023.

TSE – Tribunal Superior Eleitoral. Resultados das eleições 2022. Disponível em: https://sig.tse.jus.br/ords/dwapr/seai/r/sig-eleicao-resultados/resultado-consolidado?session=24939152735805. Acesso em: 16 fev. 2023.

Capítulo 3
História legislativa do racismo estrutural no Brasil: da abolição ao encarceramento[1]

Raphaela Azevedo de Mello e Silva
João Alfredo Busin Fernandes

1. Introdução

O início do processo de escravização do continente africano é marcado, sem sombra de dúvidas, por uma concepção errônea de superioridade do Ocidente nos mais diversos campos, sobretudo o racial. Essa ideia serviu como uma das principais tecnologias do colonialismo europeu para a submissão, exploração e destruição da população africana. Amplamente apoiada e reforçada por intelectuais, operadores da lei, entre outros, a condição de pessoas negras como escravas era um fator aceitável socialmente de maneira quase unânime.

Surgem, no século XIX, as primeiras considerações sobre a concepção positivista, que trouxe consigo questionamentos concernentes às características humanas numa perspectiva científica. O principal nome da Escola Positivista foi Cesare Lombroso, médico psiquiatra, cirurgião e higienista, responsável pela criação da antropologia criminal. Com o seu livro *Homem Delinquente*, expõe a teoria da raça como elemento de condenação

[1] Este artigo contou com contribuições e revisões de André Antunes Soares de Camargo e de João Elias Mussungayi Afonso, estudante de Direito e auxiliar administrativo, todos de Tozzini Freire Advogados.

e a raça do sujeito como um fator potencial para comportamentos violentos.

É fato que a desumanização de pessoas negras foi crucialmente estratégica no processo de escravidão. Entretanto, a preservação dessa ideia ultrapassa a necessidade singular de dominação. A escravidão, ao longo da história, serviu como um consolidado setor rentável por quase quatro séculos. O sistema de trabalho com base na mão de obra escrava foi a propulsão do desenvolvimento e da estruturação da economia, tanto no Brasil quanto em outros países que basearam seu progresso econômico na exploração da escravização.

A relação econômica que vigorava entre as nações baseava-se no mercantilismo, cuja base eram o comércio internacional e a adoção de políticas econômicas protecionistas. Com isso, o foco de cada nação centrava-se na produção maciça e comercialização para o mercado internacional da maior quantidade possível de produtos manufaturados, impondo pesadas taxas de impostos aos produtos importados.

As nações detentoras de colônias de exploração possuíam maiores vantagens no comércio internacional. As colônias tinham a principal função de fornecer matérias-primas e riquezas minerais para as nações colonizadoras. Ao mesmo tempo, serviam de mercado consumidor para seus produtos manufaturados.

No Brasil, uma das características foi o plantio da cana-de-açúcar, que era realizado em grandes propriedades rurais, denominadas como latifúndios monocultores ou engenhos, que também serviam de casa de purga. A introdução do trabalho escravo nas grandes lavouras baixava os custos da produção.

Contudo, com a ascensão da ideologia liberal na Europa, a pressão para o fim dos regimes escravistas se tornou cada vez maior. Em resposta às pressões estrangeiras, que afetavam principalmente o plano econômico, o Estado brasileiro começou a introdução das chamadas leis abolicionistas ao longo do século XIX, optando por um processo de abolição lento e gradual.

Neste sentido, o presente trabalho se propõe a examinar quais foram as principais normas jurídicas de impacto direto à população afro-brasileira ao longo da história. O principal objetivo do estudo é compreender como essas regras contribuíram e ainda podem contribuir para compreender a estruturalização do racismo no Brasil.

Em primeiro lugar, será analisado o conceito de Direito para a compreensão inicial acerca do papel exercido pelas normas jurídicas na conformação da realidade social, primordial para a compreensão do impacto – ou falta deste – causado por elas na vida da população.

Em segundo lugar, passaremos a uma análise histórica dos princípios normativos que regularam e impactaram a questão racial no Brasil, iniciando os estudos a partir das leis abolicionistas do século XIX, seguindo até as atuais legislações antidiscriminação do século XXI.

Ao final, conclui-se que os avanços legislativos alcançados no Brasil pós-abolição foram resultado da intensa luta dos movimentos sociais, mas que, com o avanço legislativo, o racismo precisou ser adaptado a novos moldes, mais sutis e velados, sem que fosse real e efetivamente combatido pelas leis. Nesse sentido, a perpetuação do racismo nas estruturas sociais, políticas e econômicas do Brasil faz parte de um processo de manutenção da hierarquia social dos tempos de escravização.

2. A que(m) se destina a lei?

A relação de raça e poder é uma conjuntura caracterizante da sociedade e das interações sociais no Brasil.Este fato é acentuado principalmente quando observado, em uma perspectiva histórico-conceitual, o compromisso do Estado brasileiro e os dispositivos legais formulados para lidar com essa questão.

Antes de iniciar a exposição das principais normas jurídicas publicadas ao longo da história brasileira que impactaram direta ou indiretamente a população negra do País, é imprescindível que, primeiramente, seja retomada a discussão acerca do que é o Direito e, consequentemente, qual é o papel que tais normas exercem na conformação de uma realidade social.

Após a análise das diversas definições distintas oferecidas desde os pensadores gregos, Dimitri Dimoulis descreveu que o Direito "é um conjunto de regras que indicam aquilo que devemos (ou não devemos) fazer", ou seja, estabelece um "dever ser", que é imposto a seus destinatários.[2]

[2] DIMOULIS, Dimitri. *Manual de introdução ao estudo do direito.* 4ª ed. rev. atual. e ampl. São Paulo: Editora Revista dos Tribunais, 2011. p. 27.

Contudo, o "dever ser" jurídico é acompanhado de um elemento de força, muitas vezes de caráter ameaçador: a coerção.[3] A aplicação das normas jurídicas não somente é exigida por parte do Estado, como também imposta por meio da ameaça de sanção em razão de seu descumprimento, incluindo a violência física – autorizada em determinadas situações encaradas como necessárias ou justificativas.

Em sua obra *Racismo Estrutural*, o professor Silvio Almeida aponta quatro principais concepções sobre a definição de Direito: como justiça, como norma, como poder e como relação social.[4] A ideia defendida por alguns autores de que o conceito de Direito estaria ligado a um ideal de justiça exprime uma noção de direito como valor, essencialmente relacionado a uma concepção moral. Conforme exemplifica Silvio Almeida:

> [...] A vida, a liberdade, a igualdade e a propriedade são valores que devem ser cultivados por toda a humanidade e, mesmo que não estejam positivados – expressamente amparados por uma norma jurídica emanada por autoridade instituída –, devem ser protegidos. Assim, uma norma jurídica que, por exemplo, viole o valor da liberdade, por mais que seja formalmente correta, é injusta e não poderia ser aplicada.[5]

Os autores que defendem essa concepção são comumente denominados como jusnaturalistas, ou seja, acreditam na existência de um direito natural, composto de normas preexistentes ao próprio Estado. Para os adeptos dessa corrente, as normas jurídicas só serão plenamente válidas se compatíveis com as normas estabelecidas pelo direito natural.

Embora, no mundo contemporâneo, a teoria jusnaturalista tenha perdido a força, essa corrente exerceu um importante papel nas discussões sobre raça e escravização. Enquanto, de um lado, muitos autores jusnaturalistas defendiam a ideia de que a escravização se justificaria por uma "ordem natural" que estabelecia a superioridade de determinados povos

[3] DIMOULIS , 2011, p. 28.

[4] Cf. ALMEIDA, Silvio Luiz de. *Racismo estrutural*. Coleção Feminismos Plurais, coord. Djamila Ribeiro. São Paulo: Sueli Carneiro; Pólen, 2019. Ebook. A escolha pela priorização da obra do Professor Almeida como principal fonte acadêmica para a primeira parte deste artigo deve-se não só à sua precisa e reconhecida cientificidade, mas em especial pela sua atualidade, equilíbrio analítico e finalidade crítico-propositiva, principal objetivo deste texto.

[5] ALMEIDA, 2019.

em detrimento de outros, do outro lado, autores abolicionistas, como o advogado Luiz Gama, também evocavam o direito natural, alegando a incompatibilidade de um regime escravagista com a razão natural ou com as leis divinas.

A concepção do Direito como norma é apontada por Silvio Almeida como a mais comum dentre as concepções.[6] Para essa corrente, o Direito é definido como o conjunto das regras obrigatórias impostas e garantidas pelo Estado. Logo, as leis, códigos, decretos e demais normas estatais seriam a expressão do Direito.

Essa concepção foi denominada como juspositivismo, se opondo ao jusnaturalismo. As críticas à teoria incluem a impossibilidade de real compreensão do Direito, por se tratar de um fenômeno complexo, que envolve aspectos éticos, políticos e econômicos que nem sempre são contemplados pelas normas jurídicas. Sobre o tema, Silvio Almeida aponta que:

> Se notarmos, as críticas ao juspositivismo são bastante parecidas com aquelas feitas às concepções individualistas do racismo. E não é uma coincidência: vimos que a perspectiva individualista trata o racismo como um problema jurídico, de violação de normas, as quais, por sua vez, são tidas como parâmetros para a ordenação racional da sociedade. Tanto o racismo quanto o próprio direito são retirados do contexto histórico e reduzidos a um problema psicológico ou de aperfeiçoamento racional da ordem jurídica de modo a eliminar as irracionalidades – como o racismo, a parcialidade e as falhas de mercado.[7]

Já a concepção de Direito como poder defende que as normas jurídicas representam apenas uma parte do fenômeno jurídico, enquanto a essência do que conhecemos como Direito é o poder. Para os defensores dessa corrente, o poder não é mero elemento externo, mas elemento fundamental para a transmutação do Direito à realidade. Sobre essa corrente, Almeida exemplifica:

> [...] O direito, portanto, apresenta-se como aquilo que Michel Foucault denominou como "mecanismo de sujeição e dominação", cuja existência pode

[6] ALMEIDA, 2019.
[7] ALMEIDA, 2019.

> ser vista em relações concretas de poder que são inseparáveis do racismo, como nos revelam cotidianamente as abordagens policiais, as audiências de custódia e as vidas nas prisões.
>
> [...] O direito, nesse caso, é meio e não fim; o direito é uma tecnologia de controle social utilizada para a consecução de objetivos políticos e para a correção do funcionamento institucional, como o combate ao racismo por meio de ações afirmativas, por exemplo.[8]

Entretanto, assim como é possível analisar a relação entre Direito e poder em ações afirmativas, historicamente, a relação entre Direito e poder teve o racismo como elo. Foram os casos em que o Direito esteve a serviço de projetos de discriminação, segregação e até genocídio, praticados sob motivações raciais, como os regimes coloniais, o regime nazista alemão e os regimes de segregação racial sul-africano e estadunidense. Como conclui Silvio Almeida, "o racismo é uma relação estruturada pela legalidade".[9]

Já a concepção do Direito como relação social compreende que ele não se materializa somente por meio do texto normativo das próprias relações de poder, mas em especial nas relações sociais como um todo. Neste caso, o desafio seria definir quais das diversas formas diferentes de relações sociais são também jurídicas. Para essa concepção, são as relações que se formam a partir da estrutura social e econômica das sociedades que determinam a formação das normas jurídicas. Logo, o Direito não seria somente um conjunto de normas, mas, de fato, a formal pela qual deveria se dar a relação entre os sujeitos de direito.

O professor Silvio Almeida aponta que é através dessa relação entre os sujeitos que o Direito como relação social aponta para a dimensão estrutural do racismo, uma vez que, embora nem todas as manifestações racistas sejam jurídicas, o fenômeno não pode ser dissociado do Direito. Para ele:

> É certo que atos de discriminação racial direta – e, às vezes, até indireta – são, na maioria das sociedades contemporâneas, considerados ilegais e passíveis de sanção normativa. Entretanto, principalmente a partir de uma

[8] ALMEIDA, 2019.

[9] ALMEIDA, 2019.

visão estrutural do racismo, o direito não é apenas incapaz de extinguir o racismo, como também é por meio da legalidade que se formam os sujeitos racializados.[10]

Levando em consideração a síntese das definições apresentadas para o conceito de Direito e suas correlações com o racismo, Silvio Almeida resume a teoria sobre o Direito e racismo em duas visões correntes. A primeira é de que o primeiro seria a forma mais eficiente de combate ao racismo, seja por meio da punição criminal e civil de indivíduos que praticam atos racistas, seja pela estruturação de políticas públicas de promoção da igualdade. Já a segunda visão expressaria que o Direito é parte integrante da mesma estrutura social que reproduz o racismo enquanto prática política e ideologia, mesmo que ainda promova até certo ponto algumas mudanças superficiais na condição de grupos minoritários.[11]

Com o fortalecimento dos movimentos sociais, ocorrido principalmente a partir do século XX, a luta antirracista começou a ser travada tanto na forma de militância jurídica nos tribunais, com o objetivo de garantir o acesso à cidadania pelos indivíduos advindos de grupos socialmente e historicamente estigmatizados, quanto através de produção intelectual, responsável por introduzir teorias que questionassem o racismo inscrito nas doutrinas jurídicas.

Ao longo da história brasileira foram diversas as demonstrações de como os grupos oprimidos estabeleceram estratégias de sobrevivência, vivência e resistência, utilizando ferramentas do Direito. O advogado Luiz Gama foi o maior exemplo da luta jurídica antissistêmica no Brasil, compreendendo o Direito como uma ferramenta dos senhores, detentores do poder político e institucional, que era preciso saber como utilizar para voltá-la contra os próprios. Neste sentido, vale ressaltar que Luiz Gama não enxergava o Direito como uma salvação, mas como uma "arma" que poderia e deveria ser utilizada contra os senhores na luta pela liberdade.[12]

[10] ALMEIDA, 2019.

[11] ALMEIDA, 2019.

[12] ALMEIDA, 2019.

3. Século XIX: o processo gradual de abolição

Assim como percebido por Luiz Gama, o Direito é uma das ferramentas de um sistema liberal para a normatização da realidade social e assegurar os direitos dos indivíduos. Embora a doutrina historiográfica brasileira majoritária indique o triunfo do liberalismo no país do Império à República, uma aparente contradição fundamental seria justamente a classificação como liberal de um sistema jurídico que normatizava a própria escravização.

Apesar de o tema não estar expressamente previsto na Constituição Imperial, de 1824, o que não poderia ser diferente, uma vez que, pela sua inspiração liberal, não poderia tal Carta Magna explicitamente trair a sua própria finalidade, como preconizado pela teoria constitucionalista, o resguardo das liberdades individuais. Entretanto, se registram outros dispositivos jurídicos que atuam no sentido da manutenção sistêmica de pessoas negras na condição de segregação. Como pode se observar o previsto na Lei n.º 1, de 1837, sobre Instrução Primária no Rio de Janeiro:

> "Artigo 3º. São prohibidos de frequentar as Escolas Publicas:
> 1º Todas as pessoas que padecerem molestias contagiosas.
> 2º Os escravos, e os pretos Africanos, ainda que sejão livres ou libertos."

O primeiro Código Penal implementado no Brasil foi o Código Criminal de 1830, que criminalizava as lutas pela liberdade por meio da adoção de medidas específicas contra as revoltas de escravizados, criando a figura jurídica da "insurreição" e, para os homens livres, os crimes de "conspiração" e "rebelião". A insurreição era definida da seguinte forma: "Art. 113. Julgar-se-á cometido este crime, reunindo-se vinte ou mais escravos para haverem a liberdade por meio da força. Penas – aos cabeças, de morte no grau máximo, de galés perpétuas no médio, e por quinze anos no mínimo; aos mais, açoites".[13]

O Código de 1930 normatizou, inclusive, as penalidades cruéis tipicamente aplicadas por senhores de escravizados, como o açoite, dispondo que:

[13] BRASIL. Lei de 16 de dezembro de 1830. Manda executar o Código Criminal. Disponível em: http://www.planalto.gov.br/ccivil_03/leis/lim/lim-16-12-1830.htm. Acesso em: 22 jul. 2022.

> Art. 60. Se o réu for escravo, e incorrer em pena que não seja a capital ou de galés, será condenado na de açoutes, e, depois de os sofrer, será entregue a seu senhor, que se obrigará a trazê-lo com um ferro pelo tempo e maneira que o juiz o designar. O número de açoutes será fixado na sentença, e o escravo não poderá levar mais de cincoenta.[14]

Mesmo já diante dessa limitação, somente com o Aviso Ministerial de 10 de junho de 1861 foi definido um número máximo de açoites que poderiam ser aplicados, proibindo que se excedesse a duzentos. A extinção do flagelo público somente ocorreria em 1886, às vésperas da abolição da escravatura.[15]

Já diante das pressões internacionais pela abolição, a escolha brasileira pela condução de um processo de "abolição lenta e gradual", uma mudança sem rupturas, envolveu uma série de medidas no plano legislativo com eficácia variada. A análise dessa legislação é fundamental para identificar alguns aspectos desta estratégia de controle social dos escravizados, tais como seus destinos após a libertação, sua obrigatoriedade de prestação de serviços e a organização de um sistema de controle burocrático e policial.[16] Essas medidas apontam a preocupação das elites da época em converter o negro cativo em um negro liberto, mas de certa forma "vigiado".

Dentre os principais diplomas legais que compuseram esse processo está a Lei de 7 de novembro de 1831, também conhecida como Lei Feijó, que dava execução ao compromisso assumido com a Inglaterra no Tratado de Reconhecimento da Independência, proibindo o tráfico de escravizados e declarando livres todos os escravizados vindos de fora do império que entrassem no território ou portos do país.[17]

[14] BRASIL, 1830.

[15] DUARTE, Evandro Charles Piza. *Criminologia e racismo*: introdução ao processo de recepção das teorias criminológicas no Brasil. 1988. 399 f. Dissertação (Mestrado em Direito). Universidade Federal de Santa Catarina, Florianópolis, 1988. Disponível em: https://repositorio.ufsc.br/bitstream/handle/123456789/77655/ 139612.pdf?sequence. p. 220.

[16] DUARTE, 1988, p. 227.

[17] BRASIL. Lei de 7 de novembro de 1831. Declara livres todos os escravos vindos de fôra do Imperio, e impõe penas aos importadores dos mesmos escravos. Disponível em: http://www.planalto.gov.br/ccivil_03/leis/lim/ LIM-7-11-1831.htm#:~:text=LEI%20DE%207%20DE%20NOVEMBRO,aos%20importadores%20dos%20 mesmos%20escravos. Acesso em: 22 jul. 2022.

Somente quase vinte anos depois, sob a ameaça britânica, o Parlamento brasileiro aprovou a Lei n.º 581, de 4 de setembro de 1850, também conhecida como Lei Eusébio de Queiroz, que trouxe de fato a criminalização e o fim do tráfico intercontinental de escravizados. A solução apresentada pelo Estado por meio dessa lei foi a reexportação dos escravizados que fossem encontrados para os portos de origem ou qualquer outro que o governo decidisse, além de temporariamente empregá-los em trabalhos debaixo da tutela estatal.[18]

Mesmo diante da liberdade concedida aos escravizados estrangeiros pela Lei Feijó, o governo brasileiro, ao invés de restituir a liberdade desses grupos, adotou a prática de "arrematá-los" a particulares. Dessa forma, o tráfico continuava e apenas vez por outra as autoridades brasileiras apreendiam uma ou outra embarcação para dar satisfação aos ingleses.[19] Diante de mais pressão estrangeira, o Decreto n.º 1.303, de 28 de dezembro de 1853, dará liberdade aos "africanos livres" que haviam sido arrematados por particulares e prestado serviço por 14 anos. Essa liberdade seria concedida mediante requisição dos próprios escravizados, com a obrigação, porém, "de residirem no lugar que for pelo governo designado e de tomarem ocupação de serviço mediante um salário"[20].

Em 24 de setembro de 1864, 33 anos após a Lei Feijó, o Decreto n.º 3.310 foi publicado para declarar livres não só os "africanos livres" que houvessem prestado 14 anos de serviço, mas também os demais, uma vez que o prazo de 14 anos estabelecido pelo Decreto n.º 1.303, de 1853 já havia vencido.[21]

[18] BRASIL. Lei n.º 581, de 4 de setembro de 1850. Estabelece medidas para a repressão do trafico de africanos neste Imperio. Disponível em: http://www.planalto.gov.br/ccivil_03/leis/lim/lim581.htm. Acesso em: 22 jul. 2022.

[19] DUARTE, 1988, p. 228.

[20] BRASIL. Decreto n.º 1.303, de 28 de dezembro de 1853. Declara que os Africanos livres, cujos serviços forão arrematados por particulares, fição emancipados depois de quatorze annos, quando o reuqueirão, e providencia sobre o destino dos mesmos Africanos. Disponível em: <https://www2.camara.leg.br/legin/fed/decret/1824-1899/decreto-1303--28-dezembro-1853-559276-publicacaooriginal-81405-pe.html#:~:text=Declara%20que%20os%20Africanos%20livres,o%20destino%20dos%20mesmos%20Africanos.>. Acesso em: 22 jul. 2022.

[21] BRASIL. Decreto n.º 3.310, de 24 de setembro de 1864. Concede emancipação a todos os Africanos livres existentes no imperio. Disponível em: https://www2.camara.leg.br/legin/fed/decret/1824-1899/decreto-3310-24-setembro-1864-555076-publicacaooriginal-74160-pe.

O processo de emancipação estabelecido pelo Decreto n.º 3.310 já estabelecia procedimentos que vinculavam a concessão da liberdade à atuação de aparelhos repressores. Foram criadas as figuras das "Cartas de Emancipação", expedidas pelo Juízo dos Órfãos da Corte e Capitais das Províncias, que deveriam ser remetidas aos chefes de polícia para que estes as entregassem aos emancipados. Além disso, os africanos que estivessem ao serviço de particulares deveriam ser recolhidos na Corte, à Casa de Correção, e nas Províncias, aos estabelecimentos públicos designados pelos presidentes, para que fossem levados à presença dos chefes de polícia e, enfim, recebessem suas Cartas de Emancipação.[22]

Diante da Guerra do Paraguai, o Governo Imperial emite o Decreto n.º 3.725, de 6 de novembro de 1866, que, com o objetivo de engrossar os efetivos do exército brasileiro, concede alforria aos "escravos da nação" – como eram chamados aqueles escravizados que pertenciam ao Estado – que se dispusessem ao alistamento militar.[23] A participação dos negros não significará a obtenção da liberdade, pois, em sua maioria, os que participaram diretamente das batalhas ou que foram afetados indiretamente não sobreviveram.[24]

Em 18 de setembro de 1871, é promulgada a Lei n.º 2.040, conhecida também como "Lei do Ventre Livre" ou "Lei Rio Branco", em resposta a pressões inglesas e ao já expressivo movimento abolicionista. A lei declarava a liberdade dos filhos de mulher escrava nascidos a partir daquela data e, ainda, sobre os "escravos da nação" e sobre o processo de emancipação,[25] tendo sido regulamentada pelo Decreto n.º 5.135, de 13 de novembro de

html#:~:text=Concede%20emancipa%C3%A7%C3%A3o %20a%20todos%20os%20 Africanos%20livres%20existentes%20no%20imperio. Acesso em: 22 jul. 2022.

[22] BRASIL, 1864.

[23] BBRASIL. Decreto nº 3.725-A, de 6 de novembro de 1866. Concede liberdade gratuita aos escravos da Nação designados para o serviço do exercito. Disponível em: <https://www2.camara.leg.br/legin/fed/decret/1824-1899/decreto-3725-a-6-novembro-1866-554505-publicacaooriginal-73127-pe.html#:~:text=Hei%20por%20 bem%20Ordenar%20 que,mesmo%20beneficio%20%C3%A1s%20suas%20mulheres.>. Acesso em: 22 jul. 2022.

[24] DUARTE, 1988., p. 229.

[25] BRASIL. Lei n.º 2.040, de 28 de setembro de 1871. Declara de condição livre os filhos de mulher escrava que nascerem desde a data desta lei, libertos os escravos da Nação e outros, e providencia sobre a criação e tratamento daquelles filhos menores e sobre a libertação annual de escravos. Disponível em: http://www.planalto.gov.br/ccivil_03/leis/lim/lim2040.htm. Acesso em: 22 jul. 2022.

1872.[26] Ambos os dispositivos foram detalhistas e se preocuparam em estabelecer formalmente um processo bem delimitado para a concessão de liberdade aos grupos abrangidos.

Apesar da liberdade formal, os menores permaneceriam com o senhor[27] até a idade de 8 anos, sendo possível ao próprio senhor de escravizados que optasse por receber do Estado uma indenização prefixada ou por explorar o trabalho daquele menor até a idade de 21 anos. O menor, porém, poderia ser resgatado, caso fosse paga a indenização correspondente a seu trabalho, além de casos de venda ou liberdade da mãe, em que o menor a acompanharia.

Por sua vez, os menores cedidos, abandonados, ou tirados do poder do senhor seriam entregues a associações especialmente destinadas a esse fim e, na falta destas, às Casas de Expostos ou às pessoas indicadas por Juízes de Órfãos. Nesses regimes de internamento, o trabalho dos menores era prestado gratuitamente, podendo ser alugado a particulares, obrigando-se as instituições e pessoas citadas a constituir um pecúlio em favor deles.[28]

Como resta demonstrado, a obrigatoriedade do trabalho ou o trabalho compulsório representava uma regra geral. Por força de lei, os escravizados libertados ficavam durante cinco anos sob a inspeção do governo e eram obrigados a contratar os seus serviços sob pena de serem constrangidos e a trabalhar nos estabelecimentos públicos.

A Lei n.º 3.270, de 28 de setembro de 1885, também denominada como "Lei Saraiva Cotegipe" ou "Lei dos Sexagenários", foi responsável por conceder a liberdade aos escravizados com mais sessenta anos.[29] Tal lei foi votada já na última fase da escravização brasileira, apresentada em

[26] BRASIL. Decreto n.º 5.135, de 13 de novembro de 1872. Approva o regulamento geral para a execução da lei n.º 2040 de 28 de setembro de 1871. Disponível em: https://www2.camara.leg.br/legin/fed/decret/1824-1899/decreto-5135-13-novembro-1872-551577-publicacao-original-68112-pe.html#:~:text=Approva%20o%20 regulamento%20geral%20para,28%20de%20Setembro%20de%201871. Acesso em: 22 jul. 2022.

[27] Nomenclatura utilizada para denominar os proprietários de escravizados à época.

[28] DUARTE, 1988, p. 230.

[29] BRASIL. Lei nº 3.270, de 28 de setembro de 1885. Regula a extincção gradual do elemento servil. Disponível em: http://www.planalto.gov.br/ccivil_03/leis/lim/LIM3270.htm#:~:text=Regula%20a%20extinc%C3%A7% C3%A3o%20gradual%20do%20elemento%20servil.&text=Art.,a%20tabella%20do%20%C2%A7%203%C2%BA. Acesso em: 22 jul. 2022.

substituição ao Projeto n.º 48, de 15 de julho de 1884, o Projeto Dantas, redigido por Rui Barbosa com o apoio do movimento abolicionista.[30]

A Lei dos Sexagenários expressou, ainda que de forma implícita, a perspectiva de embranquecimento da população brasileira, associando o processo de abolição do trabalho escravo negro com uma política de imigração de mão de obra branca. Essa intenção pode ser observada pela criação de uma taxa adicional de 5%, que incidia sobre todos os impostos gerais, cuja terça parte seria "destinada a subvencionar a colonização por meio do transporte de colonos que forem efetivamente colocados em estabelecimentos agrícolas de qualquer natureza". As duas outras partes seriam aplicadas na emancipação dos "escravos de maior idade" e na "libertação, por metade ou menos da metade de seu valor, dos escravos de lavoura e mineração cujos senhores quiserem converter em livres os estabelecimentos mantidos por escravos".[31]

Outra questão criada pela Lei n.º 3.270 foi que a emancipação dos maiores de 60 anos também criava a obrigação para esses idosos libertos de trabalhar mais três anos ou ressarcir o valor "a título de indenização pela sua alforria", caso já não tivessem 65 anos.[32] Além disso, a lei estabelecia a obrigação de assistência a ser prestada pelo senhor ao liberto, mas sem que fosse imposto qualquer tipo de penalidade pelo descumprimento desta obrigação. Em conclusão, o destino desses idosos libertos, amparado pela lei, era ficar sob a tutela do Estado ou ser abandonado à própria sorte caso não mais conseguissem trabalhar.[33]

Ainda na mesma lei, a fixação do domicílio também era imposta ao liberto pelo fundo de emancipação. Logo, novamente eram fixadas regras que determinavam a compulsoriedade do trabalho, com a utilização do aparato policial:

> Art. 3º Os escravos inscriptos na matricula serão libertados mediante indemnização de seu valor pelo fundo de emancipação ou por qualquer outra fórma legal.
>
> [...]

[30] DUARTE, 1988, p. 232.

[31] BRASIL,1885.

[32] BRASIL,1885.

[33] DUARTE, 1988, p. 233.

> § 15. O que se ausentar de seu domicilio será considerado vagabundo e apprehendido pela Policia para ser empregado em trabalhos publicos ou colonias agricolas.
>
> § 16. O Juiz de Orphãos poderá permittir a mudança do liberto no caso de molestia ou por outro motivo attendivel, si o mesmo liberto tiver bom procedimento e declarar o logar para onde pretende transferir seu domicilio.
>
> § 17. Qualquer liberto encontrado sem occupação será obrigado a empregar-se ou a contratar seus serviços no prazo que lhe fôr marcado pela Policia.
>
> § 18. Terminado o prazo, sem que o liberto mostre ter cumprido a determinação da Policia, será por esta enviado ao Juiz de Orphãos, que o constrangerá a celebrar contrato de locação de serviços, sob pena de 15 dias de prisão com trabalho e de ser enviado para alguma colonia agricola no caso de reincidencia.[34]

Em resumo, a fórmula da abolição adotada pelo Estado brasileiro foi impor para o liberto a contratação obrigatória de seus serviços, a internação em colônias agrícolas ou ocupação em obras públicas e, por fim, a prisão.

Além disso, o processo lento e gradual de abolição não significou a estruturação, por parte do Estado brasileiro, de qualquer política ou medida de proteção e inserção dos negros libertos na sociedade livre. Nesse sentido, a Lei n.º 3.353, de 13 de maio de 1888[35], a chamada Lei Áurea, marcou um processo no qual cerca de sete milhões de negros se tornaram livres, mas sem qualquer auxílio governamental para estruturação de suas vidas como cidadãos brasileiros, o que, na prática, obrigou muitos dos libertos a manterem relações de dependência com seus ex-proprietários e demarcou o processo constante de enfavelamento urbano, diminuição da expectativa de vida média, repressão policial e de discriminação racial no mercado de trabalho imposto contra a população negra.[36]

[34] BRASIL, 1985

[35] BRASIL. Lei nº 3.353, de 13 de maio de 1888. Declara extinta a escravidão no Brasil. Disponível em: http://www.planalto.gov.br/ccivil_03/leis/lim/lim3353.htm. Acesso em: 22 jul. 2022.

[36] CATOIA, Cinthia de Cassia. A Produção Discursiva do Racismo: da escravidão à criminologia positivista. *Dilemas: Revista de Estudos de Conflito e Controle Social*, Rio de Janeiro, Vol. 11, N.º 2, 2018, p. 259-278. p. 267.

4. Século xx: do pós-abolição à criminalização do racismo

A primeira etapa da República, período ente 1889 e 1930, foi marcada pela projeção de discursos políticos, científicos e jurídicos que buscavam a reinvenção da desumanização da população negra no mundo pós-abolição.

O diálogo da elite brasileira com a epistemologia europeia de darwinismo social, racismo científico e eugenia, baseada num ideal de supremacia branca, resultou no esforço para construir no Brasil um discurso racial que revelasse a causa da inviabilidade da construção de um projeto de nação. Dessa forma, o projeto de nação brasileira passaria a ser construído com uma fundação hostil ao seu próprio passado, bem como à sua população no presente.[37]

Sobre o tema, Adilson José Moreira explica que:

> O conceito de projeto racial nos ensina que o racismo é uma prática social, mas também uma ideologia cultural que possui um caráter dinâmico. Ele sempre se adapta às novas realidades sociais que surgem a partir de suas contestações. Pessoas brancas estão sempre procurando adaptar as estratégias de dominação às novas realidades. O discurso religioso serviu para justificar a escravidão durante o período colonial, o racismo científico cumpriu esse papel para negar direitos iguais durante o regime monárquico, o discurso eugênico legitimou a necessidade de transformação racial da nossa população, as teses sociológicas da cordialidade brasileira foram utilizadas por décadas para encobrir práticas racistas, e o discurso científico, agora na forma de estudos genômicos, aparece novamente para defender políticas universais como forma de justiça social.[38]

No mesmo período, de 1890 a 1930, o Brasil experimentou o crescimento populacional. A imigração estrangeira, principalmente europeia, foi incentivada e fazia parte do projeto de modernização da sociedade brasileira, com a substituição do trabalhador nacional – majoritariamente

[37] CATOIA, 2018, p. 267-268.

[38] MOREIRA, Adilson José. *Tratado de Direito Antidiscriminatório.* São Paulo: Editora Contracorrente, 2020. p. 570.

mão de obra negra – nas áreas mais dinâmicas do desenvolvimento, destacando-se as capitais de São Paulo e Rio de Janeiro.[39]

No âmbito político e socioeconômico, esse projeto de modernização representava, em realidade, a instalação de um projeto de embranquecimento da população por meio da inserção de estrangeiros no mercado de trabalho, fundada na crença de que, com o decorrer do tempo, a miscigenação faria desaparecer da sociedade o elemento negro.

Deste modo, nas primeiras décadas do século XX, o Estado propôs a substituição da mão de obra nacional e, ao mesmo tempo, incentivou políticas de limpeza urbana, perseguição física e simbólica e o racismo, estrutural e institucionalizado.

As consequências da marginalização da população negra recém-liberta pode ser geograficamente observada com o fenômeno da favelização. Um exemplo emblemático foi o caso da cidade do Rio de Janeiro, que cresceu em direção aos morros, com a edificação das favelas:

> A habitação favela nasce em decorrência das contradições produzidas pela cidade capitalista republicana. O projeto e os ideais buscavam a sociedade moderna, com a limpeza urbana, a expansão e criação de grandes avenidas, ruas e praças, tudo isso significava, na realidade, o apagamento de cenários e paisagens do espaço urbano construído e habitado pelos segmentos das classes populares, os ex-cativos e a população marginalizada. Por exemplo, a Revolta da Vacina e a Reforma Pereira Passos, ambas buscavam o desenvolvimento da ideologia higienista, a qual se orientava com a derrubada dos cortiços e habitações insalubres das classes populares no centro da cidade.[40]

O surgimento das favelas brasileiras, especialmente na ex-capital federal, Rio de Janeiro, está principalmente ligado a três acontecimentos: (i) a Guerra do Paraguai, da qual muitos dos negros sobreviventes rumaram em direção aos morros, diante das políticas higienistas; (ii) a Guerra de Canudos, conflito travado entre 1896 e 1897, com forte presença negra e indígena, que culminou na pior chacina da história do Brasil, com

[39] OLIVEIRA, Reinaldo José; OLIVEIRA, Regina Marques de Souza. Origens da segregação racial no Brasil. *Amérique Latine Histoire et Mémoire*. Les Cahiers ALHIM, 2015. Disponível em: http://journals.openedition.org/alhim/5191. Acesso em: 22 jul. 2022. p. 37.

[40] OLIVEIRA; OLIVEIRA, 2015, p. 46.

mais de 35 mil pessoas mortas em conflito; e (iii) a derrubada de um dos principais cortiços da época, o "Cabeça de Porco", durante a administração do prefeito Barata Ribeiro.[41] As favelas têm sua origem sob as formas de discriminação e criminalização da população negra e pobre que habitava as áreas marginalizadas, principalmente os cortiços e porões que foram demolidos sob as ideologias das políticas de limpeza urbana e higienização do poder municipal.[42]

Embora a resistência contra o racismo tenha raízes mais antigas, foi no século XX, já no pós-abolição, que os movimentos sociais alcançaram protagonismo político. Além da luta política, os movimentos sociais foram cruciais na formação de intelectuais constituídos sob a influência das mais diversas matrizes culturais e ideológicas, que passaram a travar um diálogo, mesmo que ainda de forma crítica, com as vertentes liberais, existencialistas e marxistas que marcavam o período. Sobre esse momento, Silvio Almeida destaca que "a experiência política e intelectual dos movimentos sociais serviu para inspirar práticas políticas e pedagógicas inovadoras que contestaram firmemente os fundamentos do racismo"[43].

Na segunda metade do século XX, já sob a égide da até hoje vigente Lei das Contravenções Penais de 1941, a legislação passou a dar seus primeiros passos a respeito do combate ao racismo. Em 3 de julho de 1951, o Congresso aprovou a Lei n.º 1.390, a chamada Lei Afonso Arinos,[44] que tornou contravenção a prática da discriminação racial. Embora tenha servido como forma de trazer à discussão a questão racial no Brasil, a lei não obteve grandes resultados práticos, já que não havia qualquer conde nação pela prática de discriminação racial.[45] Em 20 de dezembro de 1985, a Lei n.º 1.390 teve sua redação atualizada pela Lei n.º 7.437[46] para incluir

[41] OLIVEIRA; OLIVEIRA, 2015, p. 47.

[42] OLIVEIRA; OLIVEIRA, 2015.

[43] ALMEIDA, 2019.

[44] BRASIL. Lei n.º 1.390, de 3 de julho de 1951. Inclui entre as contravenções penais a prática de atos resultantes de preconceitos de raça ou de côr. Disponível em: http://www.planalto.gov.br/ccivil_03/leis/L1390.htm. Acesso em: 24 jul. 2022.

[45] FUNDAÇÃO PALMARES. *Lei Afonso Arinos:* a primeira norma contra o racismo no Brasil. Disponível em: https://www.palmares.gov.br/?p=52750. Acesso em: 24 jul. 2022.

[46] BRASIL. Lei n.º 7.437, de 20 de dezembro de 1985. Inclui, entre as contravenções penais a prática de atos resultantes de preconceito de raça, de cor, de sexo ou de estado civil, dando

entre as contravenções penais a prática de atos resultantes de preconceito de raça, cor, sexo ou estado civil.

Em 1988, com a chegada da nova Constituição, apelidada de "Constituição Cidadã", foram introduzidas no sistema constitucional brasileiro disposições relevantes sobre a questão racial no âmbito penal, ao tornar o crime de racismo inafiançável e imprescritível.[47] Essa disposição orientou a Lei n.º 7.716, de 5 de janeiro de 1989, que trouxe uma definição para os crimes resultantes de preconceito de raça ou de cor, também conhecida como Lei Caó.[48] O Deputado Carlos Alberto Caó de Oliveira, propositor da Lei n.º 7.716 e do art. 5º, XLII, da Constituição de 1988 – que torna a prática de racismo crime inafiançável e imprescritível –, foi advogado, jornalista e militante do movimento negro que se destacou por sua luta contra o racismo.[49]

O texto constitucional de 1988 ainda garante de forma explícita o respeito à diversidade religiosa (art. 5º, VI, VII e VIII), a proteção das diversas manifestações culturais (art. 215), além de estabelecer o dever de salvaguardar as terras indígenas (art. 231) e quilombolas (art. 68 do Ato das Disposições Constitucionais Transitórias).[50]

Já nas vésperas da virada do século, a Lei 9.459, de 13 de maio de 1997, alterou a redação da Lei n.º 7.716 e acrescentou o §3º ao artigo 140 do Código Penal, criando o tipo penal da injúria racial ou qualificada.[51]

Mesmo com os avanços legislativos no combate ao racismo, o estigma contra a população negra, historicamente perpetuado, seguiu refletindo na marginalização e constante violência contra pessoas negras. Dois

nova redação à Lei n.º 1.390, de 3 de julho de 1951 – Lei Afonso Arinos. Disponível em: http://www.planalto.gov.br/ccivil_03/leis/l7437.htm. Acesso em: 24 jul. 2022.

[47] BRASIL, 1988.

[48] BRASIL. Lei nº 7.716, de 5 de janeiro de 1989. Define os crimes resultantes de preconceito de raça ou de cor. Disponível em: http://www.planalto.gov.br/ccivil_03/leis/l7716.htm.Acesso em: 24 jul. 2022.

[49] MOREIRA, Rômulo de Andrade. Os 33 anos da Lei Caó. *Jornal GGN*. 5 jan. 2022. Disponível em: https://jornalggn.com.br/memoria/os-33-anos-da-lei-cao-por-romulo-de-andrade-moreira/#_ftn7. Acesso em: 24 jul. 2022.

[50] BRASIL, 1988.

[51] BRASIL. Lei n.º 9.459, de 13 de maio de 1997. Altera os arts. 1º e 20 da Lei nº 7.716, de 5 de janeiro de 1989, que define os crimes resultantes de preconceito de raça ou de cor, e acrescenta parágrafo ao art. 140 do Decreto-lei nº 2.848, de 7 de dezembro de 1940. Disponível em: http://www.planalto.gov.br/ccivil_03/leis/l9459.htm. Acesso em: 24 jul. 2022.

dos principais marcos da repressão e violência institucional do Estado brasileiro contemporâneo contra a população negra são a violência policial e o projeto de encarceramento em massa de pessoas negras. O censo de 1988, por exemplo, concluiu que a probabilidade de um homem negro ser agredido por um policial era 2,4 vezes maior do que de um homem branco.[52]

5. Século XXI: avanços legislativos e a persistência da questão estrutural

O início dos anos 2000 marcou um período de certa estabilidade institucional brasileira, com uma "Constituição Cidadã" ainda recente e movimentos sociais ativos na luta por efetivação dos direitos fundamentais constitucionalmente garantidos.

Nesse contexto, em 9 de janeiro de 2003, foi publicada a Lei n.º 10.639, que tornou obrigatório o ensino de história e cultura afro-brasileiras nas escolas de todo o Brasil.[53] Embora a lei direcionando o tema só tenha sido publicada em 2003, a reavaliação do papel do negro na história do Brasil já era reivindicada pelo movimento negro brasileiro desde a década de 1970, como, por exemplo, pela "Carta de Princípios", escrita em 1978 pelas lideranças do então recém-criado Movimento Negro Unificado (MNU).[54] Essa lei representou uma relevante conquista para a evolução do combate ao racismo, principalmente por implicar no reconhecimento de que, até aquele momento, os temas da história africana e das vivências do povo negro não eram devidamente abordados nas salas de aula brasileiras.

[52] FRENCH, Jan Hoffman. Repensando a Violência Policial no Brasil: Desmascarando o Segredo Público da Raça. *Revista TOMO* 31, 2017. p. 9-40. Disponível em: https://scholarship.richmond.edu/cgi/viewcontent.cgi ?article=1055&context=socanth-faculty-publications. Acesso em: 24 jul. 2022. p. 15.

[53] BRASIL. Lei n.º 10.639, de 9 de janeiro de 2003. Altera a Lei n.º 9.394, de 20 de dezembro de 1996, que estabelece as diretrizes e bases da educação nacional, para incluir no currículo oficial da Rede de Ensino a obrigatoriedade da temática "História e Cultura Afro-Brasileira", e dá outras providências. Disponível em: http://www.planalto.gov.br/ccivil_03/leis/2003/l10.639.htm#:~:text=LEI%20No%2010.639%2C%20DE%209%20DE%20JANEIRO%20DE%202003.&text=Altera%20a%20Lei%20no,%22%2C%20e%20d%C3%A1%20outras%20provid%C3%AAncias. Acesso em: 24 jul. 2022.

[54] PEREIRA, Amilcar Araujo. A Lei 10.639/03 e o movimento negro: aspectos da luta pela "reavaliação do papel do negro na história do Brasil". *Cadernos de História*, v. 12, n. 17, pp. 25-45, 17 out. 2011. p. 26.

Cerca de sete anos depois, a Lei n.º 12.288, sancionada em 20 de julho de 2010, instituiu o Estatuto da Igualdade Racial, destinado a garantir à população negra "a efetivação da igualdade de oportunidades, a defesa dos direitos étnicos individuais, coletivos e difusos e o combate à discriminação e às demais formas de intolerância étnica"[55].

A primeira versão do projeto de lei para a criação do Estatuto da Igualdade Racial foi apresentada em 2000, como resultado de uma intensa mobilização da sociedade civil.[56] O texto do projeto de lei inicial estabelecia diretrizes e políticas voltadas à população negra no âmbito das áreas da saúde, educação, cultura, esporte e lazer, além de propor a criação de conselhos nacionais, estaduais e municipais voltados à formulação, coordenação, supervisão e avaliação de políticas de combate ao racismo.[57] Contudo, antes mesmo da aprovação do Estatuto da Igualdade Racial, a Medida Provisória n.º 111, de 21 de março de 2003, criou a Secretaria Especial de Políticas de Promoção da Igualdade Racial, que foi posteriormente convertida na Lei n.º 10.678, de 23 de maio de 2003. Esta lei ainda criou o Conselho Nacional de Promoção da Igualdade Racial, parte integrante da Secretaria de Políticas de Promoção da Igualdade Racial.[58]

O ponto mais polêmico do projeto inicial para o Estatuto da Igualdade Racial era o capítulo que estabelecia um sistema de reserva de 20% das vagas em todos os concursos e universidades públicas, nos níveis federal, estadual e municipal, para candidatos afrodescendentes. Além disso, o projeto também sugeria o estabelecimento de uma cota de apresentação de imagens de pessoas negras em ao menos 25% de filmes e programas transmitidos por emissoras de televisão e 40% para peças publicitárias. Entretanto, a implementação de uma política de cotas enfrentou bastante

[55] BRASIL. Lei n.º 12.288, de 20 de julho de 2010. Institui o Estatuto da Igualdade Racial; altera as Leis nos 7.716, de 5 de janeiro de 1989, 9.029, de 13 de abril de 1995, 7.347, de 24 de julho de 1985, e 10.778, de 24 de novembro de 2003. Disponível em: http://www.planalto.gov.br/ccivil_03/_ato2007-2010/2010/lei/l12288.htm. Acesso em 25 jul. 2022.

[56] JESUS, Vinicius Mota de. *Do silêncio ao estatuto da igualdade racial:* os caminhos da igualdade no direito brasileiro. Dissertação (Mestrado em Direito). São Paulo: USP, Faculdade de Direito, 2013. Disponível em: https://www.teses.usp.br/teses/disponiveis/2/2140/tde-12022014-112336/publico/Vinicius_Mota_de_Jesus _Versao_corrigida.pdf. Acesso em: 25 jul. 2022. p. 99.

[57] JESUS, 2013.

[58] JESUS, 2013, p. 99.

resistência no momento de tramitação do projeto e acabou sendo retirada da redação para o Estatuto da Igualdade Racial.

Apenas dois anos depois, em 29 de agosto de 2012, foi publicada a Lei n.º 12.711/2012, que estabeleceu o sistema de cotas sociais e raciais nos concursos para ingresso nas universidades e instituições de ensino técnico de nível médio federais.[59] Por determinação dessa lei, metade das vagas dos concursos para ingresso nas instituições federais de ensino seriam reservadas para pessoas autodeclaradas pretas, pardas e indígenas, além de pessoas com deficiência, que tenham cursado integralmente o ensino médio – para o caso de ingresso em graduação – ou fundamental – para o caso de ingresso em ensino técnico de nível médio – em escolas públicas.[60]

As cotas raciais são apenas uma das modalidades de ações afirmativas, que também podem englobar outras técnicas, como pontuação extra em provas e concursos, cursos preparatórios específicos para ingresso em universidades ou no mercado de trabalho, programas de valorização e reconhecimento cultural e de auxílio financeiro aos membros dos grupos beneficiados.[61]

Conforme explica Silvio Almeida:

> As políticas de ação afirmativa encontram ampla fundamentação em nosso ordenamento jurídico, como também em preceitos ético-políticos que foram incorporados pelo constitucionalismo contemporâneo, como as ideias de justiça corretiva e justiça distributiva. Esses conceitos de justiça atuam como parâmetros para a interpretação das normas que estabelecem a erradicação da marginalização social como um objetivo constitucional.[62]

Ao mesmo tempo em que esses avanços legislativos foram alcançados, fruto das lutas dos movimentos sociais, ao longo dos anos 2000 também foi possível observar o aumento exponencial da população carcerária brasileira, desproporcionalmente de maioria negra.

[59] BRASIL. Lei n.º 12.711, de 29 de agosto de 2012. Dispõe sobre o ingresso nas universidades federais e nas instituições federais de ensino técnico de nível médio e dá outras providências. Disponível em: http://www.planalto.gov.br/ccivil_03/_ato2011-2014/2012/lei/l12711.htm. Acesso em: 25 jul. 2022.

[60] BRASIL, 2012.

[61] ALMEIDA, 2019.

[62] ALMEIDA, 2019.

De acordo com o 16º Anuário Brasileiro de Segurança Pública, em 2005, o percentual da população prisional identificada como negra era de 58,4%, contra 39% de brancos. Em 2021, enquanto o percentual de privados de liberdade identificados como brancos reduziu para 29%, os identificados como negros representavam 67,5% da população prisional brasileira.[63] O anuário também concluiu que o percentual de pretos e pardos vítimas de intervenções policiais chegava a 84,1% de todas as vítimas com raça/cor identificados. Tal dado demonstra a desproporcionalidade racial na letalidade policial.[64]

Por todo o exposto, resta evidente que a implementação de legislações que visam combater e mitigar os efeitos da discriminação racial no Brasil não foi suficiente para gerar efeitos que alterassem as bases da estrutura de estigmatização da população negra, marginalizada ao longo de toda a história do país, mas fez com que emergissem novas modalidades de expressão do racismo. A letra das leis antidiscriminatórias não foi capaz de mudar a realidade do racismo, que atualmente passa a ser exprimido de forma mais sutil e velada.

O racismo que vitima a população negra brasileira, tão radicalmente observado nos dados sobre encarceramento e violência policial, não expressa uma característica exclusiva das polícias, mas sim uma consequência da estrutura social, institucional e histórica do Brasil, que reservou ao povo negro o lugar de problema a ser eliminado na transição pós-abolicionista.

Conclusões

O presente artigo analisou as principais leis publicadas ao longo da história brasileira, desde as primeiras leis em direção à abolição até a criminalização do racismo e implementação da política de cotas raciais, buscando examinar como a legislação poderia contribuir para a compreensão da estruturalização do racismo no Brasil.

O trabalho identificou que, no período pré-abolição, as leis publicadas pelo Estado brasileiro surgiram principalmente para responder a pressões

[63] FÓRUM Brasileiro de Segurança Pública. *Anuário Brasileiro de Segurança Pública 2022*. Disponível em: https://forumseguranca.org.br/wp-content/uploads/2022/06/anuario-2022.pdf?v=4. Acesso em: 26 jul. 2022. p. 388.

[64] FÓRUM, 2022.

internacionais, principalmente britânicas, pelo fim do regime escravista, o que foi postergado e combatido ao máximo pelas elites locais. Após 1888, com o fim da escravização, as mesmas elites passaram a adotar o discurso eugenista europeu para justificar a manutenção de um sistema de segregação e opressão da população negra, aliada à tentativa de branqueamento da população brasileira por meio do incentivo à imigração europeia.

Os avanços legislativos alcançados no Brasil pós-abolição foram resultado de uma luta intensa dos movimentos sociais. Contudo, as bases para a estruturalização do racismo na sociedade brasileira já haviam sido postas, pois, como bem explicou Silvio Almeida:

> [...] o racismo – que se materializa como discriminação racial – é definido por seu caráter *sistêmico*. Não se trata, portanto, de apenas um ato discriminatório ou mesmo de um conjunto de atos, mas de um *processo* em que condições de subalternidade e de privilégio que se distribuem entre grupos raciais se reproduzem nos âmbitos da política, da economia e das relações cotidianas. O racismo articula-se com a *segregação racial*, ou seja, a *divisão espacial de raças* em localidades específicas – bairros, guetos, bantustões, periferias, etc. – e/ou à definição de estabelecimentos comerciais e serviços públicos – como escolas e hospitais – como de frequência exclusiva para membros de determinados grupos raciais, como são exemplos os regimes segregacionistas dos Estados Unidos, o *apartheid* sul-africano e, para autoras como Michelle Alexander e Angela Davis, o atual sistema carcerário estadunidense.[65]

Em resumo, a conclusão alcançada foi de que, com o avanço legislativo, o racismo precisou ser adaptado a novos moldes, mais sutis e velados, mas sem que fosse real e efetivamente combatido pelas leis. Desde a abolição, o cotidiano da população negra estaria marcado pela aplicação de uma série de medidas de controle social e por discursos dos agentes do Estado que vinculavam, expressa ou veladamente, a ideia de pertença a um grupo racial com a criminalidade. Essas mesmas medidas indicam que, ao mesmo passo em que a sociedade escravista se baseava na discriminação racial, fundamento ideológico da escravização, com o processo de modernização

[65] ALMEIDA, 2019, [grifo do autor]

era necessário repensar as formas de organização do trabalho e, consequentemente, as condições para perpetuar a mesma hierarquia social dos tempos de escravização.[66]

Referências

ALMEIDA, Silvio Luiz de. *Racismo estrutural.* Coleção Feminismos Plurais, coord. Djamila Ribeiro. São Paulo: Sueli Carneiro; Pólen, 2019. Ebook.

BRASIL. *Constituição da República Federativa do Brasil de 1988.* Disponível em http:// http://www.planalto.gov.br/ccivil_03/constituicao/constituicao.htm. Acesso em: 24 jul. 2022.

BRASIL. Decreto n.º 1.303, de 28 de dezembro de 1853. Declara que os Africanos livres, cujos serviços forão arrematados por particulares, fição emancipados depois de quatorze annos, quando o reuqueirão, e providencia sobre o destino dos mesmos Africanos. Disponível em: https://www2.camara.leg.br/legin/fed/decret/1824-1899/decreto-1303-28-dezembro-1853-559276-publicacaooriginal-81405-pe.html#:~:text=Declara%20que%20os%20Africano s%20livres,o%20destino%20dos%20mesmos%20Africanos. Acesso em: 22 jul. 2022.

BRASIL. Decreto n.º 3.310, de 24 de setembro de 1864. Concede emancipação a todos os Africanos livres existentes no imperio. Disponível em: https://www2.camara.leg.br/legin/fed/decret/1824-1899/decreto-3310-24-setembro-1864-555076-publicacaooriginal-74160-pe.html#:~:text=Concede%20emancipa%C3%A7%C3%A3o%20a%20todos%20os%20Africanos%20livres%20existentes%20no%20imperio. Acesso em 22 jul. 2022.

BRASIL. Decreto n.º 3.725-A, de 6 de novembro de 1866. Concede liberdade gratuita aos escravos da Nação designados para o serviço do exercito. Disponível em: https://www2.camara.leg.br/legin/fed/decret/1824-1899/decreto-3725-a-6-novembro-1866-554505-publicacaooriginal-73127-pe.html#:~:text=Hei%20por%20bem%20Ordenar%20que, mesmo%20beneficio%20%C3%A1s%20suas%20mulheres. Acesso em: 22 jul. 2022.

BRASIL. Decreto n.º 5.135, de 13 de novembro de 1872. Aprova o regulamento geral para a execução da lei n.º 2040 de 28 de setembro de 1871. Disponível em: https://www2.camara.leg.br/legin/fed/decret/1824-1899/decreto-5135-13-novembro-1872-551577-publicacaooriginal-68112-pe.html#:~:text=Approva%20o%20regulamento%20geral %20para,28%20de%20Setembro%20de%201871. Acesso em: 22 jul. 2022.

BRASIL. Lei de 16 de dezembro de 1830. Manda executar o Código Criminal. Disponível em: http://www.planalto.gov.br/ccivil_03/leis/lim/lim-16-12-1830.htm. Acesso em: 22 jul. 2022.

[66] DUARTE, 1988, p. 248.

BRASIL. Lei de 7 de novembro de 1831. Declara livres todos os escravos vindos de fôra do Imperio, e impõe penas aos importadores dos mesmos escravos. Disponível em: http://www.planalto.gov.br/ccivil_03/leis/lim/LIM-7-11-1831. htm#:~:text=LEI%20DE%20 7%20DE%20NOVEMBRO,aos%20importadores%20dos%20mesmos%20escravos. Acesso em: 22 jul. 2022.

BRASIL. Lei n.º 1.390, de 3 de julho de 1951. Inclui entre as contravenções penais a prática de atos resultantes de preconceitos de raça ou de côr. Disponível em: http://www.planalto.gov.br/ccivil_03/leis/L1390.htm. Acesso em: 24 jul. 2022.

BRASIL. Lei n.º 10.639, de 9 de janeiro de 2003. Altera a Lei n.º 9.394, de 20 de dezembro de 1996, que estabelece as diretrizes e bases da educação nacional, para incluir no currículo oficial da Rede de Ensino a obrigatoriedade da temática "História e Cultura Afro-Brasileira", e dá outras providências. Disponível em: http://www.planalto.gov.br/ ccivil_03/leis/2003/l10.639.htm#:~:text=LEI%20 No%2010.639%2C%20DE%209%20DE%20JANEIRO%20DE%20 2003.&text=Altera%20ª%20Lei%20no,%22%2C%20e%20d%C3%A1%20 outras%20provid%C3%Aancias. Acesso em: 24 jul. 2022.

BRASIL. Lei n.º 12.288, de 20 de julho de 2010. Institui o Estatuto da Igualdade Racial; altera as Leis nos 7.716, de 5 de janeiro de 1989, 9.029, de 13 de abril de 1995, 7.347, de 24 de julho de 1985, e 10.778, de 24 de novembro de 2003. Disponível em: http://www.planalto.gov.br/ccivil_03/_ato2007-2010/2010/lei/ l12288.htm. Acesso em 25 jul. 2022.

BRASIL. Lei n.º 12.711, de 29 de agosto de 2012. Dispõe sobre o ingresso nas universidades federais e nas instituições federais de ensino técnico de nível médio e dá outras providências. Disponível em: http://www.planalto.gov. br/ccivil_03/_ato2011-2014/2012/lei/ l12711.htm. Acesso em: 25 jul. 2022.

BRASIL. Lei n.º 2.040, de 28 de setembro de 1871. Declara de condição livre os filhos de mulher escrava que nascerem desde a data desta lei, libertos os escravos da Nação e outros, e providencia sobre a criação e tratamento aqueles filhos menores e sobre a libertação annaul de escravos. Disponível em: http://www.planalto.gov. br/ccivil_03/leis/lim/lim2040.htm. Acesso em: 22 jul. 2022.

BRASIL. Lei n.º 3.270, de 28 de setembro de 1885. Regula a extincção gradual do elemento servil. Disponível em: http://www.planalto.gov.br/ccivil_03/leis/ lim/LIM3270. htm#:~:text=Regula%20a%20extinc%C3%A7%C3%A3o%20 gradual%20do%20elemento%20servil.&text=Art.,a%20tabella%20do%20 %C2%A7%203%C2%BA. Acesso em: 22 jul. 2022.

BRASIL. Lei n.º 3.353, de 13 de maio de 1888. Declara extinta a escravidão no Brasil. Disponível em: http://www.planalto.gov.br/ccivil_03/leis/lim/lim3353.htm. Acesso em: 22 jul. 2022.

BRASIL. Lei n.º 581, de 4 de setembro de 1850. Estabelece medidas para a repressão do trafico de africanos neste Imperio. Disponível em: http://www.planalto.gov.br/ccivil_03/leis/lim/lim581.htm. Acesso em: 22 jul. 2022.

BRASIL. Lei n.º 7.437, de 20 de dezembro de 1985. Inclui, entre as contravenções penais a prática de atos resultantes de preconceito de raça, de cor, de sexo ou de estado civil, dando nova redação à Lei n.º 1.390, de 3 de julho de 1951 – Lei Afonso Arinos. Disponível em: http://www.planalto.gov.br/ccivil_03/leis/l7437.htm. Acesso em: 24 jul. 2022.

BRASIL. Lei n.º 7.716, de 5 de janeiro de 1989. Define os crimes resultantes depreconceito de raça ou de cor. Disponível em: http://www.planalto.gov.br/ccivil_03/leis/l7716.htm. Acesso em: 24 jul. 2022.

BRASIL. Lei n.º 9.459, de 13 de maio de 1997. Altera os arts. 1º e 20 da Lei n.º 7.716, de 5 de janeiro de 1989, que define os crimes resultantes de preconceito de raça ou de cor, e acrescenta parágrafo ao art. 140 do Decreto-lei n.º 2.848, de 7 de dezembro de 1940. Disponível em:http://www.planalto.gov.br/ccivil_03/leis/l9459.htm. Acesso em: 24 jul. 2022.

CATOIA, Cinthia de Cassia. A Produção Discursiva do Racismo: Da escravidão à criminologia positivista. *Dilemas: Revista de Estudos de Conflito e Controle Social*, Rio de Janeiro, Vol. 11, N°. 2, 2018, pp. 259-278.

DIMOULIS, Dimitri. *Manual de introdução ao estudo do Direito.* 4ª ed. rev. atual. e ampl. São Paulo: Editora Revista dos Tribunais, 2011.

DUARTE, Evandro Charles Piza. *Criminologia e racismo*: introdução ao processo de recepção das teorias criminológicas no Brasil. 1988. 399 f. Dissertação (Mestrado em Direito). Universidade Federal de Santa Catarina, Florianópolis, 1988. Disponível em: https://repositorio.ufsc.br/bitstream/handle/123456789/77655/139612.pdf?sequence. Acesso em: 22 jul. 2022.

FÓRUM BRASILEIRO DE SEGURANÇA PÚBLICA. Anuário Brasileiro de Segurança Pública 2022. Disponível em: https://forumseguranca.org.br/wp-content/uploads/2022/06/anuario-2022.pdf?v=4. Acesso em 26 jul. 2022.

FRENCH, Jan Hoffman. Repensando a Violência Policial no Brasil: desmascarando o segredo público da raça. *Revista TOMO* 31, 2017. p. 9-40. Disponível em: https://scholarship.richmond.edu/cgi/viewcontent.cgi?article=1055&context=socanth-faculty-publications. Acesso em: 24 jul. 2022.

FUNDAÇÃO PALMARES. *Lei Afonso Arinos:* A primeira norma contra o racismo no Brasil. Disponível em: https://www.palmares.gov.br/?p=52750. Acesso em 24 jul. 2022.

JESUS, Vinicius Mota de. *Do silêncio ao estatuto da igualdade racial:* os caminhos da igualdade no direito brasileiro. Dissertação (Mestrado em Direito). São Paulo: USP, Faculdade de Direito, 2013. Disponível em: https://www.teses.usp.br/teses/

disponiveis/2/ 2140/tde-12022014-112336/publico/Vinicius_Mota_de_Jesus_Versao_corrigida.pdf. Acesso em: 25 jul. 2022.

MOREIRA, Adilson José. *Tratado de Direito Antidiscriminatório*. São Paulo: Editora Contracorrente, 2020.

MOREIRA, Rômulo de Andrade. Os 33 anos da Lei Caó. *Jornal GGN*. Publicado em 5 jan. 2022. Disponível em: https://jornalggn.com.br/memoria/os-33-anos-da-lei-cao-por-romulo-de-andrade-moreira/#_ftn7. Acesso em: 24 jul. 2022.

OLIVEIRA, Reinaldo José; OLIVEIRA, Regina Marques de Souza. *Origens da segregação racial no Brasil*. Amérique Latine Histoire et Mémoire. Les Cahiers ALHIM, 2015. Disponível em: http://journals.openedition.org/alhim/5191. Acesso em: 22 jul. 2022.

PEREIRA, Amilcar Araujo. A Lei 10.639/03 e o Movimento Negro: aspectos da luta pela "reavaliação do papel do negro na história do Brasil". *Cadernos de História*, v. 12, n. 17, pp. 25-45, 17 out. 2011.

Capítulo 4
Os impactos de ações afirmativas na participação de profissionais negros e negras no mercado de trabalho jurídico

Maria Izabel Feitosa Accioly
Mayna Dias Melo

1. Introdução

Para celebrar os cinco anos da criação da Aliança Jurídica pela Equidade Racial (Aliança), nada mais gratificante do que avaliar os impactos positivos resultantes das ações promovidas desde sua formação. Para começar, é sempre válido relembrar de onde partimos: em 2018, logo no primeiro ano da Aliança, o 1º Censo de Diversidade, realizado pelo Centro de Estudos das Relações de Trabalho e Desigualdades – CEERT, indicou que apenas 1% dos advogados e advogadas dos escritórios integrantes da Aliança eram negros. Diante do irrisório, mas não surpreendente resultado, os escritórios reagiram, procurando iniciativas para promoção da inclusão e manutenção de profissionais negros no mercado jurídico.

Como resultado, três anos depois, o número saltou de 1% para 11,4%, o que representa um aumento de, aproximadamente, 800 profissionais[1]. Embora o índice, por si só, ainda seja pouco representativo e indique a demanda por muito mais ações, é recompensador observar que, em três anos, os escritórios foram capazes de aumentar a participação de

[1] FILIPPE, Mariana. Como a união de escritórios de advocacia promove avanço na equidade racial. *Exame*, 2022. Disponível em: https://exame.com/esg/como-a-uniao-de-escritorios-de--advocacia-promove-avanco-na-equidade-racial/. Acesso em: 31 jul. 2022.

profissionais negros em 1000%, número esse decorrente de iniciativas voltadas a essa finalidade.

Nesse contexto, diante da importância e dos resultados positivos de ações afirmativas e da necessidade de trazer mais profundidade e contexto para o tema, o presente artigo fará uma breve análise da história das políticas afirmativas no Brasil para que, assim, seja possível verificar a dimensão que as ações da Aliança possuem em um contexto maior.

Inicialmente, o artigo abordará a origem das políticas de ações afirmativas e sua configuração na legislação brasileira, oportunidade em que será explicada a origem do termo (Estados Unidos). No mesmo contexto, será apontado que, no Brasil, antes mesmo da instauração da conhecida "Lei de Cotas", já havia outras medidas com o intuito de compensar discriminações estruturais contra mulheres, indígenas e pessoas com deficiência.

Em seguida, o texto apresentará dados de órgãos públicos e instituições de pesquisas para ilustrar as desigualdades sofridas pela população negra e a consequente necessidade de que ações sejam tomadas para o enfrentamento delas. Diante disso, será discutida a problemática existente entre as políticas universalistas *versus* a focalização (políticas focadas em determinados grupos) para demonstrar que as políticas de discriminação positiva são uma forma efetiva de reparação a ser promovida pelo Estado brasileiro.

Por fim, no que se refere à metodologia para análise, foram coletados dados quantitativos e qualitativos consubstanciados nos dados do Censo de Diversidade promovido pelo CEERT em 2021, além de entrevistas com profissionais negros, respectivamente.

2. Um pouco da história das ações afirmativas

O termo "ações afirmativas" foi citado pela primeira vez por John Kennedy em um Decreto Presidencial de 6 de março de 1961, o qual determinava que empresas contratadas pelo governo americano deveriam conceder aos seus empregados tratamento igualitário, "sem discriminação de raça, credo, cor ou nacionalidade". Na prática, tratava-se de "discriminação positiva" com o objetivo de viabilizar a integração social de grupos historicamente marginalizados.[2]

[2] MENEZES, Paulo Lucena de. A Ação afirmativa (affirmative action) no Direito norte-americano. São Paulo. *Revista dos Tribunais*, 2001.

No contexto brasileiro, as medidas compensatórias têm seu marco inicial com a Constituição de 1988, com a previsão de demarcação de terras indígenas. Nos anos seguintes, outras iniciativas voltadas para outros grupos minorizados foram aprovadas, conforme linha do tempo abaixo:

- art. 67, do Ato das Disposições Transitórias (ADCT) da Constituição Federal de 1988, determina a demarcação de terras indígenas[3];
- a Lei n.º 8.112/90 estabelece, no art. 5º, § 2º, cotas de até 20% para pessoas com deficiências no serviço público civil da União[4];
- a Lei n.º 8.213/91 determina, em seu art. 93, vagas reservadas para pessoas com deficiência no setor privado[5];
- a Lei n.º 9.504/97 estabelece, em seu art. 10, § 3º, vagas reservadas para mulheres nas candidaturas partidárias[6];

[3] BRASIL. Art. 67 Ato das Disposições Transitórias (ADCT) da Constituição Federal , de 5 de outubro de 1988. *A União concluirá a demarcação das terras indígenas no prazo de cinco anos a partir da promulgação da Constituição.* Quadro Histórico dos Dispositivos Constitucionais. Disponível em: https://bd.camara.leg.br › art67_ADCT_CF88. Acesso em: 25 jul. 2022.

[4] Cf. BRASIL. Lei n.º 8.112, de 11 de dezembro de 1990. *Dispõe sobre o regime jurídico dos servidores públicos civis da União, das autarquias e das fundações públicas federais.* Disponível em: http://www.planalto.gov.br/ccivil_03/LEIS/L8112cons.htm. Acesso em: 25 jul. 2022. Art. 5º. [...] § 2º "Às pessoas portadoras de deficiência é assegurado o direito de se inscrever em concurso público para provimento de cargo cujas atribuições sejam compatíveis com a deficiência de que são portadoras; para tais pessoas serão reservadas até 20% (vinte por cento) das vagas oferecidas no concurso".

[5] Cf. BRASIL. Lei n.º 8.213, de 24 de julho de 1991. *Dispõe sobre os Planos de Benefícios da Previdência Social e dá outras providências.* Disponível em: http://www.planalto.gov.br/ccivil_03/Leis/L8213cons.htm. Acesso em: 25 jul. 2022. Art. 93. "A empresa com 100 (cem) ou mais empregados está obrigada a preencher de 2% (dois por cento) a 5% (cinco por cento) dos seus cargos com beneficiários reabilitados ou pessoas portadoras de deficiência, habilitadas, na seguinte proporção: [...]"

[6] Cf. BRASIL. Lei n.º 9.504/97, de 30 de setembro de 1997. *Estabelece normas para as eleições.* Disponível em: http://www.planalto.gov.br/ccivil_03/leis/l9504.htm. Acesso em: 25 jul. 2022. Art. 10, § 3º "Do número de vagas resultante das regras previstas neste artigo, cada partido ou coligação preencherá o mínimo de 30% (trinta por cento) e o máximo de 70% (setenta por cento) para candidaturas de cada sexo."

- a Lei n.º 12.711/2012[7] ("Lei de Cotas") determina a reserva de vagas para estudantes negros, pretos ou pardos, indígenas e pessoas com deficiência que estudaram em escolas públicas.

A análise das informações acima permite duas conclusões imediatas: (i) o Brasil ainda possui poucas políticas afirmativas para endereçar as demandas de grupos minorizados, e (ii) a primeira política focada na população negra veio muito tardiamente, apenas em 2012, com a Lei de Cotas.

3. Alguns dados sobre a população negra no Brasil

Dados do 2º Inquérito nacional sobre insegurança alimentar no contexto da pandemia da covid-19 no Brasil, realizado pela Rede Brasileira de Pesquisa em Soberania e Segurança Alimentar e Nutricional (Rede PENSSAN), revelam que 65% dos domicílios[8] comandados por pessoas pretas ou pardas convivem com algum grau de restrição de alimentos.

[7] Cf. BRASIL. Lei n.º 12.711, de 29 de agosto de 2012. *Dispõe sobre o ingresso nas universidades federais e nas instituições federais de ensino técnico de nível médio e dá outras providências*. Diário Oficial da União, Brasília, 30 ago. 2012. Seção 1, p. 1
Art. 1º As instituições federais de educação superior vinculadas ao Ministério da Educação reservarão, em cada concurso seletivo para ingresso nos cursos de graduação, por curso e turno, no mínimo 50% (cinquenta por cento) de suas vagas para estudantes que tenham cursado integralmente o ensino médio em escolas públicas.[...] Art. 3º Em cada instituição federal de ensino superior, as vagas de que trata o art. 1º desta Lei serão preenchidas, por curso e turno, por autodeclarados pretos, pardos e indígenas e por pessoas com deficiência, nos termos da legislação, em proporção ao total de vagas no mínimo igual à proporção respectiva de pretos, pardos, indígenas e pessoas com deficiência na população da unidade da Federação onde está instalada a instituição, segundo o último censo da Fundação Instituto Brasileiro de Geografia e Estatística – IBGE.

[8] REDE PENSSAN – Rede Brasileira de Pesquisa em Soberania e Segurança Alimentar e Nutricional. 2º Inquérito nacional sobre insegurança alimentar no contexto da pandemia da covid-19 no Brasil. Disponível em: https://pesquisassan.net.br/2o-inquerito-nacional-sobre-inseguranca-alimentar-no-contexto-da-pandemia-da-covid-19-no-brasil/. Acesso em: 25 jul. 2022.

Conforme o *Relatório desigualdades sociais por cor ou raça no Brasil*, do IBGE,[9] em 2018[10]:

- a taxa de analfabetismo entre as pessoas brancas era de 3,9%, e, entre as negras, de 9,1%;
- 36,1% das pessoas brancas entre 18 e 24 anos frequentavam ou haviam concluído o ensino superior. Entre as pessoas negros na mesma faixa etária, o índice é de 18,3%;
- dentre deputados federais eleitos em 2018, 75,6% eram brancos e 24,4% eram pretos ou pardos.

Ainda segundo o relatório, pessoas negras representam 64,2% dos trabalhadores desocupados e 66,1% de trabalhadores subutilizados. Esta parcela da população também é maioria nas ocupações informais, 47,3%, enquanto brancos somam 34,6%.[11]

A desigualdade salarial entre pessoas brancas e negras também é apontada no relatório. Em média, trabalhadores brancos possuem rendimento médio mensal de R$ 2.796 e pessoas negras R$ 1.608,00, ou seja, brancos recebem salário 73,9% superior ao de pessoas pretas e pardas.[12]

4. As políticas afirmativas

4.1. Análise geral

Os dados acima apresentados indicam que, mesmo após 134 anos da assinatura da Lei Áurea, a desigualdade racial entre pessoas brancas e negras ainda é marcante na sociedade brasileira e desencadeia desigualdades sociais e econômicas.

[9] Importante mencionar que 55,8% dos brasileiros se declaram negros. Portanto, apesar deste grupo ser minoria social, representa a maioria numérica da população.

[10] IBGE – Instituto Brasileiro de Geografia e Estatística. Desigualdades sociais por cor ou raça no Brasil. *Estudos e Pesquisas.* Informação Demográfica e Socioeconômica, n.º 41, 2019. Disponível em: https://biblioteca.ibge.gov.br/visualizacao/livros/liv101681_informativo.pdf Acesso em: 25 jul. 2022.

[11] IBGE, 2019.

[12] IBGE, 2019.

Segundo Sueli Carneiro[13], o problema da pobreza e concentração de renda no país não é a falta de recursos, mas sim sua distribuição desigual.

Neste contexto, e adentrando no tema das políticas afirmativas, a autora avalia que as políticas universalistas que partem de um ideal de igualdade abstrato, retroalimentam a exclusão de parcelas significativas da população ao acesso aos direitos garantidos por lei. Na prática, o debate acerca da universalização de que trata a autora corresponde aos pressupostos de neutralidade e igualdade nas políticas públicas.

Para Carneiro,[14] a defesa das políticas universalistas, no que diz respeito a seus propósitos, tem parentesco com o mito da democracia racial[15]. Sob a égide de um princípio de igualdade que não se encontra na prática, continua-se contribuindo para a manutenção das desigualdades sociorraciais.

Para que as políticas universalistas cumpram seu dever de erradicar a desigualdade, de acordo com Sueli Carneiro, há a necessidade de haver o reconhecimento dos fatores que reproduzem as desigualdades e a focalização das políticas universalistas nos segmentos que, historicamente, tais políticas vêm excluindo. Conforme a autora, é preciso:

> reconhecer os fatores que vêm determinando a reprodução das desigualdades que elas eternizam e tomar a focalização como instrumento e não como alternativa de política social. Ou seja: a realização dos ideais das políticas universalistas no Brasil depende de sua focalização nos segmentos sociais que, historicamente, elas mesmas vêm excluindo. E os parâmetros de qualidade que devem perseguir e oferecer são os padrões dos serviços desfrutados pelas classes média e alta da sociedade.[16]

[13] CARNEIRO, Sueli. *Racismo, sexismo e desigualdade no Brasil.* São Paulo: Selo Negro Edições, 2011. 192 p.

[14] CARNEIRO, 2011.

[15] A ideia de democracia racial é proposta pelo sociólogo Gilberto Freyre em sua obra *Casa-Grande & Senzala* (1933). Segundo o autor, haveria uma suposta harmonia entre raças no Brasil. Essa hipótese foi contestada por diversos estudiosos, dentre eles, o antropólogo Kabengele Munanga, autor de *Rediscutindo a mestiçagem no Brasil*: identidade nacional versus identidade negra (1999).

[16] CARNEIRO, 2011, p. 99

Ao fazer esta discussão acerca da "focalização *versus* universalização", a autora vai à contramão do argumento de que as cotas "reproduzem as injustiças que pretendem corrigir". Ela constata que, na verdade, ao ignorar as desigualdades preexistentes na realidade social brasileira, com base no mito da democracia racial, a implementação de políticas sociais que visam neutralidade e igualdade na garantia de direitos vai fomentando hierarquias, concentração de renda e desigualdade de acessos, o que ocorre justamente por não se reconhecer que as pessoas partem de lugares diferentes na pirâmide social.

Na mesma linha, na obra *Racismo estrutural*,[17] o jurista e professor Silvio Almeida traça de maneira muito didática a relação entre raça e legalidade, com foco na implementação de políticas de promoção de igualdade racial ou de ação afirmativa.

Segundo o autor, as ações afirmativas são políticas públicas que podem (devem) ser implementadas tanto nos setores públicos como privados, visando beneficiar "minorias sociais historicamente discriminadas".[18] Almeida explica que:

> as políticas de ação afirmativa encontram ampla fundamentação em nosso ordenamento jurídico, como também em preceitos éticos-políticos que foram incorporados pelo constitucionalismo contemporâneo, como os ideais de justiça corretiva e justiça distributiva. Esses conceitos de justiça atuam como parâmetros para a interpretação das normas que estabelecem a erradicação da marginalização social como objetivo constitucional.[19]

As cotas raciais são, ainda de acordo com o autor, apenas uma das modalidades e técnicas de aplicação das ações afirmativas, que podem englobar outras medidas, como pontuação extra em provas e concursos; cursos preparatórios para ingresso em universidades; programas de pós-graduação ou mercado de trabalho; programas de valorização e reconhecimento cultural; e auxílio financeiro aos membros dos grupos beneficiados.[20]

[17] ALMEIDA, Silvio Luiz de. Direito e antirracismo. *In*: *Racismo estrutural*. Coleção Feminismos Plurais, coord. Djamila Ribeiro. São Paulo: Sueli Carneiro; Pólen, 2019. p. 147-152.

[18] ALMEIDA, 2019, p. 145.

[19] ALMEIDA, 2019, p. 145-146.

[20] ALMEIDA, 2019, p. 145.

4.2. Ações afirmativas para a população negra e seus resultados

A primeira política afirmativa direcionada, em parte, especificamente para a população negra, é a Lei de Cotas[21], que determina que:

- 50% das vagas em universidades e institutos federais sejam destinadas para pessoas que estudaram em escolas públicas;
- deste total, metade seja destinada a pessoas com baixa renda familiar;
- e outro percentual, ajustado conforme dados do IBGE, seja reservado para indígenas, negros e pessoas com deficiência.

Após dez anos, os impactos decorrentes da Lei de Cotas são notáveis. De acordo com o *Relatório desigualdades sociais por cor ou raça no Brasil*, do IBGE, em 2018 o número de estudantes negros nas universidades e faculdades públicas no Brasil atingiu 50,3%, superando o número de brancos, feito inédito na história do país.[22]

No que se refere à percepção da sociedade sobre a Lei de Cotas e ações afirmativas no geral, de acordo com o Instituto Datafolha em parceria com Cesop-Unicamp, 50% da população brasileira são a favor das ações afirmativas; 34% são contra; 12% não souberam responder e 3% são indiferentes ao tema.[23]

Um dos argumentos contrários mais recorrentes sobre a reserva de vagas para grupos minoritários é o receio de que estudantes não tenham a capacidade de manter o bom rendimento exigido pelas instituições de ensino, o que já foi refutado por diversas pesquisas. A título de exemplo, vale citar a pesquisa *Ações afirmativas no ensino superior brasileiro*, realizada pelo Centro de Estudos da Metrópole, o qual acompanhou, durante quatro anos, o desempenho de onze mil estudantes que ingressaram pela política de cotas na USP.[24]

[21] BRASIL, 2012, op. cit.

[22] IBGE, 2019.

[23] SALDAÑA, Paulo. Metade é a favor de cotas raciais em universidade; 34% são contra, diz Datafolha. Educação. *Folha de S. Paulo*, 2022. Disponível em: https://www1.folha.uol.com.br/educacao/2022/06/maioria-e-a-favor-de-cotas-raciais-em-universidades-34-sao-contra-diz-datafolha.shtml Acesso em: 25 jul. 2022.

[24] MATTOS, Laura. Diferença entre nota de cotistas e demais alunos na USP cai ao longo do curso. Educação. *Folha de S. Paulo*, 2022. Disponível em: https://www1.folha.uol.com.br/

O estudo verificou que a diferença entre as notas de alunos cotistas e não-cotistas foi se dissipando ao longo dos anos da graduação. Em 2018, a diferença era de 1,2 pontos; em 2019, caiu para 0,9; e, no final de 2021, essa diferença era de 0,7 pontos. A pesquisa indica que, embora as diferenças existam, os alunos cotistas, ao serem incluídos em ambiente acadêmico de excelência, são plenamente capazes de atingir bom rendimento.[25]

5. O censo de diversidade 2021 e as ações afirmativas[26] no mercado jurídico

O resultado do Censo da Diversidade 2021[27] traçou, em resumo, o seguinte perfil do mercado jurídico:

- 52,6% são do sexo feminino e 47,4% do sexo masculino[28];
- do número total de colaboradores (advogados e não-advogados), 79,5% são pessoas brancas e 20,5% são pessoas negras[29];
- dentre os advogados, 88,6% são pessoas brancas e 11,4% são pessoas negras, em contraponto aos dados de 2018, que apontaram que apenas 1% dos advogados eram pessoas negras.

A análise dos números permite, ao menos, duas conclusões. A primeira é a constatação de que a participação de negros no mercado jurídico precisa melhorar (consideravelmente), dado que a discrepância entre o

educacao/2022/05/diferenca-entre-nota-de-cotistas-e-demais-alunos-na-usp-cai-ao-longo-do-curso.shtml. Acesso em: 25 jul. 2022.

[25] MATTOS, 2022.

[26] A esse respeito, é importante pontuar que as ações promovidas pelos escritórios não configuram ou decorrem de uma política pública, mas de iniciativas privadas.

[27] CEERT – Centro de Estudos das Relações de Trabalho e Desigualdades. Censo de Diversidade 2021.

[28] Cf. CEERT, 2021. Base inicial de 8.347 sujeitos, destes 5.922 aderiram ao Censo de Diversidade 2021.

[29] Cf. CEERT, 2021, p. 4. O Censo de Diversidade 2021 realizado pelo CEERT trabalha com as variáveis dicotômicas "pessoas brancas" e "pessoas negras", sendo que a primeira agrupa as categorias "brancos e amarelos" e a segunda segue o padrão do Instituto Brasileiro de Geografia e Estatística (IBGE), onde "negros" reúne as categorias "pretos" e "pardos". De acordo com o Censo, a escolha por agrupar as categorias "brancos" e "amarelos" numa só variável "se dá pela similaridade de características socioeconômicas entre certos grupos de cor/raça."

número de profissionais negros e brancos é grande, principalmente em se tratando do quadro jurídico.

A segunda é mais positiva: desde a criação da Aliança e do fortalecimento de políticas de inclusão racial nos escritórios participantes, o número de advogados negros saltou de 1% para 11,4%, em três anos (de 2018 a 2021). Embora, em termos absolutos, o número de advogados negros ainda seja baixo, em termos relativos houve um aumento considerável, quando comparado ao Censo da Diversidade de 2018, o que demonstra a importância e a efetividade das ações afirmativas.[30]

Nesse contexto, e para finalizar com um exemplo mais palpável a respeito do impacto positivo das mencionadas ações na vida de pessoas negras, vale trazer o relato de Helena (nome fictício), estagiária de um dos escritórios membros da Aliança e que ingressou no estágio por meio do Projeto Incluir Direito, uma iniciativa de advogados do Centro de Estudos das Sociedades de Advogados (CESA)[31]:

> A minha experiência no Incluir foi e tem sido excepcional. Durante o projeto, eu tive a oportunidade de retomar muitos aspectos da minha trajetória, tive uma experiência de autoconhecimento e isso impacta diretamente a forma que eu lido com as minhas conquistas, porque ter retomado certas coisas que passei e ver o que eu tenho conseguido, faz eu me sentir ainda mais merecedora. As mentorias trazem essas pautas porque, a todo momento, na faculdade e nos escritórios, temos a sensação (e isso é geral) de que não pertencemos àquele lugar, então estamos em uma luta constante pra dizer

[30] FILIPPE, 2022

[31] Cf. CESA. Projeto Incluir Direito. 2022. Disponível em: http://www.cesa.org.br/projeto_incluir_direito.html . Acesso em: 31 jul. 2022. De acordo com o site do Programa: "O principal objetivo do Projeto Incluir Direito é aumentar a participação do negro no mercado jurídico, promovendo a inclusão e a diversidade.[...] Assim, junto com as universidades, desenvolvemos um projeto pedagógico no qual os alunos passam por aulas para desenvolver diversas habilidades, tais como postura profissional, estratégias para participar de processos seletivos, formas de lidar com situações difíceis em ambientes competitivos, reforço de habilidades de leitura, interpretação e produção de textos, cursos de língua estrangeira, além de reflexões sobre a desigualdade racial e a importância da diversidade para realização de uma sociedade mais igualitária e democrática. Ao final do período do projeto, como contrapartida, os estudantes beneficiários se comprometem a participar de pelo menos três processos seletivos dos escritórios de advocacia patrocinadores, vinculados ao CESA".

que sim, nós pertencemos, sim, e o Incluir tem um papel fundamental nisso, porque não basta que a gente entre, precisamos pertencer, é bem simbólico.

Fora esse aspecto, tem uma questão mais "material", mais "concreta", que tem a ver com a nossa especialização mesmo, as aulas de inglês, aulas de comunicação, linguagem, etc., tudo isso muda muito a forma pela qual a gente se relaciona com o mundo, e o Incluir ajudou bastante nesse aspecto.

Eu acho que ter entrado em um escritório tão bom quanto o [...] é basicamente a materialização de grande parte dos meus sonhos que eu venho carregando há MUITO tempo, e sem o Incluir isso provavelmente teria demorado muito mais, então sou muito grata à experiência.

Helena

Conclusões

A sociedade brasileira é marcada por uma forte hierarquia racial que, ao longo da história, promoveu a exclusão da população negra, primeiro com a escravização, depois com a marginalização. Como resultado, as disparidades entre pessoas brancas e negras permanecem até hoje e se manifestam nas relações sociais, no trabalho, na política.

No mundo jurídico, a realidade não é diferente. Por essa razão, ações afirmativas e de promoção de equidade racial como as realizadas pela Aliança Jurídica pela Equidade Racial, e iniciativas como o Projeto Incluir Direito configuram-se como ferramentas essenciais para a redução da disparidade existente nesse âmbito.

A efetividade das ações mencionadas é comprovada. Conforme demonstrado pelo Censo de Diversidade 2021, embora a participação de advogados negros ainda represente um índice baixo, 11,4%, observa-se que, quando em comparação com 2018, houve um aumento considerável, considerando que esse índice representava apenas 1%.[32]

Com isso em vista, não obstante a caminhada ainda seja longa, os primeiros passos e seus resultados precisam ser comemorados. Nas palavras de Angela Davis, "Não acho que tenhamos outra alternativa senão permanecer otimistas. O otimismo é uma necessidade absoluta". É, portanto, nesse contexto de otimismo constante, mas realista, que seguiremos todos e todas em busca de uma sociedade mais igualitária.

[32] FILIPPE, 2022.

Referências

ALMEIDA, Silvio Luiz de. Direito e antirracismo. *In*: *Racismo estrutural*. Coleção Feminismos Plurais, coord. Djamila Ribeiro. São Paulo: Sueli Carneiro; Pólen, 2019. 147-152.

BRASIL. Constituição Federal, de 5 de outubro de 1988. Ato das Disposições Transitórias (ADCT). A União concluirá a demarcação das terras indígenas no prazo de cinco anos a partir da promulgação da Constituição. Quadro Histórico dos Dispositivos Constitucionais. Disponível em: https://bd.camara.leg.br › art67_ADCT_CF88. Acesso em: 25 jul. 2022.

BRASIL. Lei n.º 12.711, de 29 de agosto de 2012. Dispõe sobre o ingresso nas universidades federais e nas instituições federais de ensino técnico de nível médio e dá outras providências. Diário Oficial da União, Brasília, 30 ago. 2012. Seção 1, p. 1.

BRASIL. Lei n.º 8.112, de 11 de dezembro de 1990. Dispõe sobre o regime jurídico dos servidores públicos civis da União, das autarquias e das fundações públicas federais. Disponível em: http://www.planalto.gov.br/ccivil_03/LEIS/L8112cons.htm. Acesso em: 25 jul. 2022.

BRASIL. Lei n.º 8.213, de 24 de julho de 1991. Dispõe sobre os Planos de Benefícios da Previdência Social e dá outras providências. Disponível em: http://www.planalto.gov.br/ccivil_03/Leis/L8213cons.htm. Acesso em: 25 jul. 2022.

BRASIL. Lei n.º 9.504/97, de 30 de setembro de 1997. Estabelece normas para as eleições. Disponível em: http://www.planalto.gov.br/ccivil_03/leis/l9504.htm. Acesso em: 25 jul.2022.

CARNEIRO, Sueli. *Racismo, sexismo e desigualdade no Brasil*. São Paulo: Selo Negro Edições, 2011. 192 p.

CEERT – Centro de Estudos das Relações de Trabalho e Desigualdades. Censo de Diversidade 2021. O Censo é elaborado pelo CEERT mediante solicitação dos escritórios integrantes da Aliança. Os resultados são disponibilizados a cada escritório, os quais definem as estratégias próprias de divulgação.

CESA. *Projeto Incluir Direito*. 2022. Disponível em: http://www.cesa.org.br/projeto_incluir_direito.html. Acesso em: 31 jul. 2022.

DIANGELO, Robin. *White fragility*: Why it's so hard for white people to talk about racism. Beacon Press, 2018.

FILIPPE, Mariana. Como a união de escritórios de advocacia promove avanço na equidade racial. *Exame*, 2022. Disponível em: https://exame.com/esg/como-a-uniao-de-escritorios-de-advocacia-promove-avanco-na-equidade-racial/. Acesso em: 31 jul. 2022.

IBGE – Instituto Brasileiro de Geografia e Estatística. Desigualdades sociais por cor ou raça no Brasil. Estudos e Pesquisas. Informação Demográfica e Socioeconômica, n.º 41, 2019. Disponível em: https://biblioteca.ibge.gov.br/visualizacao/livros/liv101681_informativo.pdf. Acesso em: 25 jul. 2022.

MATTOS, Laura. Diferença entre nota de cotistas e demais alunos na USP cai ao longo do curso. Educação. *Folha de S. Paulo*, 2022. Disponível em: https://www1.folha.uol.com.br/educacao/2022/05/diferenca-entre-nota-de-cotistas-e-demais-alunos-na-usp-cai-ao-longo-do-curso.shtml. Acesso em: 25 jul. 2022.

REDE PENSSAN– Rede Brasileira de Pesquisa em Soberania e Segurança Alimentar e Nutricional. 2º Inquérito nacional sobre insegurança alimentar no contexto da pandemia da covid-19 no Brasil. Disponível em: https://pesquisassan.net.br/2o-inquerito-nacional-sobre-inseguranca-alimentar-no-contexto-da--pandemia-da-covid-19-no-brasil/. Acesso em: 25 jul. 2022.

SALDAÑA, Paulo. Metade é a favor de cotas raciais em universidade; 34% são contra, diz Datafolha. Educação. *Folha de S. Paulo*, 2022. Disponível em: https://www1.folha.uol.com.br/educacao/2022/06/maioria-e-a-favor-de-cotas-raciais-em--universidades-34-sao-contra-diz-datafolha.shtmlAcesso em: 25 jul. 2022.

Capítulo 5
O acesso de estudantes negros a sociedades de advogados

Fernando Morais da Silva
Lorena Alves da Silva

1. Introdução

Em maio de 2020, uma série de protestos contra o racismo ganhou protagonismo ao redor do mundo. Desde a morte de George Floyd, um norte-americano negro assassinado por um policial branco em Minneapolis, até Genival dos Santos morto por dois policiais da Polícia Rodoviária Federal (PRF) em Umbaúba, litoral sul de Sergipe, são inúmeras as denúncias que trazem o racismo como principal motivação. Entre tantas acusações, destaca-se a que aponta a inexpressiva presença de negros ocupando posições de liderança em setores considerados como a "nata" da hierarquia social, dentre eles as grandes bancas de advocacia.

Não é incomum que a população negra seja majoritária em questões socioeconômicas menos favorecidas, fato que dificulta seu acesso a um ensino de melhor qualidade, seja o de base – para as crianças e adolescentes negras e pobres – que impacta diretamente na hora de tentar acesso à graduação, seja o próprio ensino superior em boas instituições de ensino. O primeiro impacto aparece logo no início: a alta concorrência no processo de vestibular associada a uma educação de base defasada produzem uma disparidade cruel. Embora o sistema de cotas seja comprovadamente eficaz e tenha tornado o acesso um pouco mais equânime, ele não é suficiente e, assim, outras portas levam candidatos negros a recorrer às instituições privadas de ensino superior e novos desafios surgem também a partir daí:

desafios que incluem a incompatibilidade entre o horário das aulas e o meio de sustento desses alunos, o valor das mensalidades – uma vez que são pouquíssimas as bolsas integrais –, o preconceito por parte de seus pares acadêmicos ou da própria instituição, descrédito e até mesmo um isolamento involuntário do aluno.

Todo esse conjunto de variáveis contribui para um cenário de baixa presença de jovens negros nos cursos de graduação e, assim, posteriormente, em posições de liderança e grande relevância social. Nesse contexto, basta uma fotografia dos ambientes das grandes bancas de advocacia para ilustrar tal constatação.

Qual é a cor da advocacia brasileira? A falta de representatividade em posições de destaque também é um fator de desestímulo para esses alunos. No fim do dia, muitas são as dificuldades que tornam mais árduo o caminho de acesso e permanência em uma instituição de ensino e que impactam o número de estagiários e advogados negros no Direito brasileiro e, apesar de alguma evolução positiva do quadro rumo à equidade na advocacia ter ocorrido, a luta está bem longe do fim.

2. A presença de jovens negros no ensino superior

Já se pode afirmar que um dos fatores mais relevantes (mas não único), que coadjuva para a ausência de advogados negros nas grandes bancas, é a presença insuficiente de universitários negros nas faculdades de Direito. Apesar de uma adesão bem-sucedida à política de cotas – dados apresentados pelo Instituto Brasileiro de Geografia e Estatística (IBGE) apontam um aumento de quase 400% de acadêmicos negros, entre os anos de 2010 e 2019[1] –, em alguns cursos a representatividade deles ainda não chega ao equivalente de 30%.

Em novembro de 2019, o IBGE divulgou que, pela primeira vez, o número de negros na universidade – incluindo pretos e pardos – ultrapassava o número de brancos, chegando a 50,3% em 2018[2] –dado que deve

[1] COSTA, Gilberto. Cresce o total de negros em universidades, mas acesso é desigual. Agência Brasil, 20 novembro 2019. Disponível em: <https://agenciabrasil.ebc.com.br/geral/noticia/2020-11/cresce-total-de-negros-em-universidades-mas-acesso-e-desigual>. Acesso em: 02 mar. 2023.

[2] NITAHARA, Akemi. Pela primeira vez, negros são maioria no ensino superior público. Agência Brasil, 13 novembro 2019. Disponível em: < https://agenciabrasil.ebc.com.br/geral/

ser celebrado, refletindo um avanço significativo para a pauta. Entretanto, esse avanço da democratização do acesso às universidades não se deu de maneira uniforme, sendo este um ponto de atenção. A este respeito, o Instituto Nacional de Estudos e Pesquisas Educacionais Anísio Teixeira – Inep, baseado em um estudo pautado nos micros dados do Censo da Educação Superior,[3] apontou que, se analisados individualmente, os cursos que ofertam as carreiras mais concorridas e, consequentemente, com perspectiva de remuneração mais alta, a representatividade de alunos negros era muito mais baixa do que o percentual animador obtido pelo IBGE – dentre tais cursos encontrava-se o Direito, com um total de apenas 43,8% dos acadêmicos negros matriculados.[4]

Isso se deve ao fato de que, mesmo conseguindo ingressar em uma instituição de ensino superior, esses estudantes se deparam com outros obstáculos ainda não sanados, o que inclui a dificuldade no acesso aos auxílios (como alimentação, transporte, etc.) de que estes alunos necessitam, as condicionantes/limitações impostas para obtenção desses benefícios, a carga horária que os impede de buscar uma fonte de renda e o racismo enfrentado dentro dos ambientes universitários.

No que diz respeito aos auxílios e benefícios, muitos campi não conseguem dar a estrutura e a assistência material necessária para auxiliar os cotistas ou, quando há, condicionam o auxílio à proibição de que eles atuem em diferentes áreas. A exemplo, muitas universidades privadas adotam políticas para os bolsistas – que costumam ser em sua maioria negros – que restringem a participação adequada desses estudantes no conjunto de oportunidades acadêmicas, como bolsas de iniciação cientifica, sob a alegação de impossibilidade de acúmulo de

noticia/2019-11/pela-primeira-vez-negros-sao-maioria-no-ensino-superior-publico>. Acesso em: 02 mar. 2023.

[3] INEP – Instituto Nacional de Estudos e Pesquisas Educacionais Anísio Teixeira. *Censo da Educação Superior 2018 Notas Estatísticas*. Brasília: INEP/MEC, 2018. Disponível em: https://download.inep.gov.br/educacao_superior/censo_superior/documentos/2019/censo_da_educacao_superior_2018-notas_estatisticas.pdf. Acesso em: 16 fev. 2023.

[4] FERREIRA, Paula. TATSCH, Constança. Negros são maioria na universidade pública, mas não nos cursos concorridos. *O Globo*, 20 novembro 2019. Disponível em: https://oglobo.globo.com/brasil/negros-sao-maioria-na-universidade-publica-mas-nao-nos-cursos--concorridos-24089329. Acesso em: 24 mai. 2022.

benefícios[5] e, para além da restrição material, tal postura limita a possibilidade de atuação, desenvolvimento e elaboração científica desse grupo de estudantes.

Como dito acima, a carga horária de muitas instituições públicas também não é pensada para os cotistas, que não conseguem se manter apenas com o auxílio universitário, muito menos para aqueles que sequer têm acesso a um auxílio e que dependeriam de disponibilidade para encarar uma jornada de trabalho que lhes desse renda suficiente para seguir estudando. Ademais, mesmo que esses estudantes consigam instituições que ofereçam o curso no período noturno, ainda há o comprometimento do rendimento desses alunos, decorrente da fadiga de um dia inteiro de trabalho – o qual, em sua maioria, sequer possui relação com a área do curso desses estudantes.

Apesar das barreiras materiais serem significativas, os empecilhos não se restringem a elas. Isso porque, quando finalmente ocorre a superação dessas, a maior questão enfrentada pelos negros que acessam o ensino superior é a sensação de não pertencimento gerada por um ambiente acadêmico que, muitas vezes, se manifesta de forma racista e hostil. Essa realidade ressalta o fato de que, ainda que as ações afirmativas intervenham positivamente, os problemas estruturais sociais se mantêm no caminho do acesso à educação e se potencializam ao se associarem à elevada concorrência do processo de avaliação do vestibular que embarreira uma distribuição equânime. Segundo Iracema Santos do Nascimento,[6] professora de educação da USP, o fato de que um grande percentual da população negra está assentado nas camadas sociais inferiores decorre das dificuldades enfrentadas no acesso ao ensino superior:

> Quando batemos o olho, vemos que se perpetua o acesso da população negra a cursos historicamente menos valorizados. Os cursos de mais prestígio como Direito, Medicina, Odontologia, exigem mais renda para se manter estudando. Muitos deles exigem dedicação exclusiva. No caso de Direito,

[5] SANTOS, Marcelo Rocha dos. *A cor da advocacia em Salvador*: uma análise do perfil racial da advocacia privada na capital baiana. 2017. Dissertação (Mestrado em Sociologia) – Universidade Federal de São Carlos, São Carlos, 2017. Disponível em: https://repositorio.ufscar.br/handle/ufscar/10774. Acesso em: 16 fev. 2023.

[6] FERREIRA; TASCH, 2019.

> ainda há universidades públicas com curso noturno, mas, ainda assim, trabalhar o dia todo numa área que não é a de estudo e, ao mesmo tempo, levar um curso superior noturno com carga exigente é mais difícil [...] Como professora universitária, vejo o sofrimento de pessoas negras que ingressam no ensino superior, por conta das relações étnico-raciais no ambiente.[7]

A problemática racial no Brasil se intensifica ante o mito da democracia racial, que perpetua uma das faces mais nocivas do racismo: o racismo velado. Fator este responsável por garantir que o racismo pudesse se infiltrar gradativa e disfarçadamente de modo a se consolidar de forma eficiente, sem comprometer a imagem de uma suposta harmonia racial construída desde o final do século passado[8]. Não faltam fatos e dados que vão de encontro aos mitos defendidos por uma sociedade impregnada pelo racismo e machismo históricos e estruturais, evidenciando a falta de oportunidades e a exclusão da população negra, dificultando ainda mais a luta pela igualdade de direitos. A este respeito, merece destaque pesquisa do Ipea – Instituto de Pesquisa Econômica Aplicada. (2018), que aponta que as mulheres negras estão 50% (cinquenta por cento) mais suscetíveis ao desemprego do que outros indivíduos.[9]

Em que pesem os dados a escancarar esse cenário de desigualdade e opressão, a sociedade se vale de artifícios para esquivar-se e "ignorar" a realidade. A este respeito, Silvio Almeida afirma que o racismo é um complexo imaginário social que é reforçado pelos meios de comunicação.[10] Uma amostra, que ilustra a afirmação de Almeida, é o modo como a mídia televisiva brasileira retrata a população negra que, em geral, sempre aparece nos núcleos mais pobres das tramas, trabalhando com serviços domésticos, segurança de bens ou pessoas, dentre outros serviços sempre atrelados ao esforço físico e não ao intelectual.

[7] FERREIRA; TASCH, 2019.

[8] MUNANGA, Kabengele. O antirracismo no Brasil. *In*: MUNANGA, Kabengele (org.). *Estratégias e políticas de combate à discriminação racial*. São Paulo: Edusp, 1996.

[9] REUTERS. Mulheres negras estão 50% mais vulneráveis ao desemprego, mostra pesquisa do Ipea. Portal G1 *Economia*, 31 outubro 2018. Disponível em: https://g1.globo.com/economia/noticia/2018/10/31/mulheres-negras-estao-50-mais-vulneraveis-ao-desemprego-mostra--pesquisa-do-ipea2018.ghtml. Acesso em: 16 fev. 2023.

[10] ALMEIDA, Sílvio Luiz de. *Racismo estrutural*. São Paulo: Editora Jandaíra, 2019.

A maneira como se constrói a linguagem da mídia televisiva é bem similar àquela como se constrói a linguagem cinematográfica, identificando-se se com formas simbólicas de representação, e ambas atuam como um instrumento de representação social imaginária que aproxima o díspar, a ponto de juntar diferentes valores em um mesmo discurso.[11]

João Alberto Ramos Batanolli, sociólogo e historiador, afirma que a influência da televisão depende do senso crítico do telespectador e, normalmente, a grande maioria das pessoas se comporta em frente a um aparelho de TV de forma passiva, para distração[12]. Com isso, a narrativa usualmente adotada pela televisão brasileira acaba por induzir seus telespectadores – bem como a sociedade como um todo – a pensar que os negros só possuem vocação, ou mesmo capacidade intelectual, para ocupar posições que envolvam trabalho braçal e os subempregos. Observando a situação das mulheres negras especificamente, elas costumam ser consideradas pouco capazes porque existe todo um sistema econômico, político e jurídico que perpetua essa condição de subalternidade, mantendo-as com baixos salários, fora dos espaços de decisão, expostas a todo tipo de violência.[13]

> Negros e brancos são socializados, formados e inseridos em uma sociedade pautada por uma lógica racializada, que reforça sistematicamente a imagem de que negras e negros são menos capazes, menos inteligentes, menos competentes, menos confiáveis e, por consequência, menos preparadas para assumir cargos estratégicos e de liderança nas organizações. É muito importante que as instituições acadêmicas, que formam aqueles que atuarão nos ambientes organizacionais, econômicos, políticos e sociais, tenham na sua formação, a possibilidade de dialogar sobre a questão racial, a estratificação e desigualdade.[14]

[11] PIRES, Maria da Conceição Francisca; SILVA, Sergio Luiz Pereira da. O cinema, a educação e a construção de um imaginário social contemporâneo. *Educ. Soc.*, Campinas, v. 35, n. 127, p. 607-616, abr.-jun. 2014. Disponível em: https://www.scielo.br/j/es/a/s66hjCWqgBRckwwj5MGzztp/?format=pdf. Acesso em: 28 maio 2022.

[12] MOREIRA, André Luis da Costa. Influência da televisão na visão crítica da sociedade. Universidade Federal do Piauí, Teresina, p. 2, 2014.

[13] ALMEIDA, 2019.

[14] QUINTÃO, Ana Aparecida. PAULA, Daniel Carvalho de. Racismo acadêmico: apontamentos sobre a exclusão das docentes negras e negros das universidades brasileiras.

Todos esses obstáculos impostos à população negra no acesso ao ensino superior e os artifícios dos meios de comunicação de que a sociedade se vale para maquiar a realidade, impactam na manutenção dessa desigualdade social e na naturalização dessa opressão histórica. Sobre isso, Lúcio Almeida, coordenador do Núcleo de Pesquisa Antirracista da Escola de Direito da UFRGS, que lançou no dia 27 de abril de 2022 o livro *Racismo acadêmico no Brasil:* desafios para um Direito antidiscriminatório, afirma que não existem atalhos no caminho do conhecimento e ressalta que a universidade é a última fronteira de combate ao racismo, cabendo aos seus integrantes construir estratégias para seu combate.[15]

3. O ingresso dos acadêmicos negros em grandes sociedades de advogados

Ainda que tímida, é real a saída do quadro pandêmico que está acometendo todo o planeta. Dentre tantas questões, a crise gerada pela pandemia – principalmente a econômica – fez refletir e repensar fatores que, apesar de há muito tempo merecerem destaque, hoje se fazem ainda mais imperativos. Pensar no acesso ao mercado de trabalho ganhou outras cores, afinal de contas, o "novo normal" também afetou bastante as questões de acesso ao mercado formal e ressaltou a importância do ensino superior para se bem inserir e, por muitas vezes, até mesmo se reinventar economicamente.

Quando recortamos a questão do mercado de trabalho para o ramo do Direito e, mais especificamente, as grandes sociedades de advocacia, tem-se um mercado ainda mais exigente, seletivo e, infelizmente, ainda muito marcado pelo déficit de equidade racial.

No ano de 2019, o Centro de Estudo das Relações de Trabalho e Desigualdades (CEERT) em parceria com a Aliança Jurídica pela Equidade Racial realizou um primeiro dimensionamento para expressar o problema. De uma mostra de 3.624 funcionários de 9 das maiores bancas

In: Encontro Internacional Histórias & Parcerias, 3., 2021, evento virtual. *Anais* [...]. RJ: ANPUH, 2021. Disponível em: https://www.historiaeparcerias.rj.anpuh.org/resources/anais/19/hep2021/1627667859_ARQUIVO_af99db5415c7d6ec597975665052270a.pdf. Acesso em: 16 fev. 2023. p.10.

[15] UFRGS – Universidade Federal do Rio Grande do Sul. Livro *Racismo acadêmico no Brasil* é lançado na Faculdade de Direito. *UFRGS*, 27 abril 2022. Disponível em: http://www.ufrgs.br/ufrgs/noticias/livro-racismo-academico-no-brasil-e-lancado-na-faculdade-de-direito. Acesso em: 28 mai. 2022.

de São Paulo, o resultado apontou que, dentre os entrevistados que eram considerados brancos, um total de 10,1% ocupava a função de estagiário e 48,3% ocupavam cargo de sócios, advogados juniores, plenos ou seniores. Já entre os entrevistados negros, a pesquisa aponta para um total de 9,4% ocupando a função de estagiário, enquanto para os cargos entre sócios, advogados juniores, plenos ou seniores, a presença de negros foi expressa como "estatisticamente irrelevante", uma vez que não chegava a 1%.[16]

Apesar do resultado ser desanimador, serviu de combustível para fomentar o início do que pretende ser uma reestruturação das grandes bancas. Hoje já são 12 grandes escritórios aderindo à Aliança Jurídica pela Equidade Racial em suas estruturas: BMA, Cescon Barrieu, Demarest, Felsberg, Lefosse, Machado Meyer, Mattos Filho, Pinheiro Neto, Stocche Forbes, Trench Rossi Watanabe, Tozzini Freire e Veirano. A mudança veio a partir de programas internos para uma maior sensibilização da liderança, dos times de Recursos Humanos e uma busca mais ativa e intencional por esse grupo de profissionais negros e negras e pelo desenvolvimento de ferramentas que os/as retivessem.

Desde as constantes palestras sobre racismo estrutural e equidade racial no setor, formação de grupos de afinidade, treinamentos para o time de recrutamento para o desenvolvimento de novos critérios de seleção menos subjetivos até a programas exclusivos de estágio para pessoas negras, os incentivos fizeram com que, depois de três anos, a Aliança saísse de 1% para 11% de negros contratados.[17] Além disso, outra boa notícia trazida por essas pesquisas é que as contratações de estagiários autodeclarados pretos e pardos quase triplicaram no início de 2021. Foram 743 admissões no primeiro trimestre, ante 250 nos primeiros três meses de 2020 – um aumento de 197%, de acordo com a Companhia de Estágios, empresa de seleção de estagiários, trainees e aprendizes. Conforme o estudo, a convocação de universitários negros subiu 96% entre 2018 e 2019 e 150% de 2018 para 2020. Um dos motivos centrais para o crescimento

[16] PINHO, Angela. ESTARQUE, Marina. Negros não chegam a 1% entre advogados de grandes escritórios, diz pesquisa. Cotidiano. *Folha de S. Paulo*, 2 junho 2022. Disponível em: https://www1.folha.uol.com.br/cotidiano/2019/06/negros-nao-chegam-a-1-entre-advogados--de-grandes-escritorios-diz-pesquisa.shtml. Acesso em: 16 fev. 2023.

[17] FILIPPE, Mariana. Como a união de escritórios de advocacia promove avanço na equidade racial. *Exame*, 2022. Disponível em: https://exame.com/esg/como-a-uniao-de-escritorios-de--advocacia-promove-avanco-na-equidade-racial/. Acesso em: 31 jul. 2022.

exponencial desses números vem do aumento dos esforços em programas de estágios focados em diversidade étnico-raciais e na flexibilização ante às atividades exercidas previamente pelos candidatos. Em 2018, apenas 6% dos negros garantiram estágios sem anotações no currículo, já no ano de 2020 esse número alcançou 19% – um salto de 217%.[18]

Um dado relevante acerca deste estudo é a respeito de como se obtém ciência sobre as vagas. De acordo com o levantamento, 36% dos negros encontram as vagas de trabalho pela internet, enquanto uma das principais formas pelas quais os candidatos brancos passam a conhecer as oportunidades de trabalho é por meio de amigos ou parentes. Para o advogado negro Derik Roberto, especialista em Direito Privado pela Fundação Escola da Defensoria Pública do Rio de Janeiro, a lógica a ser observada é a de que, mesmo que a internet seja uma forma de viabilizar o acesso a informações sobre vagas de emprego, as oportunidades são diferentes. O advogado ressalta que é importante observar que uma indicação interna tem um peso maior na hora da contratação e, uma vez que a etnia da maior parte dos advogados presentes nos escritórios é branca, estes têm o primeiro contato com a informação de uma vaga, portanto, é uma situação comum indicar algum parente, que comumente também é branco, e assim o *status quo* acaba por ser conservado.[19] Derik ainda ressalta:

> Não diria que precisa melhorar, mas se conscientizar. Eu faço questão de esclarecer que o serviço de recrutamento de profissionais contempla uma ciência a qual não é do meu domínio de conhecimento, portanto, devo prestar homenagens a quem o tenha. No entanto, quando você tem contato com uma pesquisa que aponta que os advogados negros representam menos de 1% do corpo jurídico de nove das maiores bancas do país, é preciso como recrutador desses escritórios de advocacia despertar a consciência e se perguntar o que está acontecendo e a importância da representatividade nos seus negócios.[20]

[18] SINDEPRESTEM. Cresce a contratação de estagiários negros nas companhias. Comunicação. *SINDEPRESTEM*, 7 jun. 2021. Disponível em: https://sindeprestem.com.br/cresce-a-contratacao-de-estagiarios-negros-nas-companhias/. Acesso: 30 mai. 2022.

[19] AUGUSTTO, Thiago. Negros representam menos de 1% dos advogados em grandes escritórios. *Notícia Preta*, 09 abril 2019. Disponível em: https://noticiapreta.com.br/negros-representam-menos-de-1-dos-advogados-em-grandes-escritorios/. Acesso em: 16 fev. 2023.

[20] AUGUSTTO, 2019.

Um destaque entre os programas de inclusão é o Projeto Incluir Direito, criado pelo Centro de Estudos das Sociedades de Advogados (Cesa)[21] visando ampliar a inclusão efetiva de estudantes de Direito negros e de baixa renda no mercado da advocacia. O programa atua na capacitação desses estudantes do terceiro ao oitavo semestres e no aprimoramento dos departamentos de Recursos Humanos dos escritórios filiados ao Cesa de modo a promover a inserção dos beneficiados pelo programa. Hoje, o Incluir Direito tem convênios com a Universidade de São Paulo – USP, Universidade Mackenzie, Universidade Federal do Rio de Janeiro – UFRJ, Pontifícia Universidade Católica do Rio de Janeiro – PUC-RJ e, mais recentemente, Universidade Federal de Minas Gerais – UFMG.

Um advogado apontado pelo Centro de Estudos fica responsável pelo acompanhamento do estudante durante sua permanência no projeto e a formação ocorre ao longo de um semestre, onde também são oferecidos diversos auxílios e cursos complementares aos participantes (e.g. idiomas) e, ao final do programa, os candidatos se comprometem a participar de, ao menos, três processos seletivos dos escritórios parceiros.Apesar das boas perspectivas, os resultados estão longe do satisfatório no que diz respeito à replicação do projeto pelas demais instituições de ensino superior.

4. Desafios no ingresso e permanência dos acadêmicos negros nos escritórios de advocacia

Um dos momentos de maior dificuldade para os estudantes de Direito é a conclusão do curso e o ingresso no mercado profissional. Nesse processo de transição, apesar das barreiras já existentes para profissionais em geral, essas são mais latentes para os jovens negros, uma vez que o estrato social de origem exerce um peso significativo para estabelecer estratégias de ingresso no mercado jurídico.

Para o ingresso de estudantes em grandes escritórios de advocacia, há uma série de filtros que, por inúmeras vezes, representam obstáculos quase

[21] Agência CNJ de Notícias. Projeto Amplia Chances de Inclusão de Pessoas Negras na Advocacia. CNJ, 19 janeiro 2022. Disponível em: <https://www.cnj.jus.br/projeto--amplia-chances-de-inclusao-de-pessoas-negras-na-advocacia/#:~:text=O%20Projeto%20Incluir%20Direito%20nasceu%20quando%20um%20grupo,existem%20para%20a%20inser%C3%A7%C3%A3o%20no%20mercado%20de%20trabalho.>

que insuperáveis pela população negra. Isso decorre de diversos efeitos históricos e sociais que desenharam as condições socioeconômicas nas quais a maioria da população negra está inserida. O mais significativo para o ingresso nessas sociedades é, sem dúvida, o acesso às grandes instituições privadas durante o ensino fundamental e médio, onde o ensino costuma atingir níveis de excelência altíssimos, incluindo o ensino bilíngue. Isso, por sua vez, acaba impactando no momento de ingresso em universidades de excelência com reconhecimento no espaço acadêmico e profissional que, muitas vezes, são públicas.

Apesar do sistema de cotas proporcionar mais acesso às universidades estaduais e federais, muitos jovens negros acabam indo para as faculdades particulares, o que impõe um novo filtro: é preciso pagar e é caro. As universidades que possuem valores mais acessíveis para o curso de Direito tendem a ter uma qualidade menor no ensino (e pouco reconhecimento por parte do mercado de trabalho), impondo ainda mais uma dificuldade: passar no exame da OAB. Já as grandes universidades particulares possuem mensalidades altas, que por muitas vezes ultrapassam em quatro ou cinco vezes o salário-mínimo, fator que atua na inacessibilidade desses espaços para a grande maioria da juventude negra.

Todos esses empecilhos brevemente pincelados evidenciam a existência de um universo da advocacia permeado por uma elitização com forte elemento racial contido, afinal de contas, a estrutura social do país foi desenvolvida com base na relação do branco senhor e do negro escravizado e, apesar dos avanços ocorridos, ainda vivemos resquícios de um passado escravista. Os indicadores sociais confirmam isso e apontam para uma, alta vulnerabilidade social da população negra no Brasil. Mesmo diante das inúmeras barreiras impostas, é latente o crescimento de estudantes negros nos cursos de Direito e, consequentemente, nos escritórios de advocacia, desempenhando a função de estagiários ou trainees. Contudo, essa presença ainda é bastante reduzida, sendo que nos postos de destaque (advogados e sócios), a redução é ainda mais drástica.

Para o ingresso, infelizmente o fenótipo pode ser um fator definidor para contratação desses profissionais, pois existe um imaginário social, com forte reflexo no mercado profissional, que reforça o estereótipo do advogado/a bem-sucedido/a, que inspira confiança e credibilidade, o popularmente conhecido como "cara de advogado", que notadamente não é o indivíduo negro. Para o advogado negro Felipe César Lourenço,[22] idealizador do Projeto Pretos no Direito, que possui como objetivo ampliar a participação de pessoas negras no mercado jurídico, a posição adotada para encarar a completa escassez de profissionais negros nos escritórios de advocacia foi a normalização, tanto por parte das instituições quanto dos profissionais. Para Felipe, a escassa presença de advogadas e advogados negros nos principais escritórios de advocacia do país e nos departamentos jurídicos das grandes empresas se agrava ainda mais quando se chega à questão de negros em cargos executivos desses escritórios. Essa realidade, no entanto, se inverte quando analisamos a composição étnica dos profissionais responsáveis pela segurança, limpeza, zeladoria e outras ocupações que exigem pouca qualificação.

> A posição historicamente adotada para encarar essa triste realidade foi a normalização, tanto por parte das instituições quanto dos profissionais. Muitos advogados negros que, apesar das dificuldades, conseguiram quebrar a barreira do racismo que sustenta essa desigualdade, acabavam aceitando-a, alguns por um sentimento de impotência, outros seduzidos pelo falacioso discurso da meritocracia.[23]

Projetos como o Pretos no Direito visam justamente minimizar esses obstáculos. A plataforma do Pretos no Direito é exclusiva para candidatura de profissionais negros e tornou-se um importante mecanismo na busca por profissionais negros pelos escritórios de advocacia. Diante de um cenário completamente desfavorável para a juventude negra, iniciativas como o Incluir Direito permitem a capacitação orientada de estudantes e aprimoramento dos departamentos de Recursos Humanos, bem como construir um ambiente interno preparado para o desenvolvimento de talentos negros e a quebra das antigas estruturas sustentadas por uma cultura na qual se tornou normalizada a ausência completa de pessoas negras nos quadros de colaboradores. Em paralelo, os projetos independentes também têm agido para minimizar essa defasagem nos

[22] LOURENÇO, Felipe César. Pretos no Direito – A busca pelo espaço dos pretos na advocacia. *Análise Editorial*, 21 outubro 2021. Disponível em: https://analise.com/opiniao/pretos-no-direito-a-busca-pelo-espaco-dos-pretos-na-advocacia. Acesso em 6 junho 2022.

[23] LOURENÇO, 2021.

escritórios de advocacia e é possível notar certo grau de reestruturação das grandes bancas de advocacia, que têm buscado, com a adoção de ações de discriminação positiva, ampliar a presença de advogados negros em suas estruturas.

Atualmente, esses grandes escritórios possuem ações internas voltadas à igualdade racial, contando com grupos internos direcionados aos profissionais negros e que promovem ações concretas em prol de um time mais diversificado. Além da captação de novos talentos negros, os escritórios também avaliam medidas para a promoção de um ambiente igualitário e acolhedor para atrair e reter os talentos. Essa preocupação é de suma relevância no processo de inclusão racial, na medida em que esses espaços sempre foram destinados e dominados por pessoas brancas. Dessa forma, é importante haver políticas de conscientização e acolhimento para a construção de uma nova cultura interna.

O processo de tornar a igualdade racial um fato, mais do que um conceito utópico, é complexo e exige seriedade das bancas de advocacia porque, necessariamente, demanda a promoção e o desenvolvimento desses profissionais, tanto quanto a conscientização dos demais profissionais para mitigar eventuais situações constrangedoras embasadas na cultura racista disseminada em nossa sociedade. Esse é um dos principais desafios, requer uma política realmente bem estruturada e que conte com a participação ativa de profissionais negros, os quais entendem quais são as demandas necessárias para a efetiva inclusão e o real desenvolvimento de profissionais negros. Nesse sentido, é importante destacar que a representatividade é fundamental para o sucesso dos projetos que visam a igualdade racial nos escritórios porque, além de ser mais eficaz em identificar as lacunas que as bancas devem preencher em vista de seu objetivo de inclusão, também credibiliza a eficácia ante ao seu público-alvo.

Essa mudança de paradigmas dos escritórios é vista como necessária por especialistas no tema. O professor, advogado e atual ministro dos Direitos Humanos e da Cidadania do Brasil, Silvio Almeida, aponta estudos que demonstram a importância da diversidade nesses espaços tanto para o aumento da produtividade quanto para o avanço do posicionamento da marca no mercado.

> Os escritórios de advocacia perceberam que após tantos anos da implantação de ações afirmativas no Brasil, e mesmo após a diversidade ter entrado

como pauta importante nas grandes empresas, ainda não tinham adotado prática efetiva. Empresas que querem ter caráter global têm de ter a diversidade como valor central.[24]

Nota-se que o objetivo principal dessas bancas é não apenas compreender e promover a presença negra na advocacia, mas também debater e construir estratégias para minimizar a latente ausência de negros nos escritórios, deixando de ser acessório para se tornar pilar das estruturas. Esse olhar atento decorre da percepção da existência de uma disparidade histórica entre brancos e negros, que se reflete até hoje em uma realidade que gera um ciclo no qual quem possui maior poder aquisitivo, detém mais poder de investimento e, consequentemente, maior possibilidade de acesso ao ensino e a melhores postos de trabalho. Um ciclo que, geralmente, favorece apenas pessoas brancas e faz com que jovens negros precisam não apenas enfrentar as barreiras comuns a todos/as para a inserção no mercado, como também as barreiras sociais, que tentam limitar as pessoas pretas ao preenchimento de postos de trabalhos que exigem pouca qualificação.

Conclusões

Ainda que em proporções tímidas e pouco expressivas, existe um aumento de estudantes negros nos cursos de Direito do país graças às políticas de ação afirmativa que promoveram uma pluralização de perfis dos estudantes de ensino superior, que agora se mostra um pouco mais compatível com a realidade brasileira. Contudo, ainda não foi possível provocar um impacto no perfil do topo da hierarquia da advocacia profissional privada, que segue ainda com uma muito reduzida presença de negros e negras sob o controle de um segmento profissional hegemonicamente branco e masculino. Essa realidade é pautada e respaldada no estrato social de origem dos profissionais negros, questão que exerce grande influência em sua trajetória acadêmica e profissional no momento que estão ingressando e, também, quando estão tentando se consolidar no mercado jurídico.

Os programas de inclusão no ensino superior estão conseguindo, até agora, cumprir um importante papel no tocante ao acesso de negros à

[24] OLIVETTE, Cris. Grandes escritórios de advocacia buscam equidade racial. *Inteligência Jurídica*, 18 novembro 2018. Disponível em: https://www.machadomeyer.com.br/pt/imprensa-ij/grandes-escritorios-de-advocacia-buscam-equidade-racial. Acesso em: 16 fev. 2023.

graduação, dentre elas à de Direito. As medidas adotadas vêm proporcionando uma maior democratização do acesso ao ensino jurídico e um incremento no número de advogados negros no mercado. Contudo, agora é preciso que se atente também à questão da retenção desses jovens, que ainda é mínima e carece, além de inclusão, de políticas de desenvolvimento de carreira que possibilitem o pleno exercício da profissão, seja via incentivo à contratação de advogados negros por grandes escritórios, adoção de programas e iniciativas como o Incluir Direito ou o Pretos no Direito, ou seja, pelo combate à reprodução de desigualdades sociais e raciais pela forma liberal do exercício da advocacia.

Cabe, então, aos escritórios, uma atuação mais presente focada no fomento e visibilidade do debate acerca da inclusão racial juntamente à alta liderança, para a formalização de propostas e políticas realmente efetivas que construam uma ponte entre os jovens negros e cargos não só de estagiários ou trainees, mas também as posições de advogados e sócios. Ações que promovem a inclusão de advogados negros nos padrões das que estão sendo adotadas pelos grandes nomes da advocacia paulista, como alguns dos projetos citados neste artigo, precisam ser difundidas para todo o território brasileiro, uma vez que é possível perceber um grande desafio em alcançar profissionais negros/as de todas as regiões, bem como provenientes de instituições de ensino plurais, de modo que haja uma significativa mudança no futuro cenário e o número de negros em escritórios associados não seja tão desanimador quanto o atual.

Referências

ALMEIDA, Sílvio Luiz de. *Racismo estrutural*. São Paulo: Editora Jandaíra, 2019.

AUGUSTTO, Thiago. Negros representam menos de 1% dos advogados em grandes escritórios. *Notícia Preta*, 09 abril 2019. Disponível em: https://noticiapreta.com.br/negros-representam-menos-de-1-dos-advogados-em-grandes-escritorios/. Acesso em: 16 fev. 2023.

FERREIRA, Paula. TATSCH, Constança. Negros são maioria na universidade pública, mas não nos cursos concorridos. *O Globo*, 20 novembro 2019. Disponível em: https://oglobo.globo.com/brasil/negros-sao-maioria-na-universidade-publica--mas-nao-nos-cursos-concorridos-24089329. Acesso em: 24 mai. 2022.

FILIPPE, Mariana. Como a união de escritórios de advocacia promove avanço na equidade racial. *Exame*, 2022. Disponível em: https://exame.com/esg/como-a--uniao-de-escritorios-de-advocacia-promove-avanco-na-equidade-racial/. Acesso em: 31 jul. 2022.

INEP – Instituto Nacional de Estudos e Pesquisas Educacionais Anísio Teixeira. *Censo da Educação Superior 2018 Notas Estatísticas*. Brasília: INEP/MEC, 2018. Disponível em: https://download.inep.gov.br/educacao_superior/censo_superior/documentos/2019/censo_da_educacao_superior_2018-notas_estatisticas.pdf. Acesso em: 16 fev. 2023.

LOURENÇO, Felipe César. Pretos no Direito – A busca pelo espaço dos pretos na advocacia. *Análise Editorial*,21 outubro 2021. Disponível em: https://analise.com/opiniao/pretos-no-direito-a-busca-pelo-espaco-dos-pretos-na-advocacia. Acesso em 6 junho 2022.

MUNANGA, Kabengele. O antirracismo no Brasil. *In*: MUNANGA, Kabengele (org.). *Estratégias e políticas de combate à discriminação racial*. São Paulo: Edusp, 1996.

OLIVETTE, Cris. Grandes escritórios de advocacia buscam equidade racial. *Inteligência Jurídica*, 18 novembro 2018. Disponível em: https://www.machadomeyer.com.br/pt/imprensa-ij/grandes-escritorios-de-advocacia-buscam-equidade-racial. Acesso em: 16 fev. 2023.

PINHO, Angela. ESTARQUE, Marina. Negros não chegam a 1% entre advogados de grandes escritórios, diz pesquisa. Cotidiano. *Folha de S. Paulo*, 2 junho 2022. Disponível em: https://www1.folha.uol.com.br/cotidiano/2019/06/negros-nao-chegam-a-1-entre-advogados-de-grandes-escritorios-diz-pesquisa.shtml. Acesso em: 16 fev. 2023.

PIRES, Maria da Conceição Francisca; SILVA, Sergio Luiz Pereira da. O cinema, a educação e a construção de um imaginário social contemporâneo. *Educ. Soc.*, Campinas, v. 35, n. 127, p. 607-616, abr.-jun. 2014. Disponível em: https://www.scielo.br/j/es/a/s66hjCWqgBRckwwj5MGzztp/?format=pdf. Acesso em: 28 maio 2022.

QUINTÃO, Ana Aparecida. PAULA, Daniel Carvalho de. Racismo acadêmico: apontamentos sobre a exclusão das docentes negras e negros das universidades brasileiras. *In*: Encontro Internacional Histórias & Parcerias, 3., 2021, evento virtual. *Anais* [...]. RJ: ANPUH, 2021. Disponível em: https://www.historiaeparcerias.rj.anpuh.org/resources/anais/19/hep2021/1627667859_ARQUIVO_af99db5415c7d6ec597975665052270a.pdf. Acesso em: 16 fev. 2023. p.10.

REUTERS. Mulheres negras estão 50% mais vulneráveis ao desemprego, mostra pesquisa do Ipea. Portal G1 *Economia*, 31 outubro 2018. Disponível em:https://g1.globo.com/economia/noticia/2018/10/31/mulheres-negras-estao-50-mais-vulneraveis-ao-desemprego-mostra-pesquisa-do-ipea2018.ghtml. Acesso em: 16 fev. 2023.

SANTOS, Marcelo Rocha dos. *A cor da advocacia em Salvador*: uma análise do perfil racial da advocacia privada na capital baiana. 2017. Dissertação (Mestrado em Sociologia) – Universidade Federal de São Carlos, São Carlos, 2017. Disponível em: https://repositorio.ufscar.br/handle/ufscar/10774. Acesso em: 16 fev. 2023.

SINDEPRESTEM. Cresce a contratação de estagiários negros nas companhias. Comunicação. *SINDEPRESTEM*, 7 jun. 2021. Disponível em: https://sindeprestem.com.br/cresce-a-contratacao-de-estagiarios-negros-nas-companhias/. Acesso: 30 mai. 2022.

UFRGS – Universidade Federal do Rio Grande do Sul. Livro *Racismo acadêmico no Brasil* é lançado na Faculdade de Direito. *UFRGS*, 27 abril 2022. Disponível em: http://www.ufrgs.br/ufrgs/noticias/livro-racismo-academico-no-brasil-e--lancado-na-faculdade-de-direito. Acesso em: 28 mai. 2022.

Capítulo 6
Direito, raça, feminismos e a teoria do lugar de fala. Quando as juristas negras falam, quem ouve?

MARIA ANGÉLICA DOS SANTOS

1. Introdução

Pesquisas demonstram que juristas negras estão acessando os espaços de decisão, ensino e produção do Direito em maior volume e com cada vez mais frequência.[1] Este fenômeno, cujas causas são influenciadas pela implementação de políticas de ações afirmativas em universidades públicas desde o início do século XXI,[2] tem produzido consequências intrigantes no cenário jurídico, haja vista que essas mulheres, que interseccionam marcadores de gênero e de raça, acessam um espaço de poder fortemente dominado por uma tradição branca, masculina e eurocentrada, e o fazem a partir de tensionamentos que transformam o campo jurídico no que Pierre Bourdieu[3] classifica como uma arena de disputa.

[1] CNJ – Conselho Nacional de Justiça. Pesquisa sobre negros e negras no Poder Judiciário. Brasília: CNJ, 2021. Disponível em https://www.cnj.jus.br/wp-content/uploads/2021/09/rela-negros-negras-no-poder-judiciario-150921.pdf. Acesso em: 17 fev. 2023.

[2] Para um aprofundamento no tema, recomendo a leitura do artigo: GODOI, Marciano Seabra de; SANTOS, Maria Angélica dos. Dez anos da lei federal das cotas universitárias: avaliação de seus efeitos e propostas para sua renovação e aperfeiçoamento. *Revista de Informação Legislativa*: RIL, Brasília, DF, v. 58, n. 229, p. 11-35, jan./mar. 2021. Disponível em: https://www12.senado.leg.br/ril/edicoes/58/229/ril_v58_n229_p11. Acesso em: 17 fev. 2023.

[3] Bourdieu utiliza o conceito de campo para designar nichos de atividade humana nos quais se desenrolam lutas pela detenção do poder simbólico, que produz e confirma significados.

O Direito está em disputa e as juristas negras estão profundamente comprometidas com este movimento. Produzindo saberes que extrapolam as fronteiras da tradição e implementando metodologias disruptivas na construção epistemológica do Direito, juristas negras estão introduzindo uma nova hermenêutica jurídica, interessada em indisciplinaridades,[4] para além do que vem sendo proposto e defendido até aqui por juristas tidos por contemporâneos, mas que, na verdade, são fortemente influenciados por uma visão tradicionalista do Direito, já que são os herdeiros de uma monoculturalidade jurídica.[5]

Entretanto, embora estas juristas negras existam e estejam se movimentando cientificamente para disputar os espaços jurídicos, suas vozes são frequentemente desconsideradas e seus modos de pensar, deslegitimados. Alegam-se ausência de robustez científica, superficialidade teórica e vulnerabilidade argumentativa para tentar enfraquecer a produção destas pensadoras, que partem de outros referenciais e que se interessam em discutir o Direito e a ciência jurídica a partir de outras perspectivas. Deste modo, é importante que nos perguntemos: então, quando juristas negras falam, quem ouve?

Neste estudo, pretende-se um enfrentamento dessas questões conjugadas. Ou seja, procurar-se-á pensar em como as mulheres (marcador de gênero) negras (marcador de raça), corpos materializadores da intersecção que acumula opressões de gênero e de raça, experimentam a ambiência jurídica, com sua cultura masculina e embranquecida, e como estes fatores

Os indivíduos, por sua vez, se posicionam nos campos de acordo com o capital cultural acumulado. BOURDIEU, Pierre. *O poder simbólico*. São Paulo: Edições 70, 2011.

4 Para um aprofundamento no tema, recomendo a leitura do artigo: SANTOS, Maria Angélica dos. Rumo a uma hermenêutica indisciplinar: a indisciplinaridade como método de ensino e pesquisa no direito. *In*: SALCEDO REPOLÊS, Maria Fernanda; VIANA, Igor Campos; BETTONI, Isabela de Araújo (orgs.). *Nas entranhas do Direito:* métodos e escritas do corpo. Belo Horizonte: Expert, 2022. Disponível em https://experteditora.com.br/nas-entranhas-do-direito-metodos-e-escritas-do-corpo/. Acesso em: 17 fev. 2023.

5 Para um aprofundamento neste debate recomendo a leitura de SALCEDO REPOLÊS, Maria Fernanda. Ensino Jurídico, Transdisciplinaridade e Saberes Outros. In: FRANCISCHETTO, Gilsilene Passon P; OMMATI, José Emílio Medauar; GORETTI, Ricardo (coords.). *Educação jurídica e alternativas pedagógicas para uma formação crítica e emancipatória*. Coleção Teoria Crítica do Direito. Vol.9. Belo Horizonte: Conhecimento, 2020.

interferem no ingresso e permanência destes corpos nos espaços de poder sustentados pelo Direito.

Há pelo menos dois caminhos possíveis para se pensar esta questão: a partir da presença de mulheres negras nos ambientes de formação, produção e reprodução do Direito (faculdades, fóruns, tribunais, escritórios de advocacia, instituições públicas e privadas das mais variadas) ou a partir das vivências de mulheres negras que acessam o Poder Judiciário para terem suas demandas albergadas pelo Direito. Este trabalho pretende se enveredar pela primeira via, muito embora haja pontos de conexão entre as duas estradas e que acabam por se mostrarem incontornáveis.

Para tanto, este estudo evidenciará a importância da contribuição dos feminismos outros, destacando-se o feminismo negro forjado no sul global, para a dissecação da realidade jurídica patriarcal e embranquecida– defensora de uma história jurídica única e validada só quando narrada pelo *mainstream* – e para a produção de um novo tecido jurídico que permita que se desconsidere o mofado e esgarçado e se vista o Direito de uma nova roupagem, mais diversa, colorida e menos violenta para corpos não--hegemônicos, estejam eles transitando em quaisquer das vias possíveis.

2. Qual é o perigo de se acreditar em uma história jurídica única?

Chimamanda Ngozi[6] aborda com primor esta temática do perigo de uma história única ao refletir sobre a sua própria trajetória e formação, primeiro como leitora e depois como escritora. Neste contexto, ela identifica os traços de uma construção ideológica que induz a pensar que só existe um jeito, um único jeito correto, de se contar uma história. As influências literárias e acadêmicas formaram nela uma noção desvirtuada de que uma história só poderia ser correta se estruturada nos moldes do colonizador, já que estas eram as únicas histórias que eram divulgadas, lidas, repercutidas e insistentemente endeusadas.

Quando se dá conta de que havia outras formas de se escrever uma história, o que ocorre quando de sua descoberta de autores africanos e africanas que partiam do lugar de onde estavam e reproduziam em seus livros outra cultura, uma cultura colonizada e menosprezada,

[6] Ted realizado por Chimamanda Ngozi Adichie, intitulado O perigo da história única. Disponível em: https://www.ted.com/talks/chimamanda_ngozi_adichie_the_danger_of_a_single_story?language=pt . Acesso em: 08 set. 2018.

Chimamanda percebe que estava enredada por uma teia poderosa que só valorizava a história construída pelo colonizador. Mas, inquieta, se rebela contra isso e decide construir suas histórias partindo também do lugar de onde estava, da realidade conhecida de perto, embora menosprezada pelo pensamento centralizador europeu. Este giro ideológico abre espaço para que hoje o mundo inteiro se deslumbre com obras consagradas internacionalmente e que retratam vivências de um povo subalternizado, que teve sua genialidade obliterada e sua cultura associada ao que não é importante, digno e considerável.

Achille Mbembe,[7] ao estudar este fenômeno da "construção do negro", acondiciona esta expressão linguística ao que não é humano, ao que não é sujeito, ao que está no escuro, ao que é animalizado e, portanto, não capacitado para transcender. Quando se percebe que esta é só uma forma de se construir narrativas, e que há outros modos e perspectivas igualmente consideráveis e relevantes, passa-se a se questionar o benefício da crença em uma história única. Quão benéfica essa realmente pode ser, à medida que se sobrepõe a todas as outras narrativas e desencoraja, inclusive, a construção delas?

O perigo de se considerar correta a tese de que existe uma única história está no fato de, ao se partir deste pressuposto, todo o resto deixa de ser importante e considerável. Se aquela é a única narrativa possível e, portanto, a única válida, por que ainda pensar e produzir? Já colocaram em nossas mãos a resposta correta. Não precisamos ir além, já basta.

Este modo de pensar pode ser aplicado no Direito e para a sua persistente dimensão monocultural e tradicionalmente defendida como única. Patricia Hill Collins, em seu capítulo sobre epistemologias feministas negras, que integra o livro *Pensamento feminista negro*,[8] explica que o fato de homens brancos de elite controlarem as estruturas ocidentais de validação do conhecimento, os temas, os paradigmas e epistemologias da pesquisa acadêmica tradicional, faz com que estes estejam impregnados por seus interesses, não deixando espaços para outros modos de se pensar e de se produzir. Este fenômeno inviabiliza ou dificulta a viabilidade de

[7] MBEMBE, Achille. *Crítica da razão negra*. Editora N-1 Edições. São Paulo, 2018.

[8] COLLINS, Patricia Hill. *Pensamento feminista negro:* conhecimento, consciência e a política do empoderamento. São Paulo: Boitempo, 2019, p. 401.

outras culturas, outros saberes, serem consideradas e introduzidas no campo e possam disputar de forma justa e eficaz.

Este mesmo perigo também se materializa quando se trata da construção da ideia de ciência, aqui também há a equivocada noção de uma ciência única, que se estrutura em bases colonizadoras e que só deve ser considerada como tal se permeada por objetividade e racionalidade.

Esta é uma estratégia muito utilizada pelo processo de colonização, considerando que este se estende até os dias atuais se valendo de outras formas, mais robustas do que a mera dominação territorial. A construção de uma ideologia que valoriza só que o que vem do colonizador, que só considera importante e racional o que é importado do pequeno continente europeu, fere de morte a construção de narrativas outras, igualmente importantes e senão mais adequadas e aplicáveis aos povos que cresceram e se formaram sobre costumes e relações sociais, políticas e históricas diversas daquelas dos colonizadores.

Na seara jurídica, o perigo de se entronar uma perspectiva única e um só modo de se pensar e produzir esta ciência, interfere na compreensão e aceitação de que corpos não-hegemônicos acessam este campo e o modificam, tensionando a tradição e trazendo para a arena outras formas e perspectivas para o Direito. Este fenômeno ocorre quando juristas negras dizem o Direito e disputam esta ciência. Estas cientistas estão se movimentando em sintonia com as diretrizes traçadas pelos "feminismos outros".[9]

2.1. Por que é errado considerar a existência de um feminismo universal ou de uma ciência universal?

Francesca Gargallo[10], em sua pesquisa, dialoga com mulheres de mais de seiscentos povos e nacionalidades originárias da América Latina. Para além disso, imaginemos a quantidade de povos de ascendência africana espalhados por todas as Américas e outras partes do mundo. Indo um

[9] Para um aprofundamento no tema, recomendo a leitura de CURIEL, Ochy. Construindo metodologias feministas a partir do feminismo decolonial. 2014. *In*: HOLLANDA, Heloísa Buarque de (org.). *Pensamento feminista hoje*: perspectivas decoloniais. Rio de Janeiro: Bazar do Tempo, 2020.

[10] CELENTANI, Francesca Gargallo di Castel. Feminismos desde Abya Yala. *Ideas y proposiciones de las mujeres de 607 pueblos en nuestra América*. Ciudade de México: Editorial Corte y Confección, 2014.

pouco mais longe, consideremos os povos africanos e as vivências das mulheres localizadas em cada uma dessas regiões. Diante disso, como considerar a existência de um feminismo universal? É claro que há pontos de contato nas lutas de mulheres de todo o mundo, mas certamente há inúmeros aspectos diferenciados e altamente relevantes para regiões, culturas e povos.

Ao se insistir em uma universalização do feminismo, muitas demandas específicas de culturas e povos, principalmente dos subalternizados, acabam sendo preteridas e colocadas à margem. Concentram-se esforços em destacar, por óbvio, as prioridades de grupos feministas privilegiados, de mulheres brancas e de classes abastadas, cujas demandas se localizam em outros patamares, como liberdade sexual, direitos de gestão sobre o próprio corpo, legalização do aborto, dentre outras. Enquanto muitas das demandas de mulheres pertencentes a grupos subalternizados relacionam-se a questões que envolvem o extermínio de seus filhos pela polícia (sobretudo para a comunidade negra), melhores condições de saúde para a comunidade local, implementação de medidas voltadas para saneamento básico e preservação ambiental, oportunidades de emprego para seus pares, respeito à cultura dos povos locais, valorização de práticas ancestrais e muitas outras, diferentes entre si, porém igualmente relevantes e urgentes.

A falsa crença em um feminismo universal invisibiliza ideologias e práticas políticas e sociais outras que, por serem atreladas a grupos subalternizados, acabam caindo na vala comum do que merece ser desconsiderado, ocultado.

Ao se entender que há feminismos específicos e plurais, como específicas e plurais são as mulheres – considerando-se aqui "mulher" em seu sentido múltiplo e amplo, acolhendo lutas de pessoas trans e demandas que transcendem a ideia tradicional de feminino –, se pretende redirecionar o foco da lente para demandas também específicas e essenciais, que reverberam em grupos colonizados, mas que são invisibilizadas pelos opressores. As implicações de se aceitar a ideia de que existem outros feminismos exige movimento, mudança e retirada da zona de conforto, o que pode não ser muito agradável, mas é extremamente necessário.

O feminismo Abya Yala toca neste ponto da ferida sem cerimônias e escancara a necessidade de uma modificação do eixo, deixando de ser a Europa, com sua ideia de modernidade e seu apego a narrativas colonizadoras, o centro de tudo e de todos, abrindo, assim, espaço para outras práticas cognitivas e radicalmente transformadoras.

A terminologia Abya Yala, segundo Francesca Gargallo[11], reporta ao diálogo travado com as mulheres dos povos originários da América Latina e às reflexões que se sustentam em outros lugares de enunciação a fim de questionar a ideia de que o conhecimento se constrói e se transmite só no espaço de formalização do saber, como se dá com a academia, que é um espaço de construção da cultura letrada. Essas mulheres utilizam a expressão Abya Yala para se referir à América, desvinculando sua nominação do vocabulário imposto pelos colonizadores.

Nesta perspectiva, o estudo das práticas e ideologias advindas de outras formas de construção do movimento feminista amplia os horizontes de abordagem da temática, que se estrutura fora do eixo europeu e de maneira diversa da apregoada pelo pensamento modernista patriarcal.

A boliviana Julieta Paredes traz, neste olhar fixo sobre Abya Yala, um aceno para outras formas de se contar a história das mulheres que não somente aquela marcada pelo universalismo do norte. Em seu livro *Hilando Fino*: desde el feminismo comunitário, a autora apresenta o tecido social que a envolve e demonstra como o olhar para as demandas da comunidade, entendida como a articulação e organização política e social mais básica, é necessário e deve servir como ponto de partida para qualquer ação que se direcione à materialização de direitos individuais ou coletivos.[12]

Este chamado feminismo comunitário apresentado por Julieta Paredes, surge na década de 1990 e tem seu cume com os movimentos das mulheres bolivianas que, em 2003, ganham as ruas por lutas marcadas por pautas específicas e locais. O aspecto coletivo é o traço crucial deste movimento, que se alastra por toda Abya Yala.[13] Entende-se, portanto, que há feminismo comunitário em vários pontos distintos do sul global, marcando as lutas de mulheres camponesas, indígenas, faveladas, periféricas e subalternizadas de toda ordem.

Ao partirmos do lugar do colonizado – de quem passa fome, morre de sede, sofre violência gratuita, cambaleia por desnutrição –, toda a dinâmica

[11] CELENTANI, 2014.

[12] PAREDES, Julieta. *Hilando Fino desde el feminismo comunitário*. La Paz: Cooperativa El Rebozo, 2010.

[13] PAREDES, 2010.

de estruturação dos movimentos políticos se altera e, com o feminismo e suas lutas, não seria diferente. A orientação das feministas do sul global deve ser outra, muito distinta daquela que guia e direciona as ideologias tidas por universais. Neste diapasão, em Abya Yala, o feminismo é narrado por outras vozes e ganha novo protagonismo.

O movimento feminista de Abya Yala coloca em xeque a teoria da existência de uma história única, de um feminismo universal e de um jeito ideal de se fazer ciência. A própria ideia de ciência é questionada, à medida que se estendem sob os olhos outras formas, igualmente eficientes, de se produzir conhecimento e que, para serem devidamente compreendidas, exigem, respectivamente, um alargamento da ideia de centralidade e um estreitamento da noção de universalidade.

2.2. Se existe uma idealização do que é ciência, a quem ela beneficia?

A academia, numa visão patriarcal e eurocêntrica, é o local onde se constrói conhecimento, de onde emerge o saber mais puro e imparcial. Espaço dominado pela racionalidade e objetividade. O contraponto disto é o resto todo. Há uma forte tendência em se compreender que o que está fora da academia pode ser tudo, menos racional e objetivo, e, portanto, não será visto como científico. Essa higienização do saber insiste em preconizar o conhecimento como algo superior e pertencente a um grupo composto por poucos escolhidos, detentores das ideias racionais que conduzirão a humanidade para o êxito existencial.

Nesta perspectiva, tudo o que é subjetivo, passional, parcial é tido por impuro, não científico e, por conta disso, deve se localizar em outros lugares, fora da academia. Entretanto, ao considerar essa uma verdade única, diversas construções ideológicas, políticas, sociais e humanísticas são deixadas de fora da noção de ciência. Esta retirada forçada tem sérias implicações sobre a estruturação do pensamento e da prática feminista, muitas vezes marcada por mobilizações passionais, pragmáticas e altamente subjetivistas.

Faz-se necessária uma reformulação da ideia de ciência, do que deve ou pode ser considerado científico. Entretanto, esta operação não pode ser meramente linguística, precisa reverberar em uma transformação fundamental nas estruturas do que é entendido como conhecimento. Será que somente práticas racionalizadas e imparciais devem ocupar o espaço acadêmico? Caso a resposta seja positiva, há que se deixar tudo como está.

Mas se, por um acaso, a resposta for negativa, implicações outras deverão advir desta constatação. Uma abertura para o novo precisará encontrar suporte entre os próprios acadêmicos e demais operadores do Direito, devendo a mudança ocorrer de dentro para fora.

Então, quando juristas negras acessam o ambiente jurídico como protagonistas, elas tensionam metodológica e epistemologicamente o tecido jurídico pré-estabelecido por uma construção científica patriarcal e eurocentrada. Este movimento desloca o foco do debate para o sul global e intenciona derrubar os muros construídos por um pensamento jurídico tradicional. Mas por que isto acontece? Este fenômeno se deve ao fato de que quando novos corpos disputam saberes, outras perspectivas ou pontos de vista (*standpoints*) começam a emergir no debate e outros sentidos afloram na construção do conhecimento e da práxis jurídica. Este movimento, ao mesmo tempo em que constrói novos caminhos, descontrói antigas estruturas já em ruínas, mas que são sustentadas a todo custo por uma tradição que convém aos grupos dominantes e que se perpetuam no poder e na preservação de um Direito patriarcal e embranquecido.

Quando juristas negras disputam a ciência do Direito e se interessam por demonstrar o perigo de uma ciência jurídica única, o que se observa é um debate que se estabelece sobre voz, perspectiva e discurso jurídico.

3. Voz, perspectiva (*standpoint*) e discurso jurídico

O debate sobre voz e perspectiva não é recente no Brasil. Muitos e muitas intelectuais já esbarraram em digressões que hoje ocupam o centro deste campo teórico específico.[14] O enaltecimento destes discursos, passando a conformar o status de uma teoria social crítica, interseccionando voz, localização situada, modos de existência/resistência, saber e poder, passou a ganhar a relevância que tem hoje a partir do esforço síncrono e assíncrono de pensadoras fronteiriças que tiveram a oportunidade de experienciar vivências com corpos não hegemônicos.

[14] Lélia Gonzalez, Beatriz Nascimento, Sueli Carneiro, Conceição Evaristo, Giovanna Xavier, Djamila Ribeiro são alguns exemplos de nomes nacionais importantes para o debate travado por aqui. Em uma dimensão internacional, as discussões destas pensadoras brasileiras contribuem para um debate iniciado na década de 1970 pelas feministas e que conta hoje com expoentes como Grada Kilomba, bell hooks, Dorothy Smith, Donna Haraway, Patricia Hill Collins, Nancy Hartsock, Hilary Rose, dentre outras.

Neste momento, disputas localizadas acerca de quem pode/deve falar, de quem pode/deve escutar e de quem pode/deve se calar ocupam o "olho do furacão" e se conectam com outros temas também de alta complexidade por si sós, como liberdade de expressão, privilégio branco, patriarcado e dilemas identitários. Dessa forma, torna-se imprescindível tensionar ainda mais os conceitos e teorias provenientes do norte global para, enfim, podermos, deste processo de compreensão do externo, criar nossas próprias teorias, que partam do nosso local, da nossa situação, do sul global para o próprio sul global.

Para juristas negras, a compreensão coletiva da teoria do lugar de fala e suas complexidades se mostra fundamental. Somente a partir da experimentação dos tensionamentos provocados pelo desvelamento teórico, encontrar-se-ão novos caminhos para a construção de uma dimensão teórica, uma nova episteme que contemple as peculiaridades de nossas vivências tão distintas e localizadas.

Fato é que existe muito material produzido sobre o tema e, destacando-se que este estudo não pretende esgotar o assunto ou apresentar um mapeamento detalhado sobre ele, não se pode olvidar que há alguns textos fundamentais para uma interação mais aprofundada com a teoria do lugar de fala. Dentre estes, destacam-se quatro com os quais este trabalho pretende dialogar. O primeiro deles, que pode ser considerado um impulso inicial ao giro (refiro-me aqui ao debate entre linguagem e poder) que se seguiu, é *O Orientalismo*: o Oriente como invenção do ocidente, escrito por Edward Wadie Said, escrito em sua maior parte nos anos 1975-76 e publicado em 1978. Repleto de provocações fundamentais para uma abertura reflexiva, este livro teve sua tradução integrada ao acervo nacional em 1990 pela Editora Companhia das Letras.[15]

Seguido deste pontapé no movimento crítico feito por Said, evidencia-se o texto *Pode o Subalterno Falar?*, escrito por Gayatri Spivak, que discute as possibilidades de fala do corpo não-hegemônico, escrito em 1982-1983 e publicado primeiramente, em 1985, no periódico Wedge. Este artigo ganhou tradução para o português em 2010 pela Editora UFMG.[16] A dimensão discursiva dos corpos não-hegemônicos ganha robustez com

[15] SAID, Edward W. *Orientalismo:* o Oriente como invenção do Ocidente. São Paulo: Companhia das Letras, 2007.

[16] SPIVAK, Gayatri Chakravorty. *Pode o subalterno falar?* Belo Horizonte: UFMG, 2010.

esta análise, que provoca reflexões que complexificam o tema, sobretudo ao introduzir o gênero como categoria incontornável neste debate.

Nessa mesma esteira, desponta o livro *O local da cultura*, escrito por Homi K. Bhabha[17] em 1994 e que chega traduzido ao Brasil, também pela Editora UFMG, em 1998. Essa obra aborda a temática da perspectiva do discurso de forma extremamente rica e permite a abertura de muitos portais de compreensão do tema.

Dando robustez a esse movimento linguístico disruptivo, encontra-se o importante texto *The Problem of the Speaking for Others*, escrito por Linda Alcoff, que recebeu mais uma tradução para o português e que está presente na obra *Nas entranhas do direito:* métodos e escritas do corpo[18]. Este texto, publicado no periódico Cultural Critique n.º 20 de 1991-92, é muito necessário para estabelecer de bases profundas e sólidas de compreensão e tensionamentos da teoria do lugar de fala.

Embora haja uma aproximação maior entre os textos de Said, Spivak e Bhabha, todos considerados integrantes de uma escola de pensamento pós-colonial, Linda Alcoff ocupa uma posição infiltrada no debate decolonial, o que torna ainda mais importante o enquadramento de seu texto como um dos quatro pilares de sustentação da teoria do lugar de fala, para este trabalho. A partir da integração de suas provocações ao debate, o mesmo passa a ocorrer sobre bases científicas mais rigorosas, contribuindo fortemente para a condução das digressões a patamares ainda mais disruptivos e emancipatórios.

O debate acerca da teoria do lugar de fala continua em construção por aqui. Talvez seja adequado que se diga que ainda se está no momento de compreender os contornos mais nítidos da teoria para, a partir daí, iniciar-se o processo de construção de nossas próprias ideias sobre o tema. Isso é importante que seja dito, pois não se pretende simplesmente importar algo criado para um modelo de vida específico e carregado de vivências distintas das nossas. Pelo contrário, a compreensão das complexidades da

[17] BHABHA, Homi K. *O local da cultura*. Belo Horizonte: Editora UFMG, 2013.

[18] ALCOFF, Linda. O Problema de Falar pelos Outros. Tradução: Maria Angélica dos Santos. *In*: SALCEDO REPOLÊS, Maria Fernanda; VIANA, Igor Campos; BETTONI, Isabela de Araújo (orgs.). *Nas entranhas do Direito:* métodos e escritas do corpo. Belo Horizonte: Expert, 2022. Disponível em https://experteditora.com.br/nas-entranhas-do-direito-metodos-e-escritas-do-corpo/. Acesso em: 17 fev. 2023.

teoria deverá servir para que, seguindo daí, construamos uma corrente de pensamento que contemple as nossas demandas e realidades.

Construir uma teoria do lugar de fala que parta do Sul tem se mostrado desafio incontornável para a emancipação dos corpos marcados pelo processo de colonização introduzido com a modernidade. Do mesmo modo, aprofundar os estudos sobre narrativas de si (*storytelling*) e identidade também tem se apresentado como dilema inafastável para corpos não-hegemônicos. Entretanto, embora haja diversos pontos de conexão entre estes assuntos e suas abordagens, é importante que se esclareça tratar-se de temas distintos. Teoria do lugar de fala, narração em primeira pessoa da própria história (*storytelling*) e identidades são três debates distintos, embora próximos, que dialogam bastante entre si. A teoria do lugar de fala está ligada à ideia de posicionamento, localização vocativa (de onde se fala/cala). Narração em primeira pessoa da própria história liga-se à corporificação vocativa (quem fala/cala). Identidades se relacionam com o modo como o discurso é articulado politicamente (como fala/cala e o que é falado/calado).

Percebe-se que as discussões atuais sobre a teoria do lugar de fala não têm contemplado os aspectos que o quarteto basilar aqui apresentado insiste em abordar. As disputas não têm acontecido com relação aos inúmeros e delicados dilemas que a teoria enfrenta, mas sim, muito antes disso, ainda na superfície do tema. Essa característica persistentemente rasa das discussões conduz ao mau uso da teoria, que se perde esvaziada em embates que não se esforçam para contribuir com o desfazimento dos nós conceituais que se apresentam.

No Brasil, segue comum o uso da retórica: *mas este não é meu lugar de fala* ou, num tom quase de acusação, *este não é o seu lugar de fala*. Estratégias que contribuem muito mais para um silenciamento do falante do que para estabelecer de uma localização específica do discurso. Este silenciamento pode ser, por vezes, conveniente, eximindo da participação efetiva no discurso quem deveria estar fortemente engajado nele para que as transformações sociais efetivamente possam ocorrer.

Em outra via, o silenciamento também serve para calar quem deveria poder falar sobre tudo, retirando da luta forças importantes. Para além, o silenciamento também acaba impedindo a construção de estratégias nossas, mais ao sul, para a solução de dilemas que precisam ser abordados para poderem, assim, ser superados.

Entretanto, é preciso destacar nossa localização, a posição social/cultural desde a qual falamos. E é para esta finalidade que serve a teoria do lugar de fala. Não para silenciar ou dar voz, mas sim para determinar a localização do discurso. Essa localização, que pode ser variável, importa muito na receptividade do que é dito ou silenciado. Localizar-se no discurso é tarefa de extrema honestidade científica que precisa estar bastante evidenciada.

Agora, partindo-se deste ponto, desta localização, desta perspectiva, o que será dito encontrará seu espaço entre os receptores das formas mais variadas, mas isso ocorrerá não porque quem falou estava deslocado de seu lugar de fala, mas sim porque quem escutou está posicionado em lugares sociais distintos. Não há como alguém sair de seu lugar de fala. E não há nada que esteja fora do lugar de fala de cada um de nós. A teoria do lugar de fala não se estrutura com o intuito de filtrar ou determinar o conteúdo ou teor do discurso, mas sim de ponderar acerca da posição de onde este discurso é emitido.

Ao se ocupar da localização do falante (lugar de fala), a teoria permite que se compreenda como são distintas as posições sociais dos corpos. Como há corpos privilegiados e outros desprivilegiados. Como há posições díspares e quais são as circunstâncias que geraram essas disparidades. Daí se permite, então, o avanço para outro momento, que implica em promover deslocamentos nessas posições. Então, quem está em uma posição privilegiada passa a ser esclarecido da necessidade de arredar um pouco para abrir espaço para quem está em uma posição desprivilegiada. Por que isso é necessário? Porque geralmente quem está mal posicionado socialmente tem menos oportunidades de falar por si.

Sendo muito falado e pouco ou nunca falante sobre si e suas próprias vivências, este silenciamento daquele que está mal posicionado discursivamente é algo a ser combatido e contra o qual toda a teoria do lugar de fala se organiza para confranger. Desta compreensão das localizações discursivas, pode resultar a redução do espaço em que determinado falante se posiciona socialmente, porque o falante precisou recuar para dar espaço para outro falante poder falar. Entretanto, e isso é de fundamental importância, todos seguem podendo falar sobre tudo, mas precisarão localizar-se primeiro e entender os limites de seu espaço, evitando assim excedê-los ou subocupá-lo.

Outro equívoco bastante frequente no debate envolvendo a teoria do lugar de fala diz respeito à empatia. É que lugar de fala é diferente de "ter empatia por". Costuma-se dizer que *precisamos nos colocar no lugar do outro* para dizer que devemos ter empatia, mas tecnicamente a expressão tem outro alcance. Lugar de fala não é o mesmo que empatia. Pode-se ser "empática por" e exceder os limites do seu lugar de fala (o problema da posição privilegiada que tratei acima). Condoer-se da dor de outrem, se abrir para enxergar o que está para além de si, se esforçar para tomar consciência dos dilemas coletivos ou de grupos que não são o seu, não é o mesmo que disputar lugar de fala. Colocar-se no lugar do outro, ser empático, é exercício de cidadania e de enfrentamento político das desigualdades socioeconômicas, históricas e culturais. A teoria do lugar de fala não é sobre isso. É sobre a compreensão dos diversos lugares sociais dos quais todos podem e devem discursar e contribuir para a tessitura social.

Em outra frente, embora se perceba um real esforço de doutrinadores engajados para elucidar a questão, segue gerando dúvidas a distinção que existe entre lugar de fala e representatividade. Como disse acima, todos possuem lugares de fala porque todos estamos posicionados social e culturalmente no mundo. Entretanto, nem todos representam a todos. Nestes moldes, representatividade significa, de certa maneira, aproximação ou afinidade política com um determinado grupo, ou assunto. Mas vai além: representatividade implica em experienciar, vivenciar, carregar em si aquele marcador social, político ou econômico. Sendo assim, todas as pessoas possuem lugares de fala, mas nem todas carregam representatividade de todos os grupos, histórias e vivências. A ausência de representatividade, porém, não compromete ou deslegitima os lugares de fala de ninguém, mas é possível constatar e lamentar uma valiosa ausência, que é a de alguém que cumule lugar de fala e representatividade.

O que se tem podido perceber do lado debaixo da linha do equador, é um crescente movimento de valorização e mesmo de empoderamento, embora o termo guarde suas complexidades, de corpos ou grupos que manejem cumulativamente lugar de fala e representatividade. Considero este um esforço por reconhecimento. Sendo assim, promover a empostação da voz daqueles, coletivos ou indivíduos, que articulem lugar de fala e representatividade de forma síncrona apresenta-se como valiosa estratégia ou política de reconhecimento de minorias, ou grupos invisibilizados e inaudíveis.

Não se pode olvidar, ademais, que posição social/cultural está diretamente relacionada à concentração de poder. Este ponto é, sem dúvida, o calcanhar de Aquiles desta teoria e que acaba por criar tanta resistência de seus opositores. Ao se opor ao debate mais aprofundado sobre a teoria do lugar de fala, o que se quer evitar é ter que discutir e redistribuir poder. Deslegitimando a teoria e empobrecendo o debate, o que se alcança é a manutenção de velhas estruturas de repartição desigual de poder e a preservação de privilégios. Na verdade, o que se pretende, ao se insistir em estagnar o assunto na superficialidade, é manutenção de *status quo.*

E quanto à produção jurídica? As juristas negras do sul global também estão colocando em xeque a produção de uma única ciência jurídica, de um único modo de se pensar, se ensinar e se praticar o Direito. A aproximação com estratégias de escrevivências jurídicas, a implementação de uma hermenêutica indisciplinar e o flerte com uma pesquisa encarnada têm movimentado as velhas estruturas do Direito e feito ruir paradigmas tradicionais e ultrapassados. Pensar o Direito a partir de outros saberes vem culminando em uma nova onda epistemológica que não pretende deixar pedra sobre pedra. Entretanto, este movimento tem um preço alto, pois estas juristas negras insubordinadas acabam tensionando um espaço que não lida bem com novidades metodológicas. Este ranço e resistência ao novo, aos outros modos de se produzir ciência e de se lidar com a matéria jurídica é sintoma do reinado patriarcal que domina o império do Direito.

Quando juristas negras se movimentam no campo jurídico desta maneira, o que estão fazendo, na verdade, é apossar-se do lugar de fala acoplado à representatividade. Este arranjo discursivo permite que falem por si mesmas e a partir de suas vivências e experimentações científicas peculiares. Mas será que isso é suficiente?

4. Lugar de escuta e o poder das alianças

O movimento de falar pelos outros, como ensina Linda Alcoff, envolve uma série de armadilhas que precisam ser consideradas. O desvirtuamento de sentidos, o silenciamento de vozes, a simplificação discursiva ou mesmo o esvaziamento cognitivo, são dilemas diagnosticáveis quando se lida com o problema de se falar pelos outros.

Quando juristas negras buscam seu espaço e almejam apresentar sua própria perspectiva, as forças da ideologia colonizadora se mobilizam para refrear este movimento, reencaminhando-as para o lugar do silenciamento, que é o que foi determinado para estes corpos. Rebelar-se contra o sufocamento da voz negra implica em transgredir, em forçar as amarras até que se rompam. Há um *backlash* de estratégias de silenciamento dos corpos não-hegemônicos e, no caso das juristas negras, muitas vezes se disfarçam de descrédito profissional. Hoje, quando uma voz negra fala/pensa/produz, rapidamente verifica-se um persistente movimento de desvalorização, de desmerecimento quanto ao que é dito/pensado/produzido.

Quando juristas negras acessam o púlpito do discurso jurídico e protagonizam suas próprias histórias e do seu povo, o que se percebe é um rearranjo, como estratégia de *backlash*, nas estruturas jurídicas tradicionais, fortemente condicionadas ao domínio masculino, branco e eurocentrado. Juristas negras falantes agenciam suas histórias e protagonizam experimentações metodológicas que conduzem a ciência jurídica monolítica para uma multidimensionalidade epistêmica inevitável.

Entretanto, permitir que juristas negras contribuam discursivamente para a construção do Direito e seus múltiplos saberes não é o suficiente. É fundamental que, quando estas juristas negras falem, haja ouvidos que as escutem. Acoplado ao lugar de fala, há que se considerar o lugar de escuta e como posicionar-se a partir dele.

A promoção de alianças entre grupos simpáticos ao movimento e ascensão de protagonismo negro no Direito é um caminho possível e, acima de tudo, necessário. Estratégias que considerem a formação de redes de visibilidade e apoio para que juristas negras possam empostar sua voz no campo jurídico e tenham espaço de escuta e respaldo intelectual são mais que bem-vindas, são imprescindíveis para que se promovam as mudanças que precisam ocorrer para que o Direito seja um ambiente científico plural, menos machista, menos racista e mais diverso.

Entretanto, é fundamental compreender que aliados precisam estar conscientes e dispostos a compartilhar poder e renunciar de privilégios antes concentrados somente em prol de corpos hegemônicos. Este processo de conscientização e abertura de possibilidades se harmoniza com o que Linda Alcoff ensina que precisa ocorrer para que se busquem soluções eficientes para o problema de se falar pelos outros. Trata-se da necessidade de arredar um pouco para o lado e abrir espaços para que outras possam falar, possam ocupar, dizer o Direito e serem efetivamente ouvidas.

Quando alianças são firmadas, abrem-se novos caminhos para que juristas negras possam falar e serem ouvidas. Quando grupos hegemônicos se mobilizam para redistribuir privilégios e para abrir espaços de poder para uma disputa justa, corpos não-hegemônicos aumentam suas chances de contribuir efetivamente com seus outros modos de pensar, de produzir e de conduzir o Direito.

Conclusões

O Direito está em disputa, isto precisa ser repetido como um mantra. A construção das narrativas jurídicas, da produção da ciência do Direito está em disputa. Este fenômeno é incontornável e está atrelado ao processo de emancipação de corpos não-hegemônicos nos espaços de poder, como é o ambiente jurídico. A presença de juristas negras tensionando epistemologicamente a ciência jurídica é um sintoma deste novo cenário que se evidencia e fortalece.

Entretanto, para que as vozes, perspectivas, localização social e potencialidade discursiva destas juristas negras sejam seriamente consideradas, é fundamental que haja um movimento de legitimação destas agentes que disputam os espaços jurídicos. Enquanto prevalecer a defesa de uma única maneira de se compreender e produzir a ciência jurídica, a mensagem que se deseja transmitir é a de que o Direito não está interessado em visões que ultrapassem os limites estabelecidos pelos corpos hegemônicos, masculinos e brancos, que sempre dominaram a cultura (ou, melhor dizendo, monocultura) jurídica.

O processo de abertura do Direito aos corpos não-hegemônicos implica na necessidade de se repensar os espaços de acesso destes corpos que querem protagonizar e que disputam as narrativas jurídicas. Para que este movimento de abertura ocorra e seja efetivamente transformador, necessário se faz que alianças sejam estabelecidas e que grupos dominantes, porém, críticos e conscientes de seu histórico de privilégios injustos, se mobilizem para que juristas negras possam falar e garantir que sejam ouvidas. A voz negra ecoará tão mais longe quanto mais e maiores forem as portas que se abrirem ao seu redor. As alianças servem para abrir estas portas.

As juristas negras estão chegando para ocupar todos os espaços, este movimento é irreversível.

Referências

ALCOFF, Linda. *The Problem of Speaking for Others*. Cultural Critique n.º 20 (Winter, 1991-1992), pp. 5 – 32. Published By: University of Minnesota Press.

ALCOFF, Linda. O Problema de Falar pelos Outros. Tradução: Maria Angélica dos Santos. *In*: SALCEDO REPOLÊS, Maria Fernanda; VIANA, Igor Campos; BETTONI, Isabela de Araújo (orgs.). *Nas entranhas do Direito:* métodos e escritas do corpo. Belo Horizonte: Expert, 2022. Disponível em https://experteditora.com.br/nas-entranhas-do-direito-metodos-e-escritas-do-corpo/. Acesso em: 17 fev. 2023.

BHABHA, Homi K. *O local da cultura*. Belo Horizonte: Editora UFMG, 2013.

BOURDIEU, Pierre. *O poder simbólico*. São Paulo: Edições 70, 2011.

CARNEIRO, Sueli. *Escritos de uma vida*. São Paulo: Pólen Livros, 2019.

CELENTANI, Francesca Gargallo di Castel. *Feminismos desde Abya Yala. Ideas y proposiciones de las mujeres de 607 pueblos en nuestra América*.Ciudad de México: Editorial Corte y Confección, 2014.

CNJ – Conselho Nacional de Justiça. Pesquisa sobre negros e negras no Poder Judiciário. Brasília: CNJ, 2021. Disponível em https://www.cnj.jus.br/wp-content/uploads/2021/09/rela-negros-negras-no-poder-judiciario-150921.pdf. Acesso em: 17 fev. 2023.

COLLINS, Patricia Hill. *Pensamento feminista negro: conhecimento, consciência e a política do empoderamento*. São Paulo: Boitempo, 2019.

CURIEL, Ochy. Construindo metodologias feministas a partir do feminismo decolonial. 2014. *In*: HOLLANDA, Heloísa Buarque de (org.). *Pensamento feminista hoje*: perspectivas decoloniais. Rio de Janeiro: Bazar do Tempo, 2020.

EVARISTO, Conceição. *Becos da memória*. Rio de Janeiro: Pallas, 2017.

FIGUEIREDO, Angela. Carta de uma ex-mulata a Judith Butler. In: HOLLANDA, Heloisa Buarque (org.). *Pensamento feminista hoje:* perspectivas decoloniais. Rio de Janeiro: Bazar do Tempo, 2020.

GODOI, Marciano Seabra de; SANTOS, Maria Angélica dos. Dez anos da lei federal das cotas universitárias: avaliação de seus efeitos e propostas para sua renovação e aperfeiçoamento. *Revista de Informação Legislativa*: RIL, Brasília, DF, v. 58, n. 229, p. 11-35, jan./mar. 2021. Disponível em: https://www12.senado.leg.br/ril/edicoes/58/229/ril_v58_n229_p11. Acesso em: 17 jul. 2022.

GONZALEZ, Lélia. A categoria político-cultural da Amefricanidade. *In*: HOLLANDA, Heloísa Buarque de (org.). *Pensamento feminista hoje*: perspectivas decoloniais. Rio de Janeiro: Bazar do Tempo, 2019.

HARAWAY, Donna. Saberes Localizados: a questão da ciência para o feminismo e o privilégio da perspectiva parcial. *Cadernos Pagu* (5) 1995: pp. 07 – 41.

HOOKS, Bell. *Erguer a voz: pensar como feminista, pensar como negra*. São Paulo: Elefante, 2019.

KILOMBA, Grada. *Memória da plantação:* episódios de racismo cotidiano. Rio de Janeiro: Cobogó, 2019.

MBEMBE, Achille. *Crítica da razão negra.* Editora N-1 Edições. São Paulo, 2018.

NASCIMENTO, Beatriz. A mulher negra no mercado de trabalho. *In*: HOLLANDA, Heloísa Buarque de (org.). *Pensamento feminista hoje*: perspectivas decoloniais. Rio de Janeiro: Bazar do Tempo, 2019.

PAREDES, Julieta. *Hilando Fino desde el feminismo comunitário.* La Paz: Cooperativa El Rebozo, 2010.

SALCEDO REPOLÊS, Maria Fernanda. Ensino Jurídico, Transdisciplinaridade e Saberes Outros. *In*: FRANCISCHETTO, Gilsilene Passon P; OMMATI, José Emílio Medauar; GORETTI, Ricardo (coords.). *Educação jurídica e alternativas pedagógicas para uma formação crítica e emancipatória.* Coleção Teoria Crítica do Direito. Vol.9. Belo Horizonte: Conhecimento, 2020.

RIBEIRO, Djamila. *O que é lugar de fala?* Belo Horizonte: Editora Letramento: Justificando, 2017.

SAID, Edward W. *Orientalismo:* o Oriente como invenção do Ocidente. São Paulo: Companhia das Letras, 2007.

SANTOS, Maria Angélica dos. Rumo a uma hermenêutica indisciplinar: a indisciplinaridade como método de ensino e pesquisa no direito. *In*: SALCEDO REPOLÊS, Maria Fernanda; VIANA, Igor Campos; BETTONI, Isabela de Araújo (orgs.). *Nas entranhas do Direito:* métodos e escritas do corpo. Belo Horizonte: Expert, 2022. Disponível em https://experteditora.com.br/nas-entranhas-do-direito-metodos-e-escritas-do-corpo/. Acesso em: 17 fev. 2023.

SPIVAK, Gayatri Chakravorty. *Pode o subalterno falar?* Belo Horizonte: UFMG, 2010.

XAVIER, Giovanna. *Você pode substituir mulheres negras como objeto de estudo por mulheres negras contando sua própria história.* Rio de Janeiro: Malê, 2019.

Capítulo 7
Capital cultural branco e capital cultural negro: a pretinha, a mulher tornando-se negra e a mulher branca no mercado de trabalho à luz da teoria do capital cultural de Pierre Bourdieu

Larissa dos Santos Vaz Brandão
Luiza Nunes Lemos
Mayara Sant'Anna

"Nunca foi sorte, sempre foi Exu! Laroyè"

("Paulinho", medalhista de ouro nas Olímpiadas de Tóquio de 2021)

1. Introdução

Antes mesmo de iniciar, devemos traçar algumas considerações que irão permear nosso percurso, para deixar alguns pontos já delimitados. Este ensaio foi escrito a três mãos: por uma mulher negra, periférica, e mãe enquanto universitária; uma mulher preta, de família de classe média baixa, ex-moradora da Ilha do Governador, no Rio de Janeiro, filha de "mãe solo" e preta, criada também pela avó, preta; e uma mulher branca, não--periférica, de classe média do sul do país, casada com um homem preto e mãe de duas filhas com ele. Essas três mulheres optaram, cada uma, pela adoção de um eu lírico: "Pretinha", "Mulher tornando-se Negra" e "Mulher Branca", respectivamente.

Utilizar esses termos têm um propósito: "Pretinha", por muitos visto como jocoso para apresentar as compreensões do que é o Capital Cultural, se trata aqui de um recurso que visa demonstrar que, muito embora algumas vezes seja permitindo aos negros compartilhar o mundo de "superioridade" branca,[1] um longo caminho de aprendizados e lutas foi percorrido para que este compartilhamento fosse alcançado, e esta trajetória não pode ser deixada de lado e muito menos esquecida. A figura da "Pretinha" se inspira e dialoga com a antropóloga fictícia que se depara com *Os modernos na obra investigação sobre os modos de existência*, de Bruno Latour,[2] buscando trazer uma perspectiva racializada sobre o estudo.

A "Mulher tornando-se Negra"[3] visa trazer a perspectiva da mulher preta que buscou a todo custo a ascensão social para tentar se sentir aceita, tendo, até mesmo por isso, optado pelo Direito. Em busca desta aceitação e enquadramento em uma realidade muito distante dela, a Mulher tornando-se Negra foi, por muitas vezes, embranquecida e atualmente percebe o quanto ser negra e se enxergar, como tal é um processo diário, que exige atenção a todo o seu entorno e a todas as tentativas de apagamento da sua cor, da sua cultura, dos seus gostos, entendendo a importância da consciência de toda a sua negritude e seu papel na mudança da realidade da maioria dos negros e negras no Brasil. E mais: sabendo que não basta apenas discutir e ratificar a negritude em toda a sua potência, mas possuir olhar atento à branquitude, por tantas vezes esquecida, e aos seus pactos narcísicos, que preservam e mantém as pessoas brancas no centro e no poder, como bem ensina Cida Bento.[4]

Dialoga, assim, com a "Mulher Branca", que, por meio desse eu lírico, busca sair da inércia que costuma assolar muitos de seus pares, já que pessoas brancas não costumam pensar sobre o que significa pertencer a

[1] SCHUCMAN, Lia. *Entre o encardido, o branco e o branquíssimo*: branquitude, hierarquia e poder na cidade de São Paulo. 2012, 160 p. Tese (Doutorado em Psicologia Social), Faculdade de Psicologia, USP. São Paulo. p. 13.

[2] LATOUR, Bruno. *Investigação sobre os modos de existência*: Uma antropologia dos modernos. Tradução: Alexandre Agabiti Fernandez. Petrópolis: Vozes, 2019.

[3] Cf. SOUZA, Neusa Santos. *Tornar-se negro ou as vicissitudes da identidade do negro brasileiro em ascensão social.* Rio de Janeiro: Zahar, 2021. Referência ao livro da autora que conecta a psicanálise com as questões raciais e discute como as pessoas negras buscam incessantemente a ascensão social para sentirem-se aceitas social e emocionalmente.

[4] BENTO, Cida. *O pacto da branquitude.* São Paulo: Companhia das Letras, 2022. p. 18.

esse grupo.[5] Trata-se de uma inércia ancorada em uma democracia racial propagada, mas nunca vivenciada na realidade. A Mulher Branca mostra que também teve um percurso, certamente privilegiado, mas não de todo indolor: não tendo sido racializada, por integrar o grupo hegemônico e sistematicamente privilegiado em todos os âmbitos da sociedade, começar a enxergar a desigualdade racial é um processo dolorido, pois faz dela, de certa forma, também responsável. Responsabilizar-se nem sempre é fácil. Pensar em qual deve ser o seu papel em relação a essa desigualdade é um aprendizado constante. E observar que a maioria de seus pares opta por preservar o pacto da branquitude, ainda que sem consciência de que o faz, é uma tristeza que permanece.

Os três eu líricos que serão utilizados nesse texto partem, então, da máxima de que "perceber-se é algo transformador",[6] entendendo que, se não existe neutralidade, o ideal é assumir desde já uma perspectiva subjetiva e titularizada sobre o objeto de análise – ainda que (e especialmente) sob três subjetividades distintas. E este é um bom lugar para começarmos.

2. Por que falar de capital cultural?

Muito embora seja impossível evitar a sensação de desânimo decorrente do contexto político-econômico atual, não há como negar que a pauta antirracista vem progredindo como consequência de uma construção há anos pavimentada pelos movimentos negros e, mais recentemente, da emergência de uma intelectualidade negra, provavelmente fruto da política de cotas iniciada no Brasil em 2003. E o mercado de trabalho não é exceção, sendo visível a busca por implementação de políticas afirmativas em empresas, algumas focadas na contratação de negros e negras, outras ainda – mais raras – com foco na seleção de pessoas negras para cargos de gestão.

Contudo, se a maioria dos estudantes universitários nas faculdades públicas, graças à política de cotas, já é negra[7], o mesmo não se pode dizer

[5] RIBEIRO, Djamila. *Pequeno manual antirracista*. São Paulo: Companhia das Letras, 2019.

[6] Ibidem, p. 32.

[7] Pela primeira vez, os negros assumiram a maioria com 50,3% em 2018, segundo a pesquisa Desigualdades Sociais por Cor ou raça no Brasil, 2019. Fonte: IBGE. Disponível em: https://biblioteca.ibge.gov.br/visualizacao/livros/liv101681_informativo.pdf. Acesso em: 26 mar. 2023.

do mercado de trabalho, principalmente em cargos de gestão. Neste, 8,3% dos negros estão em cargos de supervisão/coordenação, 3,4% em cargos de gerência e apenas 0,7% ocupam cargos de Diretoria.[8]

As razões para isso são inúmeras, sendo possível citar o racismo estrutural, a ausência de negros em espaços de poder, os vieses inconscientes e os pactos de autopreservação das pessoas que se encontram em espaços de poder, ainda majoritariamente brancos. Essas são questões evidentes e que devem, urgente e necessariamente, ser compreendidas pela sociedade para o enfrentamento dessa mazela histórica. O tema deste texto intersecciona-se com todos esses, tentando responder: por que razão – mesmo com a política de cotas completando vinte anos, com debate público mais amplo e frequente acerca das questões relacionadas à igualdade racial e uma maior disponibilidade das empresas para implementar políticas de diversidade – os negros e negras ainda não conseguem ascender ao topo da sociedade? Por qual razão ainda permanece o ideal tácito de que não adianta o sujeito negro ter educação, casas de tijolos e ascensão social, pois, mesmo conquistando tudo isto, a racialização continua sendo fator de interdição de seu acesso ao grupo de elite?[9]

A hipótese que buscaremos demonstrar é que, no conceito de "Capital Cultural", de Pierre Bourdieu,[10] está uma das múltiplas respostas a essas questões, sendo uma delas especialmente significativa e que deve ser entendida e enfrentada.

3. O capital cultural de Pierre Bourdieu

Segundo Pierre Bourdieu, o Capital Cultural é um sistema de valores implícitos e profundamente interiorizados, sendo um *ethos* passado no seio da família como uma herança cultural, transmitido de forma osmótica, que diferencia indivíduos e é responsável pela desigualdade inicial das crianças

[8] Pesquisa Participação de negros em cargos de suporte, média e alta gestão, realizada pela plataforma Vagas.com, empresa de soluções tecnológicas de recrutamento e seleção, em setembro de 2020. Disponível em: https://vagas-static-upload.s3.amazonaws.com/Marketing/Tabelas%20-%20Participa%C3%A7%C3%A3o%20de%20negros%20em%20cargos%20de%20suporte%2C%20m%C3%A9dia%20e%20alta%20gest%C3%A3o%20.pdf. Acesso em: 26 de mar. 2023.

[9] RIBEIRO, 2019.

[10] BOURDIEU. Pierre. A escola conservadora: As desigualdades frente à escola e à cultura. *In: Escritos de Educação*, Petrópolis: Vozes, 2003.

durante a experiência escolar e, consequentemente, pelas taxas de êxito delas na escola e na vida profissional.[11]

Possuir Capital Cultural significa, em outras palavras, ter familiaridade com o que é considerado de bom gosto pela elite – conhecer obras de arte, peças teatrais, museus, concertos ou shows, frequentar os mesmos locais de lazer que os integrantes dela –, mas, para além disto, são fatores que contribuem para a construção de relações e criação de vínculos que automaticamente excluem aqueles que não detêm os mesmos códigos. Pode ser entendido também como uma conjunção de signos relacionais, por meio da qual dois ou mais sujeitos traçam fatores que contribuem para a criação de laços, um vínculo gerado pelo pertencimento a algo em comum.

A Mulher Branca estudou em uma escola particular, frequentada pela classe média, do sul do país. Seus colegas – brancos – frequentavam os mesmos restaurantes, admiravam obras culturais similares, viajavam para os mesmos lugares. Ao entrar no mercado de trabalho, não houve mudança significativa: eram ainda aqueles os seus pares. E, para ela, parecia que bastava desempenho, que ascensão profissional dependia tão somente de mérito, já que todos eram, na base, iguais.

O que a Mulher Branca não sabia então – entre muitas outras coisas – é que, em se tratando do Capital Cultural, a igualdade formal que pauta a prática pedagógica serve como máscara e justificativa para a indiferença no que diz respeito às desigualdades reais diante do ensino e da cultura transmitida[12] e que esses parâmetros culturais – baseados em ideologias universalistas, cosmopolitas e pautadas pela igualdade formal – são absolutamente incompatíveis com a desigualdade racial vivenciada em forma de pobreza, desemprego e privação material.[13]

Cabe ressaltar que existe uma vasta gama de signos que podem estar inseridos sob o "guarda-chuva" do Capital Cultural, como a própria linguagem, a forma de comunicação, o tratamento dos iguais e desiguais, a forma de pensar, os costumes e ritos de determinada camada social. Exemplo disto são pessoas provenientes da mesma região demográfica

[11] Ibidem.

[12] Ibidem.

[13] ALMEIDA, Silvio Luiz de. *Racismo estrutural*. Coleção Feminismos Plurais, coord. Djamila Ribeiro. São Paulo: Sueli Carneiro; Pólen, 2019. p. 81, [grifo das autoras].

frequentemente se reconhecem com facilidade, se entendem, conseguem ter empatia umas pelas outras, sensibilidade e um senso de autoproteção.

A Mulher tornando-se Negra foi criada por duas mulheres pretas, "mãe solo" e avó viúva, que cuidaram dos seus estudos como quem cuida de uma joia preciosa que precisa ser lapidada e tratada como prioridade, pois a ela só cabia estudar, se formar e trabalhar duro "para ser alguém na vida". Quando conseguiu entrar na faculdade de Direito da UFRJ, em 2009, na primeira turma do semestre, a composta pelos/as alunos/as que tiveram as melhores notas no vestibular, surpreendeu-se com uma turma de 90 (noventa) estudantes, entre os quais estavam somente 2 pessoas pretas – ela e um colega.

A faculdade abriu inúmeras portas e novas direções, mas elas pareciam estar dissociadas da negritude e da vida a que estava acostumada, pois tudo parecia tão branco e elitista, que "esquecer" que é negra e adentrar ou tentar se inserir naquele ambiente parecia o caminho mais fácil: embranquecer-se para alcançar algum tipo de liberdade, afastando-se de sua negritude. Nesse sentido, elucida Neusa Santos Souza:

> E como naquela sociedade o cidadão era o branco, os serviços respeitáveis eram os 'serviços de branco', ser bem tratado era ser tratado como o branco. Foi com a disposição básica de ser gente que o negro organizou-se para a ascensão, o que aqui vale a dizer: foi com a principal determinação de assemelhar-se ao branco – ainda que tendo que deixar de ser negro – que o negro buscou, via ascensão social, tornar-se gente.[14]

Por se tratar de um *ethos*, não se pode compreender o Capital Cultural como um fator meramente processado de modo consciente pelo cérebro, pois ele funciona mais na área ligada aos vieses inconscientes, tema tratado pelas ciências comportamentais. Ademais, apesar de ser uma herança passada pela família através das relações cotidianas, ainda assim existem sujeitos que conseguem obter determinados Capitais que os auxiliam na construção de relações. O Capital Cultural não se trata, portanto, de um conhecimento intrínseco e exclusivo de uma determinada camada social, sendo seu acesso possível por pessoas de outros estratos sociais.

[14] SOUZA, 2021, p. 50.

Deste modo, uma pessoa de origem social não hegemônica pode, sim, estabelecer os vínculos gerados pelo Capital Cultural, sendo, no entanto, algo mais difícil de se obter. Por exemplo, como a Mulher tornando-se Negra, alunos provenientes de escolas públicas do Brasil inteiro conseguem entrar nas universidades públicas, o que já ocorria mesmo antes do sistema de cotas. No entanto, para que o *animus* de entrar na universidade pública exista, *a priori*, é necessário que se tenha informação sobre ela, determinado nível de conhecimento escolar e condições de utilizá-lo no dia do vestibular.

A Pretinha entrou na universidade pública – graças à sua mãe, que a ensinou desde pequena sobre aquela instituição – na primeira turma com cotistas de uma faculdade elitista e branca que postergou o quanto foi possível a inserção de cotistas pretos. Entrar na universidade pública dos sonhos, ainda assim, representou algo: uma possibilidade de elevação social, um status secreto compartilhado por poucos e que somente quem ali estava conhecia.

Vale ressaltar a relevância que a equidade pode assumir, se pensamos que o Capital Cultural é um sistema que funciona como um aglutinador de iguais e, ao mesmo tempo, como segregador dos desiguais, atuando muitas vezes de forma implícita e não completamente consciente, além de ser uma forma de filtragem sobre quem o detém, podendo passar por atualizações temporais. A Pretinha então constata que, tal qual Michel Foucault destrincha longamente, o Capital Cultural se trata de uma das formas de exercício do poder.[15]

A Mulher Branca também ingressou na universidade pública, mas de forma inversa, ou seja, após ter toda uma vida escolar focada em atingir esse objetivo, com o conhecimento sobre o que ele significava e das chances que tinha de consegui-lo – afinal, as pessoas que tinha como referência de ingresso em universidades públicas vinham do mesmo contexto que ela.

Quando a Mulher Branca estava no segundo ano, a política de cotas foi implementada na universidade. Só quando foi confrontada com um ambiente mais diverso é que ela percebeu: que não foi o mérito que a levou até lá, mas as reiteradas oportunidades que teve ao longo da vida; que, na própria universidade, mesmo com a política de cotas em vigor,

[15] FOUCAULT, Michel. *Microfísica do poder*. Tradução Roberto Machado. 5. ed. Rio de Janeiro: Paz e Terra, 2001.

o Capital Cultural Branco lhe dava mais acesso a oportunidades do que tinham alguns colegas pretos; e que ela vivia em um grupo comprometido com a autopreservação dos seus próprios privilégios. A Mulher Branca então compreendeu a força do Capital Cultural Branco e a importância do sistema de cotas raciais para reduzi-la.

3.1. Capital cultural branco ou a forma de propagação da colonialidade

> (Lia) Então, você acha que o fato de imigrantes que vieram e conseguiram ter dinheiro, depois de três gerações, está ligada à cultura?
>
> Sim, imagina: eles sempre estudaram, não são analfabetos, tiveram acesso às letras, às ciências matemáticas, eles tiveram acesso ao conhecimento. E, quando eles chegaram aqui, se não [o] tinham, foram construindo. Você não [vê] imigrante europeu sem estudar, sempre foi muito forte essa história do estudo, é um valor básico da sociedade deles. Diferente da cultura dos africanos, que são mais flexíveis quanto à ética moral [sic], é só ver a religião deles, não tem esse negócio de fazer o bem. E eles dão mais valor para música, divertimento e essas coisas, enquanto o europeu, ao trabalho e estudo.[16]

A epígrafe que abre esta seção reproduz a fala de um entrevistado da pesquisa de doutorado em Psicologia Social de Lia Schucman,[17] por meio da qual a autora buscou entender quais os fatores que perpetuam o racismo no contexto paulista. Este fragmento de texto, apesar das críticas que Pretinha tenha quanto ao seu conteúdo, é importante para enfatizar a relevância que o Capital Cultural tem e como ele permanece sendo um dos propagadores do racismo emanado pela macroestrutura social. Lembrando que o Capital Cultural é um sistema de códigos que estabelecem relações, Pretinha reflete que é possível compreendê-lo, então, como um fator que garante a supremacia branca no exercício do poder.

[16] Cf. SCHUCMAN, 2012, p. 75. Um dos entrevistados por Lia Schucman para sua tese de doutorado *Entre o encardido, o branco e o branquíssimo*: Branquitude, hierarquia e poder na cidade de São Paulo (2012), Marcelo fala sobre porque pensa que os cargos de maior nível hierárquico pertencem a pessoas brancas.

[17] SCHUCMAN, 2012, p. 74.

Também a partir desta epígrafe, é importante ressaltar o significado que as classes cultas conferem ao saber erudito e à instituição encarregada de perpetuá-lo e transmiti-lo.[18] O entrevistado revela um fato importante: ele não tem relações com negros e, por isso, não reconhece neles história, valores culturais e religiosos socialmente aceitos. Em sua visão, faltam aos negros a cultura do esforço e do estudo.

A Mulher tornando-se Negra percebe que, na análise de Lia Schucman[19] sobre a branquitude paulistana, é possível observar, nos sujeitos entrevistados, a insistência em discursos culturais ou de base biológica que estabelecem uma hierarquia (e não uma diversidade). Esta autora aponta que a branquitude é reproduzida não só por fatores estéticos, mas também por outros fatores como regionalidade, proveniência dos descendentes, riqueza, entre outros. Isso permite concluir que a ideia de superioridade moral e intelectual – portanto, o racismo – ainda faz parte de um dos traços unificadores da branquitude.[20] E, em se tratando de Capital Cultural, no caso brasileiro, a visão de signos agregadores de similaridade entre indivíduos é aplicável de forma mais efetiva a pessoas como a Mulher Branca: brancas, provenientes das regiões Sul e Sudeste e com conhecimento de sua descendência europeia.

A Pretinha analisa que o Capital Cultural Branco pertence única e exclusivamente aos que constituem os altos níveis das fronteiras internas da branquitude,[21] ou, ainda, daqueles que conseguem caminhar entre elas, o que pauta as possibilidades de maior permeabilidade dentro das estratificações derivadas da classe social. O Capital Cultural estabelecido como socialmente aceito, então, é um Capital Cultural Branco: ele é adquirido de forma osmótica e intrafamiliar; pode ser visto como um tipo de valor propagado socialmente; e, apesar de difícil acesso, é possível de ser conhecido por aqueles pertencentes a outros grupos.

Por presenciar o impacto social positivo da lei de cotas e, posteriormente, ao casar-se com um homem preto, a Mulher Branca começou a entender o seu *locus* social e de que ponto partia para pensar e existir no mundo, o que lhe permitiu compreender seus privilégios e, consequentemente,

[18] BOURDIEU, 2003.

[19] SCHUCMAN, 2012.

[20] SCHUCMAN, 2012.

[21] SCHUCMAN, 2012, p. 108.

suas responsabilidades.[22] Neste sentido, entender as formas geralmente aceitas para estabelecer um vínculo comunicativo, como o Capital Cultural Branco, ajudou-a a perceber as suas vantagens numa sociedade plenamente estratificada. E, ainda, que essa perspectiva pode nos ajudar a compreender os porquês de alguns vínculos não serem formados e auxiliar a destrinchar o eco gerado entre emissor e o destinatário.

A Mulher tornando-se Negra passou a refletir sobre este eco, ou fricção entre saberes e conhecimentos, que permite a prevalência do Capital Cultural Branco sobre outros tipos de saberes. Ela passou a entender que, por se tratar de um reflexo dos usos e costumes socialmente aceitos, os saberes valorizados são os brancos e eurocêntricos e, por isso, de forma inconsciente, foi o que ela buscou durante a juventude e parte da vida adulta. Percebeu que é por esta razão que há um "apagamento sistemático de produções e saberes produzidos por grupos oprimidos",[23] pois até mesmo para esses grupos minorizados existe uma busca pelo que é preciso para serem aceitos em locais ainda majoritariamente brancos. Um processo de esquecimento de quem, de fato, se é.

Tal fricção é denotada também pela falta de reconhecimento quanto à necessidade de produzir conhecimento científico sobre as pessoas racializadas. Assim, se as doenças mais pesquisadas são as que afligem predominantemente pessoas brancas e os pesquisadores contidos nas escolas e universidades são predominantemente homens, brancos e cis, os temas de pesquisa que recebem financiamento são, em sua maioria, aqueles que obedecem ao Capital Cultural Branco.

Dessa maneira, o sistema reprodutor desse capital se reitera enquanto exercício de poder, seja pelos próprios pretos que estão em processo de entender o seu valor e papel dentro da sociedade – em uma eterna dicotomia entre reconhecer-se enquanto negro e, ao mesmo tempo, enquadrar-se em uma sociedade ainda tão branca –, seja pelos brancos, através dos pactos de autopreservação da branquitude, como defende Cida Bento.[24]

[22] RIBEIRO, 2019, p. 33.

[23] RIBEIRO, 2019, p. 61.

[24] BENTO, 2022.

3.2. Capital cultural, pacto da branquitude, meritocracia

Após o estabelecimento do que chamamos aqui de Capital Cultural Branco, passamos então a descrever os fatores de cristalização da hierarquia desse Capital ante outros possíveis modos de existência.[25] Pensemos então sobre a ideia de superioridade racial (e todos os entes que a compõem): ela se dá por meios diretos ou indiretos?

Apesar de alguns ainda acreditarem somente na forma direta, a ideia de superioridade racial se dá de ambas as formas, inclusive de forma indireta ou, às vezes, inconsciente. Muitos são os pontos que contribuem para pensarmos a manutenção estrutural do racismo, sendo, um deles, o pacto da branquitude. A psicóloga social Cida Bento[26] esclarece os motivos pelos quais as pessoas pretas, ainda que qualificadas, são preteridas nos processos seletivos de trabalho, no sentido de que tanto as instituições privadas quanto as públicas e as sociedades civis possuem o perfil de seus empregados e lideranças – majoritariamente masculino e branco, afirmando que:

> Esse fenômeno tem um nome, branquitude, e sua perpetuação no tempo se deve a um pacto de cumplicidade não verbalizado entre pessoas brancas, que visa manter seus privilégios. [...]
>
> Esse pacto da branquitude possui um componente narcísico, de autopreservação, como se o 'diferente' ameaçasse o 'normal', o 'universal'.[27]

A Mulher Branca percebe que uma decorrência lógica desse pacto não verbalizado é a discriminação que ocorre dentro das organizações, havendo a tentativa de se atribuir, à democratização de espaços institucionais, uma ideia meramente racional, que visa justificar as desigualdades a partir do conceito de meritocracia. E essa privilegia o conjunto de habilidades intrínsecas de uma pessoa, deixando de lado sua relação com todo o contexto socioeconômico, racializado e histórico do grupo no qual está inserida.

É neste sentido que chegamos à conclusão de que as competências exigidas nesses espaços normalmente estão ligadas aos códigos da cultura

[25] LATOUR, 2019.
[26] BENTO, 2022.
[27] BENTO, 2022, p.18.

organizacional adquirida em locais estratégicos, com lideranças e grupos elitizados, ou seja, o próprio Capital Cultural Branco, sendo que essa experiência normalmente não é acessada pelos grupos minorizados. Como exigir deles uma competência da qual foram historicamente excluídos?

Lia Schucman, apoiando-se em Cida Bento, faz uma análise do pacto narcísico da branquitude existente entre brancos, sendo que ele necessariamente se estrutura na negação do racismo e desresponsabilização pela sua manutenção. Ainda, continua, trata-se de alianças inconscientes, intergrupais, caracterizada pela ambiguidade e, no tocante ao racismo, pela negação do problema racial, pelo silenciamento, pela interdição de negros em espaço de poder, pelo permanente esforço de exclusão moral, afetiva, econômica e política do negro, no universo social. Assim, citando Bento, Schucman reforça que a branquitude é "um lugar de privilégio racial, econômico, e político, no qual a racialidade, não nomeada como tal, carregada de valores, de experiências, de identificações afetivas, acaba por definir a sociedade."[28]

A Mulher tornando-se Negra percebe que os contornos do pacto da branquitude em muito se assemelham à ideia de Capital Cultural. Em ambos, as estruturas são criadas para ocorrer a manutenção de uma elite, intelectual e/ou econômica, no exercício do poder. E essa problemática não é somente baseada nos pontos de conexão que possa haver entre os indivíduos, mas também sobre a facilidade de criar laços com nossos iguais e o papel que a falta desses mesmos laços pode gerar na exclusão de uma parte considerável da sociedade.

Conhecidos os respectivos contextos, nos permitimos então pensar: seria um evento trivial ver a Pretinha, a Mulher tornando-se Negra e a Mulher Branca compartilhando espaços de poder? Provavelmente apenas mediante a adesão das duas primeiras ao Capital Cultural Branco, no qual estão todas imersas.

Essa é a razão de haver um processo circular e degenerativo entre as pessoas negras escolhidas a dedo para adentrarem no corpo social elitista, precisando antes se destituírem de todas as características iniciais que lhes davam razão de existência e imbuir-se das características compreendidas no Capital Cultural Branco. O recado dado à Pretinha e à Mulher tornando-se

[28] BENTO, 2005 apud SCHUCMAN, 2012, p. 28.

Negra é: adeque-se ao Capital Cultural Branco, finja pertencer a ele ou será por ele excluído. A Mulher Branca precisa estar constantemente atenta para que não seja ela, ainda que inconscientemente, a dar esse recado.

O mundo corporativo pode ser bastante desafiador para pessoas recém-chegadas ao ambiente de trabalho e uma maior fluência na linguagem corporativa e códigos sociais envolvidos nesse universo pode diminuir o impacto desse desafio. Falar a língua do seu chefe pode abrir portas e, possivelmente, será um ótimo atenuador em relação aos erros cometidos da vida profissional. É necessário muito mais do que bons vínculos para o sucesso de uma carreira profissional, mas eles ainda são facilitadores de acesso.

E, neste sentido, com todas as diferenças em suas subjetividades, a Pretinha, a Mulher tornando-se Negra e a Mulher Branca acessaram, às suas maneiras, os locais de poder em que é possível obter, no todo ou em parte, esse Capital Cultural Branco, o que sem dúvidas lhes deu voz. Ousamos dizer que isso só foi possível por já pertencer a esse lugar, no caso da Mulher Branca, ou por compreender e buscar esse Capital Cultural hegemônico Branco, no caso da Pretinha e da Mulher tornando-se Negra, pois sabiam que ele era necessário para a sua ascensão social.

E, ao tornarem-se mulheres conscientes, compreenderam que devem atuar de forma proativa para que, gradualmente, esta realidade discriminatória seja diminuída; que essa busca passa a ser indissociável do próprio ser; e que, estando o Brasil e em programas de inclusão de pessoas pretas e grupos minorizados no ambiente de trabalho, o entendimento sobre Capital Cultural Branco é fundamental, pois permite entender o porquê pessoas negras têm dificuldade para se inserir em posições de liderança. Permite também buscar soluções, como fomentar novas pesquisas sobre o grau de aceitação de pessoas negras, pormenorizando fatores importantes sobre o quão aceito o Capital Cultural Negro é em relação ao entorno branco ao qual está submetido e, ainda, sobre a importância de ações afirmativas na desconstrução dos pactos narcísicos da branquitude e um de seus maiores pilares, a ideia equivocada de meritocracia.

4. Capital cultural negro, modos de (r)existência negra e a atualidade

> Parece-me que, de fato, foi este acoplamento entre o saber sem vida da erudição e o saber desqualificado pela hierarquia dos conhecimentos e das ciências que deu à crítica destes últimos anos sua força essencial.[29]

Entendido o Capital Cultural Branco, nos voltemos agora ao que chamamos aqui de raízes do Capital Cultural Negro brasileiro. Da importância que ele pode ter para a Pretinha e para a Mulher tornando-se Negra. É relevante, neste ponto, destacar algumas de suas formas, bases e processos de resistência culturais, pois, apesar de todo o emprego de métodos para sua invisibilização, como os ataques estatais em busca de diminuir e até mesmo apagar a história e o legado negro no Brasil, houve também uma verdadeira luta, ainda longe de ser finalizada, para tornar a história dos povos diaspóricos brasileiros em uma história da cultura brasileira.

Sabe-se que o embranquecimento brasileiro se inicia ainda no período colonial, quando, apesar de depender da mão de obra escrava negra, os colonizadores tentaram realizar um processo de aculturação dos africanos em diáspora, proibindo práticas religiosas não católicas, por exemplo. Resistir era preciso, de modo que formas de adaptação dos cultos afro foram realizadas para enganar os brancos, algo que é, por si só, terrível, mas do contrário as pessoas escravizadas seriam punidas. Era necessário adaptar-se aos costumes colonizadores[30] e qualquer semelhança com o que ainda ocorre em relação ao Capital Cultural Branco não é mera coincidência.

A religião é fator importante para a disseminação da cultura. Não por acaso, o Estado brasileiro buscou exterminar tanto a religião quanto o povo que a cultuava. Apesar de, à época, já haver diversos negros libertos, a escravização permanecia como uma das políticas estatais no país, uma vez que a música, a capoeira e as festas dos santos ainda eram restritas às senzalas e aos quilombos espalhados pelo território nacional. Assim, é

[29] FOUCAULT, 2001, p. 96.

[30] Cf. SILVA. 2017, p. 84: "No período do domínio português, as práticas religiosas não católicas eram proibidas e passíveis de punições via tribunal do Santo Ofício da Inquisição. Muitos africanos e seus descendentes foram punidos por praticarem-nas."

inegável que o país foi construído em bases racistas, que visavam apagar a história negra, em um processo de aculturação com o uso do aparato coativo do Estado.

Nesse ponto vale uma pequena explicação: a narrativa contada nos livros de história não é de todo fidedigna, já que foi realizada a partir de um olhar único da população hegemonicamente dominante. Os livros não contam a histórica negra com precisão, motivo pelo qual a resistência da população preta se deu, preponderantemente, por meio da oralidade, a qual conta, por exemplo, sobre Tereza de Benguela, que liderou um quilombo por duas décadas contra tropas imperiais; versa sobre Luiza Nahin, que lutou bravamente pela abolição da escravidão e gerou Luiz Gama, reconhecido como um dos melhores advogados brasileiros da história, mesmo sem o título de advogado.

Em termos de legislação, o Código Criminal de 1830, muito influenciado pela revolução haitiana, punia pessoas negras com morte pelo crime de insurreição, em que se tratava como crime a reunião de 20 ou mais escravos que buscavam a liberdade por meio da força[31] e continha proibição taxativa a qualquer culto outro que não fosse a religião do Estado[32] (a católica). Pode-se falar também do Decreto n.º 847/1890, que, mesmo após a abolição, proibia a prática da capoeira, a luta que muitas vezes era a única forma de defesa de ex-escravizados contra brancos.

Mesmo após a abolição da escravização, já quase em meados do século XX, o Estado continuava a combater a existência negra, desta feita por meio da Lei da Vadiagem[33], reconhecido marco histórico brasileiro que criminalizou o desemprego, à época, causando o agravamento das condições de vida e o encarceramento da população desempregada – que

[31] Cf. Lei de 16 de dezembro de 1830, Código Criminal do Império do Brasil. Art. 113 e seguintes Código Criminal do Império: Julgar-se-ha commettido este crime, retinindo-se vinte ou mais escravos para haver a liberdade por meio da força.

[32] Cf. Lei de 16 de dezembro de 1830, Código Criminal do Império do Brasil. Art. 276 e seguintes, Código Criminal do Império: Celebrar em casa, ou edifício, que tenha alguma forma exterior de Templo, ou publicamente em qualquer lugar, o culto de outra Religião, que não seja a do Estado.

[33] Cf. Decreto-Lei n.º 3.688, de 3 de outubro de 1941. Art. 59. Entregar-se alguém habitualmente à ociosidade, sendo válido para o trabalho, sem ter renda que lhe assegure meios bastantes de subsistência, ou prover à própria subsistência mediante ocupação ilícita: Pena – prisão simples, de quinze dias a três meses.

"coincidentemente" era, em sua maioria, composta por ex-escravizados. Essa lei, embora pouco aplicada, ainda existe no Brasil e é considerada uma contravenção penal.

A passagem do tempo contribuiu para a expulsão de negros e negras da sociedade e para a progressão para um regime quase que de *apartheid*, no qual brancos viviam nos centros das cidades e pessoas racializadas, nas favelas –bastante próximas, porém muito distantes [34]. Paradoxalmente, é nesse momento em que os/as favelados/as desenvolvem seu próprio *ethos*, seu sistema de valores e identidades, retomando a herança cultural negra com aquilombamentos criados próximos à sociedade branca.

O Capital Cultural Negro, por mais difícil que seja de definir, ainda assim é tão potente que, em 1931, é criada a Frente Brasileira Negra, movimento que anos mais tarde chega a ser uma das influências do movimento Panteras Negras, nos Estados Unidos, e cria uma geração que busca por uma forma de sair da situação de opressão vivida na década de 1930. Apesar das barreiras sociais da época, inicia-se um processo de abertura da cultura da favela para o grande público: o samba, a capoeira e a fé afrodiaspórica saem do morro e tomam o asfalto. Vagner Silva é bastante elucidativo sobre tal período histórico:

> É impossível dissociar, por exemplo, na origem do samba carioca a presença de músicos filiados às casas de candomblé, como João da Baiana, Pixinguinha, entre outros. Carmen Miranda, com sua indumentária estilizada de baiana ou mãe de santo, levou a música popular brasileira para o exterior cantando elementos dessa religiosidade. Na literatura, Jorge Amado, um dos mais populares escritores brasileiros, desde suas primeiras obras na década de 1930, escolhera o povo de santo baiano como inspiração para seus heróis, heroínas e personagens míticos, como Antonio Balduíno, Jubiabá, Pedro Archanjo, Dona Flor, Vadinho, etc.

Tal saída é realizada por meio da arte, que busca referências verdadeiramente brasileiras na favela. Assim, grande parte da camada artística do século XX, resgatou e tornou pública a fé nas religiões afrodiaspóricas, que, até 50 anos, antes eram criminalizadas e discriminadas pela camada política. Sobre o tema, Jocélio Teles Santos, por meio das palavras de um

[34] Processo conhecido como gentrificação.

padre, traça um perfil do povo de santo que tinha descoberto a fé dos orixás:

> Por parte de pessoas das camadas mais intelectualizadas e de maior poder aquisitivo "que buscavam um certo esnobismo cultural de volta às formas mais populares da cultura nacional e também [...] uma procura de algo místico e religioso". E observava: "quer-se uma religião que não exija muito e acrescente-se a tudo isso o fato de um indisciplinado desejo de, fomentando o turismo das classes altas, procurar-se o original e diferente que possa haver nas várias regiões do país"[35].

A retomada negra, ocorrida após a década de 50 do século XX, e das religiões afro-brasileiras se deu, portanto, predominantemente pelas camadas artísticas, intelectuais e elitizadas, o que corrobora o fato de podermos falar sobre o impacto cultural ali presente e a importância do Capital Cultural Negro. Não se trata somente de negros favelados cantando e dançando ao som de tambores na TV, se trata de uma elite econômica que vê, nas religiões afro-brasileiras, imaginários que não conseguiam encontrar na religião que seus ancestrais propagaram a custo de sangue.

É no contexto da ditadura militar que a (r)existência negra ressurge por meio do Movimento Negro Unificado-MNU em 1978, após inúmeras atrocidades cometidas pelos militares no poder contra pessoas negras e, como estopim, depois do assassinato cruel de Robson Silveira da Luz. O movimento em plena ditadura militar denunciou o mito da "democracia racial" estimulada por Gilberto Freyre nos idos anos 1920 e que ainda permanece, para as pessoas integrantes da elite, como uma "verdade".

No entanto, apesar da interminável luta, com o passar dos anos e após 3 ondas do movimento negro no Brasil, o Capital Cultural Negro continua a resistir. Agora através de figuras como Lélia Gonzalez, Sueli Carneiro, Milton Santos, Cida Bento, Kabengele Munanga, entre outros, que são tidos como uma intelectualidade negra, que puderam formar escola e desenvolver uma nova geração de pensadores negros das questões de raça e classe. Importante mencionar também Silvio Almeida, Marielle Franco e Thiago Amparo, por exemplo, que tiveram a difícil missão de popularizar

[35] TELES SANTOS, Jocélio. *O poder da cultura e a cultura no poder*: a disputa simbólica da herança cultural negra no Brasil. Salvador: Edufba, 2005.

o tema do racismo no Brasil e, assim, conseguir alcançar desde as camadas mais baixas da população até a elite que, hoje, se vê amedrontada com os debates acerca de como o racismo se estrutura no país. Estaríamos em uma 4ª onda do movimento negro?

O desenvolvimento desta intelectualidade negra, inclusive, somente acontece uma vez que estes pensadores detêm, em certa medida, parte do Capital Cultural Branco – e ainda assim eles ainda não são verdadeiramente reconhecidos como tal ou, ainda, quando são, se inserem em áreas tidas como inferiores do conhecimento científico.

Todo esse movimento cultural de retorno ao afro, além de uma busca por reconhecimento do que havia sido negado, cria um cenário propício para que políticas públicas passem a não mais coibir a cultura negra, mas, pelo menos em uma fachada, desenvolver uma cultura nacional em que o samba, o maracatu, o carnaval e assim por diante, passassem de um status de rebaixamento por lei a propagadores da cultura e abertura turística brasileira.[36]

Trazendo esses acontecimentos para os dias atuais, em um momento em que houve o aprofundamento das desigualdades sociais com a pandemia de covid-19, a igualdade racial é tema que vem sendo altamente debatido e está no holofote das grandes empresas e nos meios de comunicação. A cultura negra e as religiões de matriz afro estão nos produtos culturais, como novelas, séries e filmes, e são temas de grandes escolas de samba. Assim, cabe o questionamento: as pessoas pretas estariam finalmente reforçando a existência do Capital Cultural Negro ou apenas se inserindo no Capital Cultural Branco?

Essa indagação se faz por demais oportuna, pois se a resposta for positiva para a segunda pergunta, entender-se-ia que estamos novamente apenas nos adequando à nova ordem social vigente, sem aprofundar as mudanças estruturais que devem ser feitas. Ocorre que, conforme menciona Milton Santos, quando a crise é estrutural, como é o caso, ela demanda soluções estruturais. Outras formas de solução tendem apenas a gerar mais crise[37].

[36] SILVA, 2017.

[37] SANTOS, Milton. *Por uma outra globalização*: do pensamento único à consciência universal. 32. ed. Rio de Janeiro: Record, 2021, p. 44.

E a preocupação se faz necessária quando a Mulher tornando-se Negra reflete sobre o processo de embranquecimento ocorrido com ela própria para se sentir enquadrada no grupo branco elitizado, sendo que até ser exceção nesse ambiente confirmaria a regra. Neuza Santos Souza resume bem esta dicotomia, quando aduz que:

> o meio negro se dividia: de um lado ficavam aqueles que se conformavam com "a vida de negro", e de outro, os que ousavam romper com o paralelismo negro/miséria. Uns e outros hostilizavam-se reciprocamente. Os primeiros, pelo ressentimento de não "subir na vida" e pela convicção de que perderiam o antigo companheiro, que, ao ascender, se afastaria do meio negro. Os outros, por um sentimento de retaliação frente à hostilidade dos primeiros e pela tendência a assimilar o discurso ideológico da democracia racial que vê o negro que não sobe como desqualificado, do ponto de vista individual. Assim, o negro que conseguia romper com todas essas barreiras e ascender tornava-se exceção. [...]
>
> Enquanto exceção, "confirmava a regra", já que seu êxito não trazia como consequência uma reavaliação das condições de possibilidade do negro enquanto grupo, nem uma mudança de sua posição na ordem vigente. Como exceção, perdia a cor:[38]

A Mulher tornando-se Negra, então, não deseja ser exceção e tampouco "perder a sua cor", mas, sim, ser pessoa capaz e engajada na alteração dessa realidade quase que estática que nos leva sempre ao mesmo ciclo vicioso de poder. E não somente resistir, mas existir a partir do Capital Cultural Negro e em toda a sua negritude, não mais embranquecida.

A Pretinha, por sua vez, entende que o Capital Cultural Negro não é produção individual e única, uma vez que é impossível construir uma coletividade sem a coletividade. Assim, o Capital Cultural Negro se trata de construção temporal gerada pela reprodução de costumes e criação de um fazer.[39] Ou seja, de não esquecer suas raízes, pois é a partir de movimentos contínuos de apropriações e modificações, que são realizados de forma hodierna e constante, que fluiremos dentre os brancos sem nunca

[38] SOUZA, 2021, p. 52.

[39] LATOUR, 2019.

pertencer ao grupo deles.[40] Adaptações temporais são fatores comuns da cultura, uma vez que a cultura não é algo imutável.

A Mulher Branca quer apenas ouvir e aprender com a Pretinha e a Mulher tornando-se Negra.

Conclusões

Buscar delimitar as facetas do racismo brasileiro é tarefa árdua, já que esse trabalha de forma muitas vezes implícita e indireta. A segregação racial pode ser entendida por diversos fatores. Neste artigo, visamos refletir, partindo de três pontos de vista distintos, sobre a faceta que se dá de forma mais silente, inconsciente e que reitera e ratifica as formas de dominação pelo grupo hegemônico: o Capital Cultural Branco. E sobre como a história da população negra, baseada na resistência e na busca pela manutenção e não apagamento da sua cultura, é capaz de mostrar que a valorização do Capital Cultural Negro é uma das saídas na luta contra tal segregação.

Pensar em um Capital Cultural Negro é refletir sobre a cultura, a arte, a religião do povo negro, os seus costumes e práticas que foram, desde o seu início, rechaçadas, violentadas e apagadas para que fosse possível a manutenção da hegemonia do Capital Cultural Branco – e, com ele, a manutenção dos privilégios da branquitude. Pensar em Capital Cultural Branco, por outro lado, é perceber que a branquitude não reconhece como válidos os outros saberes produzidos. E que buscar se adequar ao Capital Cultural Branco é requisito intrínseco para as pessoas pretas conseguirem se inserir, ainda que como exceção, nesse sistema hegemônico.

As conclusões a que chegam Pretinha, Mulher tornando-se Negra e Mulher Branca é que o Capital Cultural Branco pode ser visto como forma de reprodução e manutenção da branquitude no poder, através de pactos invisíveis de autopreservação. As crenças de que "não existe racismo no Brasil" e de que a pessoa preta não possui qualidade e/ou qualificação o suficiente para ser inserida no mercado de trabalho, ignoram o passado escravocrata, de marginalização e encarceramento da população negra, de apagamento das suas raízes culturais e históricas e, finalmente, da retirada das suas oportunidades de crescimento.

40 COLLINS, Patricia. Aprendendo com a *outsider within*: a significação sociológica do pensamento feminista negro. *Sociedade e Estado* (online) v.31, n.1, p. 99-127, 2016.

As pessoas pretas que conseguem ocupar algum espaço de poder devem possuir as competências relacionadas ao Capital Cultural Branco, o que significa, para a pessoa negra, quase que um apagamento do seu verdadeiro eu, das suas próprias raízes, em um embranquecer-se eterno e uma busca incessante por ascender economicamente em detrimento do seu próprio Capital Cultural Negro. E isto seria mais uma manobra ardilosa que mantém a segregação racial, já que o negro nos espaços de poder apenas confirmaria a regra. É preciso agir.

A Mulher Branca acredita que, compreender a função do Capital Cultural Branco na manutenção de privilégios, é obrigação da branquitude e que é dever desta buscar entender o Capital Cultural Negro como potência. E agir sobre esses aprendizados é o passo a ser tomado. Milton Santos explica que se apropriar da verdade contida na história decorre de um processo de tomada de consciência que não é linear em uma sociedade, mas que a descoberta individual já é um considerável passo à frente.[41]

É por isso que a Mulher tornando-se Negra acredita que o momento atual é propício para serem realizadas mudanças profundas na sociedade brasileira e não só pequenos ajustes que visam perpetuar as mesmas bases no poder. Assim, como exceção, teria maiores condições de atuar de forma proativa na inserção de mais negros/as no ambiente de trabalho, inclusive no jurídico, reforçando o Capital Cultural Negro como fonte de sabedoria da cultura da população negra no Brasil.

A Pretinha conclui que o Capital Cultural Negro é recurso a ser utilizado a seu favor, evitando a mera adequação e inserção no Capital Cultural Branco, sabendo que esse, apesar de garantir aos negros certa entrada na branquitude e ascensão econômica, apenas corrobora o ciclo de segregação racial, o que é exatamente o que é necessário desconstituir.

A Pretinha, a Mulher tornando-se Negra e a Mulher Branca encontram nas palavras de Milton Santos um caminho a seguir:

> A descoberta individual é, já, um considerável passo à frente, ainda que possa parecer a seu portador um caminho penoso, à medida das resistências circundantes a esse novo modo de pensar. O passo seguinte é a obtenção de uma visão sistêmica, isto é, a possibilidade de enxergar as situações e as causas atenuantes como conjuntos e de localizá-los como um todo, mostrando

[41] SANTOS, 2021, p. 189.

> a sua interdependência. A partir daí, a discussão silenciosa consigo mesmo e o debate mais ou menos público com os demais ganha uma nova clareza e densidade, permitindo enxergar as relações de causa e efeito como uma corrente contínua, em que cada situação se inclui numa rede dinâmica, estruturada, a escala do mundo e a escala dos lugares.
>
> É a partir dessa visão sistêmica que se encontram, interpenetram e completam as noções de mundo e de lugar, permitindo entender como cada lugar, mas também cada coisa, cada pessoa, cada relação, dependem do mundo.[42]

As três então concluem que o caminho percorrido por cada uma delas pode, sim, ser o início de um processo mais profundo – e conjunto – para que seja alcançada, de fato, a consciência negra e o seu poder para alterar a lógica do capital e da hegemonia branca.

Referências

ALMEIDA, Silvio Luiz de. *Racismo estrutural*. Coleção Feminismos Plurais, coord. Djamila Ribeiro. São Paulo: Sueli Carneiro; Pólen, 2019.

BENTO, Cida. *O pacto da branquitude*. São Paulo: Companhia das Letras, 2022.

BOURDIEU. Pierre. A escola conservadora: As desigualdades frente à escola e à cultura. *In: Escritos de educação*, Petrópolis: Vozes, 2003.

COLLINS, Patricia. Aprendendo com a *outsider within*: a significação sociológica do pensamento feminista negro. *Sociedade e Estado* (online) v.31, n.1, p.99-127, 2016.

FOUCAULT, Michel. *Microfísica do poder*. Tradução Roberto Machado. 5. ed. Rio de Janeiro: Paz e Terra, 2001.

LATOUR, Bruno. *Investigação sobre os modos de existência*: Uma antropologia dos modernos. Tradução: Alexandre Agabiti Fernandez. Petrópolis: Vozes, 2019.

RIBEIRO, Djamila. *Pequeno manual antirracista*. São Paulo: Companhia das Letras, 2019.

SANTOS, Jocélio Teles. *O poder da cultura e a cultura no poder*: a disputa simbólica da herança cultural negra no Brasil. Salvador: Edufba, 2005.

SANTOS, Milton. *Por uma outra globalização*: do pensamento único à consciência universal. 32. ed. Rio de Janeiro: Record, 2021.

SCHUCMAN, Lia. *Entre o encardido, o branco e o branquíssimo*: branquitude, hierarquia e poder na cidade de São Paulo. 2012, 160 p. Tese (Doutorado em Psicologia Social), Faculdade de Psicologia, USP. São Paulo.

[42] SANTOS, 2021, p. 189-190.

SILVA, Vagner Gonçalves da. *Religião e identidade cultural negra*: afro-brasileiros, católicos e evangélicos. Afro-Ásia, Salvador, n. 56, 2017. DOI: 10.9771/aa.v0i56.22524. Disponível em: https://periodicos.ufba.br/index.php/afroasia/article/view/22524. Acesso em: 9 mar. 2023.

SOUZA, Neusa Santos. *Tornar-se negro ou as vicissitudes da identidade do negro brasileiro em ascensão social.* Rio de Janeiro: Zahar, 2021.

Capítulo 8
Direito ao Pertencimento

Ana Carolina Lourenço
Bruno Eduardo Pereira Costa

No dicionário online de português, a palavra "pertencimento" significa "ação de pertencer; sentimento de pertencimento; do mesmo significado de pertença".

1. Introdução

A opção por escrever sobre um tema desvelando o nosso sentimento é uma maneira de resgatar, reivindicar e compartilhar nossas subjetividades como forma emancipadora do lugar de objeto que usualmente ocupamos para, assim, nos transformarmos em sujeito, especialmente em um contexto no qual "raça ainda importa", como bem assinalado na obra *Manual de educação jurídica antirracista*, de Moreira, Almeida e Corbo: "a cor da pele continua sendo, em muitos espaços, um critério (implícito ou explicito) para excluir e segregar pessoas, de maneira que a luta antidiscriminatória se revela urgente".[1]

Este artigo é uma ferramenta para promover de forma urgente a adequação e valorização de pessoas negras dentro da advocacia, pois, como o Manual evidencia:

[1] MOREIRA, A. J.; ALMEIDA, P. O. de; CORBO, W. *Manual de educação jurídica antirracista*: direito, justiça e transformação social. São Paulo: Contracorrente, 2022, p. 13.

> criar um ambiente no qual membros de minorias se sintam confortáveis para se manifestarem é algo muito importante, uma vez que o pluralismo e a exposição a outras formas de experiência potencializam a compreensão dos temas envolvidos no debate sobre justiça racial.[2]

Por isso, nossos advogados e membros da Aliança Jurídica pela Equidade Racial, Bruno Costa, sócio da prática Imobiliária, e Ana Carolina Lourenço, advogada do Contencioso Cível, ambos do Machado Meyer Advogados, compartilham suas histórias e reflexões sobre o sentimento de pertencimento.

Grada Kilomba, em seu livro *Memórias da Plantação*, citando bell hooks, ressignifica a potência da escrita ao declarar a importância de ser sujeito e não objeto, a escrita como um ato político. A autora afirma que "Eu sou quem descreve minha própria história, e não quem é descrita. Escrever, portanto, emerge como um ato político. O poema ilustra o ato da escrita como um ato de tornar-se e, enquanto escrevo, eu me torno a narradora e a escritora da minha própria realidade, a autora e a autoridade na minha própria história. Nesse sentido, eu me torno a oposição absoluta do que o projeto colonial predeterminou."

A pretensão aqui neste artigo é legitimar/validar as questões que envolvem o sentimento de pertença não apenas dessa advogada e desse advogado, mas de um coletivo cujos integrantes almejam sentir-se realmente pertencentes a seus espaços profissionais. A escrita a partir do olhar desses sujeitos não pretende autopromoção ou discursos meritocráticos e de exceções honrosas, mas, sim, realizar o que está sinalizado no *Manual*: "Obviamente, ele ou ela precisa fazer um esforço para que esses relatos não se tornem apenas falas que podem emocionar os indivíduos, mas que acrescentam elementos a partir dos quais discussões teóricas sejam desenvolvidas".[3]

O objetivo é, portanto, demonstrar que, embora existam alguns empecilhos para pessoas negras alcançarem seus objetivos, existe também um compromisso coletivo protagonizado por pessoas negras, ao lado de pessoas aliadas, para tornar os ambientes profissionais diversos, inclusivos e de pertencimento.

[2] MOREIRA; ALMEIDA; CORBO, 2022, p. 205.

[3] MOREIRA; ALMEIDA; CORBO, 2022, p. 206.

Justamente com essa pretensão, foi assegurado aos advogados negros que contribuem para este artigo o lugar de falantes e escritores de suas próprias narrativas, pois, como marca Grada Kilomba: "Devido ao racismo, pessoas negras experienciam uma realidade diferente das brancas e, portanto, questionamos, interpretamos e avaliamos essa realidade de maneira diferente".[4]

Falar, portanto, em primeira pessoa também é uma forma de contribuir para tirar a mordaça da população negra. Afinal, o silenciamento é uma das expressões do racismo, simbolizado historicamente pela máscara de ferro na escravizada Anastácia, que aponta para "a posição da subalterna como sujeito oprimido que não pode falar porque as estruturas da opressão não permitem que essas vozes sejam escutadas, tampouco proporciona um espaço para a articulação das mesmas."[5]

Esclarecida a relevância do falar, não se pode deixar de reforçar a relação entre o falar e o pertencer, pois:

> o ato de falar é como uma negociação entre quem fala e quem escuta, isto é, entre falantes e suas/seus interlocutoras/es (Castro Varela e Dhawan, 2003). Ouvir é, nesse sentido, o ato de autorização em direção à/ao falante. Alguém pode falar (somente) quando sua voz é ouvida. Nessa dialética, aquelas/es que são ouvidas/os são também aquelas/es que "pertencem" E aquelas/es que não são ouvidas/os se tornam aquelas/es que "não pertencem."[6]

Após essas considerações, passamos aos depoimentos de Ana Carolina e Bruno. Ana Carolina Lourenço, ocupando seu lugar de fala, compartilham sua história e percepções sobre o sentimento de pertença ao espaço profissional em que atua.

2. Com a palavra, Ana Carolina Lourenço

Direito sempre foi o meu sonho. Desde criança, sempre soube que o meu destino seria provocar mudanças sociais. Qual a melhor forma de fazer isso se não for integrando os espaços de poder?

[4] KILOMBA, 2019, p. 54.
[5] KILOMBA, 2019, p. 47.
[6] KILOMBA, 2019, p. 43.

Fui uma criança questionadora e protetora da justiça. Desde muito cedo, era incontrolável a minha necessidade de apaziguar, defender e argumentar. Direito foi, então, uma alternativa óbvia quando chegou o momento da escolha profissional. Por ser tão predestinada, fui induzida a escolher esse caminho sem observar ao redor a falta de referências para tanto.

À época, meus pais não tinham sequer graduação em suas profissões, mas já eram excelentes profissionais nos trabalhos que desempenhavam. Nunca tiveram, no entanto, a oportunidade de exercer o direito de escolha de ser e fazer o que queriam. No contexto familiar mais amplo, a falta de referências era ainda mais profunda. Meus familiares não tiveram oportunidade de planejar suas carreiras. Muito pelo contrário: minha avó materna viveu em situação de trabalho infantil escravizado, com consequências históricas, sociais, econômicas e financeiras que distanciaram meus familiares de escolher uma carreira jurídica.

Mesmo sendo a primeira pessoa (e até o momento única) da família a trilhar esse caminho por vocação e apoio de meus genitores, que ascenderam socialmente aproveitando as oportunidades que encontraram, cursei Direito entre 2007 e 2011, antes da instituição de Lei de Cotas no Brasil (Lei n.º 12.711/12, publicada em 29 de agosto de 2012),[7] o que me levou a uma trajetória solitária em termos acadêmicos e profissionais.

Fiz pós-graduação em Direito Tributário e atuei em escritórios de porte pequeno, médio e grande, sendo muitas vezes a única pessoa negra no ambiente de trabalho. Infelizmente, não sou a única a contar uma história assim. Essa dificuldade é uma experiência comum a pessoas negras que já estavam no mercado de trabalho antes da instituição da Lei de Cotas e que enfrentam os obstáculos de execução de políticas afirmativas, no setor público e privado, em um país com uma memória escravocrata tão recente.

Ao longo de anos de exercício profissional e de um processo de manifestação da minha consciência racial, resgate da ancestralidade e busca de autoconhecimento, apenas a vocação para o Direito não foi suficiente para

[7] BRASIL. Lei n.º 12.711, de 29 de agosto de 2012. Dispõe sobre o ingresso nas universidades federais e nas instituições federais de ensino técnico de nível médio e dá outras providências. Disponível em: http://www.planalto.gov.br/ccivil_03/_ato2011-2014/2012/lei/ l12711.htm. Acesso em: 25 jul. 2022.

alimentar a vontade de fazer a transformação social que sempre almejei. Os desafios de ser uma mulher negra na advocacia são incontáveis. Muitas vezes, esses desafios se tornam barreiras mais difíceis de derrubar do que as pessoas imaginam. Uma das maiores barreiras foi a falta de pertencer. Afinal, pertencer é um dos sentimentos mais primitivos do ser humano. Depois da necessidade de sobreviver, desejamos fazer e ser parte de algo além da nossa existência.

No entanto, como mulher e negra, o sentimento de pertença exigiu uma construção para além da minha vontade, já que "membros de grupos minoritários, frequentemente afetados por injustiças sociais que provocam marginalização econômica, também podem encontrar dificuldades em circular em ambientes distintos da sua experiência cotidiana".[8] Assim, ainda que superada a barreira da oportunidade de acesso à educação e ao mercado de trabalho, muitas vezes a minha aparência ganhou proeminência em detrimento do fator mais importante no mercado corporativo: a competência.

Essa situação foi imposta a mim, trazendo falta de oportunidades, deslegitimação da minha capacidade e inferiorização da minha estética, no que não sou uma exceção. O Censo publicado em 2018 pelo CEERT (Centro de Estudos das Relações de Trabalho e Desigualdades) – que levou à criação da Aliança Jurídica pela Equidade Racial – deixou claro que, há poucos anos, as pessoas negras não tinham oportunidades em espaços intelectuais, tendo em vista que os advogados negros não chegavam a representar 1% do total nos grandes escritórios.

No evento em que foi divulgado esse resultado, tive a oportunidade de perguntar se os planos de mudanças iam além da contratação de jovens no início da carreira. Sempre foi muito claro para mim que, ao encontrar um problema, preciso fazer parte da tentativa de solução. Hoje, como advogada e representante do pilar étnico-racial no escritório, tenho a oportunidade de dialogar com aqueles advogados que questionei no passado e com outros advogados e advogadas que se somaram à luta antirracista para construir os planos e ações necessários, com muita responsabilidade, vontade e compromisso de aumentar a representação de profissionais negros nesses espaços.

[8] MOREIRA; ALMEIDA; CORBO, 2022, p. 220.

Apesar do aumento de 1% para 11% de profissionais negros nos grandes escritórios[9] e de todos os esforços da Aliança, que são importantes e necessários, mesmo na ausência de um censo da advocacia que paute raça, basta olhar para os lados nos espaços em que se exerce a profissão para ver que o racismo é e continua sendo estrutural.

Uma coletividade comprometida com o enfrentamento do racismo é primordial para a mudança. O problema, de certa forma, está além das nossas vontades individuais, mas não podemos desanimar ou desistir de alcançar a meta de equidade racial. Como ensinam Adilson José Moreira, Philippe Oliveira de Almeida e Wallace Corbo:

> As pessoas precisam considerar o aspecto estrutural do racismo, elas precisam saber que estruturas de dominação operam de forma independente da ação de indivíduos específicos e que as consequências do racismo repercutem nas diversas esferas da vida. Embora a cordialidade seja relevante, ela não pode ser vista como algo suficiente para a transformação social. A transformação moral necessária para a promoção da inclusão racial depende da eliminação de padrões culturais responsáveis pela percepção de membros da operação de instituições públicas e privadas, depende da eliminação de padrões culturais responsáveis pela percepção de membros de grupos raciais subalternizados como inerentemente inferiores. É certo que a cordialidade pessoal faz parte desse processo, uma vez que o racismo incita as pessoas a não se relacionarem umas com as outras. De qualquer modo, ela se mostra insuficiente para promover a mudança devida, embora a cordialidade possa ter um papel específico nesse processo de transformação social. O debate sobre a lógica das relações raciais, o conhecimento de como as diversas formas de estereótipos contribuem para a reprodução do racismo, a análise dos meios a partir dos quais esses estereótipos descritivos e prescritivos motivam práticas discriminatórias são tópicos importantes para que se possa entender como os membros de grupos raciais são desumanizados. A construção de uma sociedade racialmente justa realmente depende de um tipo específico de cordialidade: o comprometimento coletivo com a

[9] FILIPPE, Mariana. Como a união de escritórios de advocacia promove avanço na equidade racial. *Exame*, 2022. Disponível em: https://exame.com/esg/como-a-uniao-de-escritorios-de-advocacia-promove-avanco-na-equidade-racial/. Acesso em: 31 jul. 2022.

eliminação de representações culturais negativas que motivam o racismo interpessoal.[10]

Ao longo da minha trajetória, tive que desenvolver a habilidade de me reinventar e de me adaptar às situações para ocupar meu lugar com consciência e com responsabilidade pelo meu compromisso com a mudança. E a mudança já está acontecendo. Hoje, já enxergo que estamos tirando as vendas que impedem as empresas de enxergar o racismo e o potencial e a competência de pessoas negras. Estamos questionando o papel e a responsabilidade de cada ator nessas mudanças, como ressaltam os autores do *Manual*:

> O debate sobre o tema do privilégio branco tem o propósito de mostrar que os indivíduos não estão na mesma linha de partida na disputa por oportunidades sociais. Pelo contrário, a realidade de uma sociedade racista garante vantagens permanentes, o que se mostra pelo simples fato de que raça nunca será um empecilho para pessoas brancas alcançarem seus objetivos.[11]

Existem numerosos profissionais negros capacitados, preparados e com *soft skills* preciosas para o mercado, como resiliência, empatia e antifragilidade. Ao mesmo tempo, as empresas estão descobrindo as potencialidades de um espaço de trabalho diverso e com segurança psicológica, assegurada pelo sentimento de pertencimento. Segurança psicológica é a crença compartilhada de que as pessoas podem ser quem realmente são em toda sua inteireza. Podem dizer no que acreditam, podem se expressar com respeito e cordialidade sem ter medo de expor ideias e feedbacks.

Hoje tenho a honra de ser uma das representantes institucionais da classe dos advogados e contribuir para a mudança que, acredito, seja necessária em um ambiente plural e inclusivo, pois isso promove inovação. A oportunidade de ser ouvida, acolhida, valorizada e respeitada atravessa a minha subjetividade e resgata o meu sentimento de pertencimento ao espaço, de transformação de um não lugar em um lugar efetivo.

Para os que estão trilhando os seus caminhos, reforço a importância de expandir seus repertórios, se expor a situações que antes se mostravam

[10] MOREIRA; ALMEIDA; CORBO, 2022, p. 210.
[11] MOREIRA; ALMEIDA; CORBO, 2022, p. 224.

impossíveis, colocar-se em conexão com o outro, ter a oportunidade de efetivamente colaborar, trabalhar com pessoas com características complementares e aumentar o engajamento, a comunicação e o relacionamento com os outros.

As empresas estão aprendendo a encarar o pertencimento com a mesma seriedade e comprometimento com que tratam outros temas. Aliando ações afirmativas, compromisso com a luta antirracista e equidade racial, é possível perceber que a mudança já está trazendo frutos. Você pode estar pensando: como podemos mensurar os resultados dessas ações?

Os autores do *Manual* afirmam que:

> O sucesso de um projeto antirracista pode ser medido pelo nível de igualdade entre grupos raciais, o que pode ser observado pelo nível de participação deles nos espaços de poder. Antirracistas devem defender políticas de ações afirmativas, porque estas facilitam a presença de membros de diferentes grupos raciais em lugares nos quais são tomadas decisões que afetam indivíduos de todos os grupos raciais.[12]

Este artigo já é um resultado mensurável da transformação. Uma advogada e um advogado, ambos negros, apresentam sua visão sobre o sentimento de pertença, tão raro e caro, falando com base em suas subjetividades e a partir de um espaço de poder para promover a escuta aos que os leem.

Urge fazer mudanças. É preciso muito esforço para abrir e pavimentar caminhos. A ampliação de oportunidades e da consciência racial está provocando transformações. Para citar dois pensadores populares negros, ficamos entre "é tudo pra ontem"[13] e o "devagar, devagar, devagarinho"[14], planejando e executando estratégias emancipadoras da população negra que sejam efetivas e eficientes.

Assim, além do sentimento de pertencimento social e aos ambientes frequentados, está cada vez mais leve a corrida ao lado dos profissionais que estão chegando. Acredito que, com a vocação e o compromisso de utilizar

[12] MOREIRA; ALMEIDA; CORBO, 2022, p. 233.

[13] Canção de Emicida "É tudo pra ontem".

[14] Canção de Martinho da Vila "Devagar, devagarinho".

o direito como instrumento de poder e persecução de justiça, mudanças sociais e a equidade racial estão mais tangíveis.

Para honrar também a história daqueles que vieram antes de nós, passo a escrita/fala a uma das minhas grandes referências profissionais: Bruno Costa.

3. Com a palavra, Bruno Costa

Bruno, a partir de seu lugar de fala, compartilha sua trajetória e suas reflexões sobre pertencimento.

Cursar Direito nunca foi necessariamente um sonho. Havia em mim um senso de justiça inato, mas nada em especial que me despertasse o interesse ou mesmo que denotasse vocação para o curso. Em verdade, acho que fui movido muito pela curiosidade.

A escolha e decisão por uma carreira é muito influenciada pelas referências profissionais que temos. E a representatividade faz com que nasça em nós um senso de pertencimento, uma sensação de que tudo está ao alcance de todos.

Particularmente, não tive uma visão sistêmica quando iniciei a minha carreira. Minha trajetória foi muito mais marcada pela falta de consciência (ou mesmo ignorância) do que por uma coordenação estruturada de esforços. Costumo brincar, repetindo Jean Cocteau: "não sabendo que era impossível, foi lá e fez".

Refletindo hoje, percebo que sempre fomos poucos. Naquela época (iniciei a graduação em 2001 e concluí em 2005), ainda menos do que hoje. Pertencimento e representatividade eram simplesmente palavras que não se imaginavam. E as razões para a falta de representatividade e, por consequência, a falta de possibilidade de se gerar o senso de pertencimento, são históricas. São a marca do colonialismo.

Em passagem do já citado livro *Memórias da plantação*, Grada Kilomba menciona:

> Mesmo antes de uma criança negra ter lançado o olhar para uma pessoa branca, ela já foi bombardeada com a mensagem de que a branquitude é tanto a norma quanto superior, diz Fanon. Revistas, quadrinhos, filmes e televisão coagem a criança negra a se identificar com os outros brancos, mas não consigo mesma. A criança é forçada a criar uma relação alienada com a negritude, já que os heróis desses cenários são brancos e as personagens

> negras são personificações de fantasias brancas. Apenas imagens positivas, e eu quero dizer imagens 'positivas' e não 'idealizadas', da negritude criadas pelo próprio povo negro, na literatura e na cultura visual, podem desmantelar essa alienação. Quando pudermos, em suma, nos identificar positivamente com e entre nós mesmos e desenvolver uma autoimagem positiva.[15]

O sentimento de pertencimento está intimamente ligado à visão e às percepções pessoais de quem e para quem olhamos. Desse ponto de vista, posso afirmar que, falando de representatividade, nunca pude me sentir pertencente a nenhuma instituição das quais fiz parte.

Quando penso nos aspectos técnicos e culturais das organizações pelas quais passei (principalmente os aspectos culturais), não tenho dúvidas de que o pertencimento é bem mais facilmente alcançado quando o profissional se espelha na organização e a ela se amolda. Mas do ponto de vista da representatividade, praticamente inexistem referências de que podemos nos sentir parte dos espaços que frequentamos. Isso não é uma questão pontual e não se resume ao mercado de trabalho ou mesmo ao âmbito acadêmico. A passagem transcrita acima trata justamente disso.

Desde crianças, fomos doutrinados/forçados a criar essa relação alienada com a negritude. Hoje, felizmente, consigo ver diversos relatos de resiliência e vitórias que podem inspirar gerações que estão construindo as próprias histórias. Já se pode vislumbrar ao longe "o momento de nos identificar positivamente com e entre nós mesmos e desenvolver uma autoimagem positiva".[16]

É importante notar que não estou falando sob o ponto de vista da meritocracia. Não estou trazendo estas reflexões, com base no reconhecimento por uma trajetória ou mesmo por um trabalho executado. Meu ponto é que as oportunidades e, em última análise, devem prescindir de qualquer atributo subjetivo do ser. Elas devem ser objetivas e postas a qualquer um, independente qualquer subjetivação.

Minha história profissional e de via é uma história de perseverança e resiliência. Sempre atribuí o sucesso profissional ao binômio *oportunidade versus vontade*. Penso que, sem oportunidade, muitos sonhos ficam pelo

[15] KILOMBA, 2019, p.154.

[16] KILOMBA, 2019, p.154.

caminho. Por outro lado, sem vontade, por mais que existam oportunidades, elas não serão bem aproveitadas.

Gosto muito de uma passagem de Machado de Assis, no livro *A Mão e A Luva*, em que o autor afirma que "a vontade e a ambição, quando verdadeiramente dominam, podem lutar com outros sentimentos, mas hão de sempre vencer, porque elas são as armas do forte, e a vitória é dos fortes".

Tenho comigo que, sempre que tive oportunidades, tive vontade, me preparei, me qualifiquei tanto quanto possível para não perder as chances (raras). Muitos dos que estiverem lendo este artigo poderão se identificar com essa história.

Na minha própria graduação, cursei uma faculdade particular e, em determinado momento do curso, fui forçado a procurar o departamento financeiro, pois, após um semestre de inadimplência, teria que fazer o trancamento da matrícula por falta de recursos. Lembro-me de que, no caminho, fiz uma parada rápida no Diretório Acadêmico para consultar meus e-mails (naquela época não havia celulares com a tecnologia de hoje). Qual não foi a minha surpresa ao receber a notícia de que havia sido escolhido o destaque acadêmico do curso naquele semestre.

Com um misto de sensações, segui o meu caminho. Por um lado, feliz pelo reconhecimento e resultado, por outro, triste pela perspectiva de interrupção do curso. Mas, justamente pelos resultados acadêmicos, fui contemplado com uma bolsa de estudos que me permitiu concluir a graduação (oportunidade e vontade). Às vezes, chego a me perguntar como teria sido se, naquele momento, as coisas não tivessem acontecido como aconteceram. Certamente, eu seria mais um dos milhares que ingressam nas universidades e não chegam a concluir seus cursos. Talvez tenha sido mera obra do acaso. Talvez a vontade e a ambição tenham conspirado para que as coisas se encaixassem e para que aquele não fosse, ainda, o fim.

E, hoje, vejo que muitos jovens não têm consciência da importância de estarem sempre prontos para os desafios. Nem sempre estaremos preparados ou mesmo à altura do desafio, mas temos que estar prontos para sermos desafiados.

Lembro-me de que, em uma das oportunidades de trabalho, logo no início da minha carreira, participei de um processo seletivo meramente formal. Havia apenas uma vaga e ela já estava preenchida. Sem saber disso, entrei de cabeça no processo e fiz o melhor que pude. O time de recrutamento e seleção acabou me recomendando para a vaga já preenchida. No final, tudo se acomodou com a criação de uma vaga extra.

Hoje tenho plena consciência de que não precisa(ria) ser assim. Temos instrumentos e um nível de esclarecimento que nos permite mostrar e pavimentar o caminho para as gerações que estão, neste exato momento, construindo suas histórias.

E, na linha do que disse sobre pertencimento, entendo que hoje os jovens podem olhar para a posição que ocupo e ver que não se trata de uma exceção honrosa, mas sim de um caminho que deve estar disponível para ser trilhado para qualquer um que assim o desejar (note, novamente, que não estou trazendo a questão da meritocracia. Aqui não estou dizendo que o caminho deveria/poderia ser trilhável e possível para qualquer um, pois, em assim sendo, o caminho teria que ser construído por cada um. O que estou defendendo é que o caminho deveria estar lá, de forma objetiva, independentemente de qualquer subjetivação do sujeito). A trajetória, porém, não será fácil. Profissionais negros carregam consigo, ainda que inconscientemente, a falta de subjetividade. A já citada Grada Kilomba afirma:

> Esse processo de identificação absoluta – ou essencialismo – no qual uma pessoa é vista meramente como uma 'raça' é somente possível porque no racismo nega-se, para negras e negros, o direito à subjetividade. (...) ela é um 'corpo', ela é uma 'raça', ela é uma 'história'. Ela existe nessa triplicidade. Presa nessa pessoa tripla, é preciso ser ao menos três vezes melhor do que qualquer pessoa branca, para se tornar igual.[17]

O processo é longo, severo e, por vezes, injusto. Vivenciamos uma existência tripla, na medida em que nos tornamos responsáveis pelo nosso próprio corpo, pela nossa própria raça e por nossos ancestrais. Experimentamos na pele o sentimento de que não se pode falhar.

E é muito importante também lembrar que não se faz ou se conquista nada sozinho. É salutar que o profissional desenvolva suas *soft skills*, saiba trabalhar em equipe, tenha paciência, flexibilidade e resiliência e que, acima de tudo, saiba se colocar a serviço e à disposição dos outros. Isso volta para ele no futuro.

[17] KILOMBA, 2019, p.174.

Grande parte das minhas oportunidades de movimentação profissional – talvez todas – foram oriundas de relacionamentos com profissionais que sabiam que, acima de tudo, poderiam contar com meu esforço, dedicação, honestidade e transparência no ambiente de trabalho. E assim foi. Como já mencionei mais de uma vez, agarrei todas as oportunidades com muita vontade. E penso que sejam essas as chaves para projeção e ascensão profissional.

A questão da falta de qualificação, treinamento e oportunidades para os jovens profissionais negros, dificulta sobremaneira o trajeto (e faz parecer que o meu relato aqui trata da trajetória de uma maneira simplista).

Mas, como dito, reitero que a trajetória não será fácil. Existirão muitos percalços no caminho (e talvez nem mesmo exista o caminho). Mas a nossa função aqui é a de mostrar que dias melhores virão. Este é um caminho sem volta. As instituições já perceberam que é preciso reparar (e, como canta o rapper Emicida, "é tudo pra ontem!") séculos de falta de oportunidades e falta de acesso à educação e ao mercado de trabalho. Estejamos, pois, prontos, pois o dia vai chegar! Para todos!

Conclusões

Somos seres humanos, logo, fadados ao convívio em sociedade.

Todos nós queremos nos sentir parte de um todo. No presente artigo, olhando sob o prisma de dois profissionais negros do nosso escritório, Machado Meyer Advogados, somos convidados a refletir sobre esse direito ao pertencimento.

Foram abordados pontos relevantes para legitimar/validar as questões que envolvem o sentimento de pertença (não apenas dos advogados que a ele subscrevem), mas de um coletivo cujos integrantes almejam sentir-se realmente pertencentes a seus espaços profissionais.

O sentimento de pertencimento está intimamente ligado à visão e às percepções pessoais de quem e para quem olhamos. A escolha e decisão por uma carreira é diretamente influenciada pelas referências profissionais que temos. Neste sentido, a representatividade faz com que nasça em nós um senso de pertencimento, uma sensação de que tudo está ao alcance de todos.

E foi a partir destas reflexões que o presente artigo tratou as questões de representatividade, compartilhando as histórias de profissionais negros do nosso escritório, como forma de inspiração para nossa coletividade, como forma de legitimar a representatividade e, como consequência, o sentimento de pertencimento.

Referências

BRASIL. Lei n.º 12.711, de 29 de agosto de 2012. Dispõe sobre o ingresso nas universidades federais e nas instituições federais de ensino técnico de nível médio e dá outras providências. Disponível em: http://www.planalto.gov.br/ccivil_03/_ato2011-2014/2012/lei/ l12711.htm. Acesso em: 25 jul. 2022.

FILIPPE, Mariana. Como a união de escritórios de advocacia promove avanço na equidade racial. *Exame*, 2022. Disponível em: https://exame.com/esg/como-a--uniao-de-escritorios-de-advocacia-promove-avanco-na-equidade-racial/. Acesso em: 31 jul. 2022.

MOREIRA, A. J.; ALMEIDA, P. O. de; CORBO, W. *Manual de educação jurídica antirracista*: direito, justiça e transformação social. São Paulo: Contracorrente, 2022.

KILOMBA, Grada. *Memórias da plantação*: episódios de racismo cotidiano. Tradução de Jess Oliveira, 1ª edição, Rio de Janeiro: Cobogó, 2019.

Capítulo 9
Representatividade social e suas implicações com o apagamento da identidade negra na sociedade brasileira

VIVIANE SCRIVANI
JARBAS VARGAS NASCIMENTO

1. Introdução

Este artigo reflete sobre a ausência da representatividade negra em espaço de prestígio na sociedade brasileira e suas implicações com o apagamento da identidade do negro, categorizado, na memória histórica, como mercadoria ou objeto social. A representatividade se caracteriza por ser uma maneira de conhecimento do outro, ou seja, uma forma de identificação social por meio da qual se representa o outro.

Com base nessa temática, buscamos compreender como a representação social está estreitamente articulada com a identidade negra, apagada e negada por agentes detentores do poder, desde o sequestro de africanos para o Brasil até a sua legitimação, durante o regime de escravização[1]. É pertinente levar em conta que, por crenças e noções ultrapassadas, o não acesso de negros a contextos sociais graduados socialmente permanece vigente, mesmo após a Constituição de 1988[2], cujo ordenamento prevê uma consciência democrática e cidadã.

[1] Diferenciamos escravidão de escravização. Para nós, a escravidão se caracteriza como um regime em que o ser humano se submete passivamente a um estado de servidão. Todavia, escravização denuncia o regime de violência, incluindo o apagamento da identidade, a que os negros africanos foram forçados a viver por conta do poder da elite branca

[2] BRASIL. Constituição da República Federativa do Brasil de 1988. Disponível em http://www.planalto.gov.br/ccivil_03/constituicao/constituicao.htm. Acesso em: 24 jul. 2022.

Isto porque, a elite constrói uma imagem do negro com base em uma ideologia arquitetada socioculturalmente com o intuito de impedi-lo a legitimar para si e para seu povo uma identidade étnica e social. A atitude político-dominadora da elite branca funciona como uma ameaça à igualdade racial, corroborando, por conseguinte, para a exclusão e apagamento identitário do negro, cujos parâmetros se fundam na cor da pele. Para que ocorra a consciência da representatividade de si e de sua comunidade no cenário nacional, faz-se necessário que o negro esteja engajado em um processo de reconhecimento de sua identidade.

Na verdade, o racismo estrutural e institucional, velado e até negado, inviabiliza mecanismos de defesa quando tratamos de representação social do negro brasileiro. Por isso, a problematização da representatividade social negra ajuda-nos a perceber a vigência de normas preconceituosas e discriminatórias, mas, ao mesmo tempo, orienta-nos sobre como agir diante do racismo nesse contexto.

2. Polissemia no conceito de representatividade

Vamos nos ocupar, como ponto de partida, da noção de representatividade proposta por Bobbio, Matteucci & Pasquino[3], quando postulam que representatividade "é a expressão dos interesses de um grupo (seja um partido, uma classe, um movimento, uma nação) na figura do representante". Embora os termos representatividade e representação social sejam polissêmicos e tratados diferentemente em vários campos do conhecimento, em função da complexidade e da abrangência desses conceitos, eles são utilizados aqui como equivalentes. Nossa tentativa de unificação desses termos implica, ainda, considerar as representações sociais em uma dimensão comunicacional que revela o contexto social em que vivemos. Por isso, é preciso inserir nosso estudo no universo dos Estudos Culturais, da Política, da Psicologia Social e do Direito.

Podemos dizer também que essa opção conceitual contempla o individual e a coletividade, favorece a compreensão de questões humanas da população negra e, de certa forma, impulsiona-nos a repensar o negro, cuja identidade social foi apagada sócio historicamente. Desse modo, tratar da ausência da representatividade negra na sociedade brasileira significa

[3] BOBBIO, Norberto; MATTEUCCI, Nicola; PASQUINO, Gianfranco. *Dicionário de política*. 11ª ed., Brasília: UnB, 1998. p. 1102.

assumir um compromisso político-ideológico e adotar um novo comportamento epistemológico sobre as relações raciais no Brasil, incorporando as noções de subjetividade e identidade.

Na verdade, representatividade, subjetividade e identidade se inter-relacionam e correspondem não somente a experiências individuais, mas também grupais da população negra e de sua interação com a sociedade onde vive. Desse modo, um conceito de representatividade precisa estar a favor de um bem comum e manifestar esse conteúdo semântico, quando o negro, desde o regime da escravização, se organiza em **movimentos** de resistência que almejam a igualdade social e a apropriação de direitos igualitários. Justificam-se, em vista disso, os movimentos negros de resistência que propõem a eliminação do exercício de dominação branca, que desvaloriza, desqualifica e desumaniza o negro.

Nossa análise nos leva a considerar também o conceito de identidade social[4], que nem sempre alcança a dimensão de sua natureza, embora tenha sido alvo de muitas investigações científicas contemporâneas – principalmente, nos campos dos Estudos Culturais, por Hall;[5] da Linguística, por Charaudeau;[6] da Sociologia e da Antropologia, por Giddens[7] e Bauman;[8] da Psicologia Social, por Ciampa;[9] da Política, por Bobbio, Matteucci & Pasquino;[10] e da Filosofia, por Heidegger[11] –, ao incluírem-no e relacionarem-no a uma teoria do ser humano. Assim, influenciado

[4] Cf. HALL, Stuart. *A identidade cultural na pós-modernidade.* São Paulo: DP&A, 2006. Para Stuart Hall, as identidades nacionais das quais fazemos parte não estão impressas em nosso gene, mas se constituem a partir das culturas nacionais. Assim, as identidades nacionais são formadas e transformadas no interior pelas representações de uma dada cultura nacional.

[5] Ibidem.

[6] CHARAUDEAU, Patrick. Identidade social e identidade discursiva, o fundamento da competência comunicacional. *In*: PIETROLUONGO, Márcia. (org.) *O trabalho da tradução.* Rio de Janeiro: Contra Capa, 2009, p. 309-326

[7] GIDDENS, Anthony. *Modernidade e identidade.* Rio de Janeiro: Zahar, 2002.

[8] BAUMAN, Zygmunt. *Identidade.* Entrevista concedida a Benedetto Vecchi. Rio de Janeiro: Zahar, 1999.

[9] CIAMPA, Antonio da Costa. (1999). *Identidade:* um paradigma para a Psicologia Social? Comunicação apresentada em Simpósio no X Encontro Nacional da Associação Brasileira de Psicologia Social, outubro, 1-5, (Mimeo).

[10] BOBBIO; MATTEUCCI; PASQUINO, 1998.

[11] HEIDEGGER, Martin. *Identidade e diferença:* Conferências escritos filosóficos. Trad. Ermildo Stein. São Paulo: Nova Cultural, 2005.

por esse ponto de vista, por exemplo, o linguista francês, Charaudeau[12] postula que

> a identidade é o que permite ao sujeito tomar consciência de sua existência, o que se dá através da tomada de consciência de seu corpo (um estar-aí no espaço e no tempo), de seu saber (seus conhecimentos sobre o mundo), de seus julgamentos (suas crenças), de suas ações (seu poder fazer). A identidade implica, então, a tomada de consciência de si mesmo.

O entendimento desse recorte do texto de Charaudeau revela-nos a complexidade do termo "identidade", pois ele se materializa por meio de um processo de conscientização do sujeito e considera também a inter-relação da dimensão corporal, do conhecimento de mundo, das crenças e das possibilidades de agir. Por isso, para uma efetivação da representatividade negra no cenário hierarquizado brasileiro, faz-se necessário que nos apropriemos de uma noção de identidade social fundamentada no diálogo e nas relações intergrupais, mas que exclua os dominadores, para garantir uma sociedade igualitária. Ou, como nos lembra Tajfel,[13-14] para ter identidade é preciso uma percepção de pertencimento a um grupo e de não pertencimento a outro. A concretização de uma sociedade justa e solidária, por conseguinte, passa por uma perspectiva em que o negro possa se perceber inserido socialmente, projete uma identidade individual e coletiva e, em vista disso, tenha pleno acesso aos direitos humanos estabelecidos em nossa Constituição.

Além disso, é o próprio Charaudeau[15] quem reforça a imprescindibilidade de um conceito de identidade que inclua a relação com o outro, ao asseverar que é o sujeito quem toma consciência de si, uma vez que se abre à consciência do outro e, nesse movimento, percebe as diferenças. Essa tese de Charaudeau fundamenta nossa reflexão sobre identidade negra, pois

[12] CHARAUDEAU, 2009, p. 309.

[13] TAJFEL, Henry. La catégorisation sociale. *In*: MOSCOVICI, Serge. (org.). *Introduction à la psychologie sociale*, vol. 1. Paris: Larousse, 1972.

[14] Idem. *Human groups and social categories*: studies in social psychology. Cambridge: Cambridge University Press, 1981.

[15] CHARADEAU, 2009.

nos traz à memória o processo histórico da escravização do negro, que lhe apagou a consciência de si próprio.

Esse acontecimento nos faz lembrar também das consequências decorrentes de uma concepção de raça, equivocada cientificamente, mas construída e imposta socialmente. De fato, a construção social do conceito de raça ocasionou um prejuízo enorme a minorias[16] raciais a partir do momento em que o branco se colocou em posição hierárquica superior em relação ao negro.

Frente a essa extemporaneidade baseada unicamente na cor da pele, traçou-se um vínculo entre as características biológicas, psicológicas, intelectuais, morais e culturais de negros e brancos, o que motivou a sanção do racismo no Brasil. O poder de racializar e atribuir ao negro características negativas à sua imagem passa de biológico a político-social no momento em que o branco exterioriza esse poder, parecendo-lhe dispor naturalmente dele. Voltamos, mais uma vez, à abordagem de Charaudeau para inferir que a aceitação da diferença negro-branco e a constatação do poder do branco sobre o negro fazem com que se imprima, na população negra, a consciência de sua posição hierárquica inferior.

> Mas para que ocorra a tomada de consciência, é necessário que haja diferença, a diferença em relação a um outro. É somente ao perceber o outro como diferente, que pode nascer, no sujeito, sua consciência identitária. A percepção da diferença do outro constitui de início a prova de sua própria identidade, que passa então a "ser o que não é o outro". A partir daí, a consciência de si mesmo existe na proporção da consciência que se tem da existência do outro. Quanto mais forte é a consciência do outro, mais fortemente se constrói a sua própria consciência identitária.[17]

Na verdade, a percepção da diferença entre sujeitos brancos e negros está unicamente na cor da pele e de alguns aspectos fenotípicos, que se

[16] ROSO, Adriane, STREY, Marlene Neves, GUARESCHI, Pedrinho; BUENO, Sandra M. Nora Cultura e ideologia: a mídia revelando estereótipos raciais de gênero. *Psicologia & Sociedade, 14*(2), 74-94, 2002. O termo minoria não significa menos numeroso, é utilizado para se referir ao grupo de indivíduos que, na sociedade, não detém o poder e, por isso, são dominados.

[17] CHARADEAU, 2009, p. 310.

pretenderam distinguir. Assim, por essa atitude histórico-social, o branco, ao dar visibilidade à sua identidade por uma superioridade hierárquica e racial, construída socialmente por ele mesmo, subjuga o negro, apaga-lhe uma identidade social, para consolidar um *status* de poder que, ainda hoje, sustenta a ideia de supremacia branca. Esse comportamento favorece a não representatividade social do negro e, por isso, embora a população negra ocupe mais de 50% da população brasileira, ela continua desinvestida de qualquer possibilidade de identificar-se e ver-se representada na sociedade. Afinal, como ser representado, vivendo em uma sociedade excludente, na qual o negro é ignorado e sub-representado nos espaços de poder.

O que realmente acontece está notório em Bobbio, Matteucci e Pasquino,[18] ao afirmarem que "não existe Poder, se não existe, ao lado do indivíduo ou grupo que o exerce, outro indivíduo ou grupo que é induzido a comportar-se tal como aquele deseja". É o que aconteceu com o negro a partir da condição violenta de escravização. A experiência da escravização no Brasil transformou o africano em sinônimo de subalterno; o escravizado, em negro; e o negro, em um sujeito sem identidade, fadado a não ocupar lugar de representatividade social. Assim, a consciência de si mesmo existe na proporção da consciência que se tem da existência do outro. Isso quer dizer que quanto mais se intensificou a consciência identitária do branco, mais se eliminou uma consciência identitária do negro por meio de humilhação, preconceito, submissão e, mais ousadamente, por um racismo que se consolida ao longo da história do Brasil.

É importante realçarmos, mais uma vez, que a racialização colocou o branco em lugar de superioridade em relação ao negro, garantindo-lhe a representatividade de uma raça apta ao exercício do poder sobre outros sujeitos, principalmente o negro, visto como submisso a qualquer tipo de dominação. A imposição da superioridade racial do branco e de seu lugar de poder é, desde o início da constituição da sociedade brasileira, uma das causas da ausência de representatividade negra nos espaços de prestígio social, tema que nos motiva a refletir neste artigo.

O poder sobre o qual nos interessa discorrer é aquele relacionado ao que o branco institui, impõe sobre o negro e que se vincula à questão das representações sociais, da subjetividade e da identidade negra. Não

[18] BOBBIO; MATTEUCCI; PASQUINO, 1998, p. 934.

podemos nos esquecer de que a justificativa e a naturalização do conceito de raça e das práticas sociais que a população branca impõe e reproduz em relação ao negro, são as bases que reforçam o racismo estrutural e institucional reinante em nossa sociedade. Isso posto, podemos afirmar que o racismo estrutural e institucional é o principal causador da não representatividade social negra na arte, na cultura, educação, religião, esporte, política, entre outros, possibilitando ao branco lutar em defesa de sua superioridade e justificar um ideal de dominação racial em relação negro. Dessa forma, o branco continua marginalizando o sujeito negro, fato que o impossibilita de assumir espaços de representatividade social, direito de todo ser humano. De maneira geral, por conta de uma discriminação racial estruturada, impede-se que o negro seja identificado como sujeito, apagando-lhe as suas funções identitárias, a fim de negar-lhe o direito à palavra, à inserção nos espaços econômicos, políticos e institucionais, que, em nossa sociedade, são reservados exclusivamente aos brancos.

Para melhor elucidação do tema, propomos uma breve retomada do conceito de raça, uma armadura ideológica. A adoção da racialização tem como consequência a rejeição de uma identidade negra e o desprezo de seus direitos e valores justificados por posicionamentos histórico, físico e cultural, cujas consequências acarretaram, desde o século XVI, a falta de representatividade negra na sociedade brasileira. Por essa perspectiva, podemos entrever que, quando a população branca expressa seus poderes, ela legitima um universo construído por ela e esse procedimento se naturaliza.

Falar em raça sugere-nos, antes de mais nada, que este conceito nasceu de uma hipótese da Antropologia Física ou Biologia, que atribuía ao termo graus de superioridade e de inferioridade entre os seres humanos. Tal pressuposto foi aprovado e validado, equivocadamente, pela ciência para, em seguida, espalhar-se pelo mundo. Além disso, a construção pseudocientífica de raça foi prontamente acolhida pela elite branca brasileira e imposta aos afrodescendentes, criando-se, a partir daí, uma ideia deturpada sobre a pessoa negra. Nessa perspectiva, os brancos dominavam, e os negros viviam sob dominação dos brancos, que assumiam sua suposta superioridade racial e "comprovavam", assim, uma suposta inferioridade negra, configurando uma desigualdade existencial reforçada pela ciência, pelo Direito e até mesmo pela religião. Por esse ponto de vista, a ciência e a religião foram consideradas instrumentos de produção da racialidade, ao fundamentarem a ideologia racista.[19]

Mbembe aprofunda nosso debate e, em trecho de seu livro, esclarece-nos que:

> A raça não passa de uma ficção útil, de uma construção fantasista ou de uma projeção ideológica cuja função é desviar a atenção de conflitos antigamente entendidos como mais verossímeis – a luta de classes ou a luta de sexos, por exemplo. Em muitos casos, é uma figura autônoma do real, cuja força e densidade podem explicar-se pelo seu caráter extremamente móvel, inconstante e caprichoso. Aliás, ainda há bem pouco tempo, a ordem do mundo fundava-se num dualismo inaugural que encontrava parte das suas justificações no velho mito da superioridade racial. Na sua ávida necessidade de mitos destinados a fundamentar o seu poder, o hemisfério ocidental considerava-se o centro do globo, o país natal da razão, da vida universal e da verdade da humanidade. Sendo o bairro mais civilizado do mundo, só o "Ocidente" inventou um "direito das gentes".[20]

Na verdade, essa projeção ideológica de raça contribuiu muito para o negro negar-se a si mesmo e levou-o a supor que era um sujeito sem história[21], servil, sem identidade e sem vida social. Assim, a propalada superioridade racial do branco representou a assimilação de valores e práticas sociais que vão tornando o negro subalterno, termo que, na visão de Spivack, refere-se "às camadas mais baixas da sociedade constituídas pelos modos específicos de exclusão dos mercados, [exclusão] de representatividade política e legal e da impossibilidade de se tornarem membros pleno no estrato social dominante".[22]

[19] ALMEIDA, Silvio Luiz de. *Racismo estrutural*. São Paulo: Jandaíra, 2019.

[20] MBEMBE, Achille. *A crítica da razão negra*. Trad. Marta Lança. Portugal: Antígona, 2014. p. 27.

[21] Cf. GIDDENS, 2022. Giddens ressalta que a identidade não consiste no comportamento individual mas na capacidade pessoal do agente em estabelecer e dar continuidade a uma narrativa a respeito de sua própria história.

[22] SPIVAK, Gayatri Chakravort. Foreword: Upon Reading the Companion to Postcolonial Studies. *In*: RAY, Sangeeta; SCHWARZ, Henry (ed.). *A Companion to Postcolonial Studies*. p. XV-XXIII. Oxford: Blackwell Publishing, 2000, p. 51.

Infelizmente, essa condição de submissão, de subserviência e de subalternidade se naturalizou na consciência da população negra desde o período colonial e mantém-se influente, ainda, na atualidade. Na prática, a construção social e universal de raça, embora incorreta, reforçou a ideia de que entre os seres humanos há, em função de aspectos fenotípicos, diferenças de valores morais, de características psíquicas e intelectuais. Essa construção fez com que a sociedade brasileira fosse se constituindo de forma preconceituosa em diversos sentidos, pois, dividida em grupos raciais, vem conseguindo reproduzir, na esfera sociocultural, mecanismos racistas.

Assim, a ideologia reinante favorece a crença de que os brancos detêm o poder, ou seja, somente eles têm a capacidade de agir e determinar o comportamento do negro. Por isso, a adoção da hierarquização entre sujeitos, em razão de uma concepção de raça, trouxe um efeito negativo, desumano e violento, a escravização, regime em que o negro perde a condição de sujeito para ser apreendido como objeto na estrutura social. O branco, portanto, torna-se sujeito e propaga essa sua condição para fazer do negro objeto do poder social.[23]

À guisa de contextualização e melhor compreensão do termo, outro aspecto que observamos é que, como todos os conceitos, o de raça também apresenta alterações, em seu campo semântico, nas dimensões temporal e espacial. Isso significa que, em diferentes períodos, dependendo das condições sócio-históricas e culturais, o termo raça designou descendência, ou seja, um grupo de pessoa com um ancestral comum e com características físicas semelhantes. Posteriormente, raça passou a referir-se à diversidade humana em grupos fisicamente comparados. Nos séculos XVI e XVII, contudo, raça passa a interferir nas relações intergrupais, particularmente na França, onde a nobreza compreendia raça para separar francos e gauleses, ou seja, classe alta e classe baixa, vencedores e vencidos, dominadores e dominados, legitimando assim os francos como superiores e identificando os gauleses como plebe e que, por isso, podiam ser escravizados. A partir de então, essa concepção de raça torna-se "a chave da interpretação da história do mundo e do seu devir".[24]

[23] BOBBIO; MATTEUCCI; PASQUINO, 1998.

[24] BOBBIO; MATTEUCCI; PASQUINO, 1998, p. 1161.

Embora com cargas semânticas diferenciadas, a ideia de raça associada à distinção entre brancos e negros continua a servir para naturalizar as relações de dominação e de submissão entre classes sociais, sem que se comprovem componentes genéticos distintos e/ou diferenças biológicas indispensáveis entre os seres humanos. Disso decorreu uma das motivações para a decretação da escravização e da instauração de um racismo estrutural, na medida em que possibilitou aos brancos assumirem atitudes discriminatórias sobre os negros, considerados inferiores do ponto de vista físico, moral, intelectual, afetivo e de caráter. Enfim, o corpo negro, nessas circunstâncias, representou uma moeda colonial criada para exploração humana. Vale ressaltar que o negro, ainda hoje, se sente marginalizado e sem possibilidade de representar-se a si próprio socialmente por conta de um projeto de raça, que lhe atribuiu um tratamento desigual e o inferiorizou em relação ao branco.

Convém fazermos, nesse ponto, breves observações acerca da escravização, associá-la à questão das representações sociais e repensá-la como um regime compulsório de trabalho em que negros e negras eram obrigados a exercer. Não podemos nos esquecer que, além do que dissemos anteriormente, os negros eram considerados mercadorias por seus senhores e tinham a liberdade tolhida; recebiam uma alimentação mínima; vestiam trajes rudimentares; trabalhavam em excesso; viviam alojados em galpões úmidos e sem condições de higiene; e aqueles que desobedeciam a seu senhor eram castigados severamente. Devido à complexidade e dos múltiplos fatores que envolvem a escravização e os sujeitos escravizados, vários estudiosos de diferentes campos sociais tratam desse regime, nos ajudando a compreender melhor não somente a população negra escravizada, mas também a hierarquização branca na sociedade atual.

Segundo Pinsky,[25] o regime escravocrata não se particulariza como algo recente na história da humanidade, ainda que se fixe no Brasil no século XVI trazido pelos portugueses, que já o utilizava em suas expedições no século XV. Embora Pinsky não o veja como algo lucrativo para os portugueses, Celso Furtado (2007), Caio Prado Júnior (1954), Octavio Ianni (2002) entre outros estudiosos alegam sim, causas econômicas, como mão de obra barata e lucrativa e, sobretudo, representatividade política para Portugal. Além disso, destacam principalmente as particularidades

[25] PINSKY, Jaime. *A escravidão no Brasil*. 21. ed. São Paulo: Contexto, 2011.

fenotípicas dos negros africanos como as principais motivações para a implantação do regime de escravização.

Nos anos de 1887 e 1888, os jornais Correio de São Paulo e Província de São Paulo publicaram editoriais que relatavam boa cortesia de senhores de escravizados, pois concederam carta de alforria a estes. O caminho traçado pela história deixa-nos entrever que os negros, capturados no continente africano, eram trazidos para o Brasil em navios negreiros em condições sub-humanas. O fato de serem tratados como mercadoria, sem respeito e cordialidade, leva-nos a não ratificar os editoriais dos jornais paulistas que mencionamos anteriormente. Aliás, o escravizado nem era visto como ser humano por seus senhores. A situação deles era tão precária, tão sem apreço, não havendo, portanto, qualquer sentimento humanitário que pudesse corroborar que as eventuais alforrias se deram por complacência de seus senhores. Além disso, esta situação se confirma primeiramente pelo modo como se castigavam os negros e, em segundo lugar, pela resistência que a população negra impôs diante das crueldades a que foi subjugada.[26]

Afora os historiadores que se dedicam a estudar o regime de escravização com profundidade, temos que considerar as contribuições de pesquisadores de outros campos do saber, que abordam aspectos ora sociológicos, ora antropológicos, ora legais, que incidiram sobre os milhares de negros e negras retirados à força do continente africano e reduzidos a objeto devido à cor da pele, pela imposição de uma hierarquia social injusta pela desvalorização do trabalho manual, pela construção de uma imagem depreciativa e subalternizada do negro, pelo menosprezo do senhor sobre seu escravizado e, além disso, pela imposição de torturas e agressões físicas e psicológicas. Diante dessas condições extremas, o negro, para garantir seu direito à vida, viu-se obrigado a rebelar-se contra os senhores de engenho e a resistir ao regime imposto por meio da formação de quilombos.

Reforçando a ideia da tragicidade da escravização relatada por historiadores, Pinsky[27] indica que, além de trabalhos forçados, os escravizados sofriam repressão física e moral e eram proibidos de exercício de práticas religiosas. Embora resistissem, pois não estavam ali passivamente, não

[26] PINSKY, 2011.
[27] PINSKY, 2011.

faltaram sobre eles o chicote, o calabouço, a pena de morte e, muitas vezes, o suicídio, consequência de um estado de loucura causada pelos inúmeros maltratos infligidos aos escravizados.[28] É relevante enfatizar, ainda, que o branco, proprietário dos escravizados, entendeu o corpo negro como algo a ser explorado, apreendido como objeto, negando-lhe a existência, como aponta Mbembe:

> O Negro não existe, no entanto, enquanto tal. É constantemente produzido. Produzir o Negro é produzir um vínculo social de submissão e um corpo de exploração, isto é, um corpo inteiramente exposto à vontade de um senhor, e do qual nos esforçamos para obter o máximo de rendimento. Mercê de trabalhar à corveia, o Negro é também nome de injúria, o símbolo do homem que enfrenta o chicote e o sofrimento em um campo de batalha em que se opõem grupos e facções sociorracialmente segmentadas.[29]

A exploração do corpo negro no período de escravização contribuiu para a emergência do racismo, que vai se consolidando na medida em que o Estado brasileiro institui normas socioculturais que visam à regularização de uma sociedade capitalista. De fato, o mundo moderno, capitalista, configurou a noção de racismo.[30] É nessa condição que o racismo pode ser evidenciado nas ações macro, oriundas do poder político do Estado, ou micro, advindas de sujeitos que assumem a noção de raça e reproduzem comportamentos violentos para atingirem criminosamente os negros. É essa situação que determina a não representatividade negra em nossa sociedade, porque sem legitimação de uma identidade negra não há possibilidade de troca comunicacional com os brancos.

Na atualidade, tem havido diversos estudos e discussões sobre o racismo e as relações inter-raciais, com especial atenção às minorias étnico-raciais. Embora tais estudos visem ao combate da discriminação, do preconceito e de determinadas práticas sociais da elite, o empenho e algumas conquistas dos movimentos negros, como as políticas de ações afirmativas, a implementação da Lei 10.639/03, o Estatuto da Igualdade

[28] DURKHEIM, Émile. *O suicídio.* Estudo de Sociologia. São Paulo: Martins Fontes, 2000.

[29] MBEMBE, 2014, p. 40.

[30] WIEVIORKA, Michel. *O racismo, uma introdução.* São Paulo: Perspectiva, 2007.

Racial,[31] ainda não têm sido suficientes, para que os negros ganhem representação nos espaços de prestígio social, pois há uma gama de variáveis culturais reguladoras das ações humanas. Exemplo disso está na maneira como os dominadores, influenciados por atitudes e normas subjetivas internalizadas, controlam o comportamento das minorias.

Não há, no entanto, como pensar em uma representação do negro sem lhe garantir visibilidade e, ao mesmo tempo, atribuindo-lhe um papel periférico na estrutural social, pois "é na representação [...] que o visível se torna dizível. É na representação que a visibilidade entra no domínio da significação".[32] A realidade brasileira evidencia essa invisibilidade e, como sabemos, a Lei Áurea, promulgada em 13 de maio de 1888, não garantiu a inserção e nem favoreceu que os "ex-escravizados" se tornassem agentes de transformação social por meio de representatividade individual e/ou de grupo. Por esse contexto, podemos compreender a força do racismo estrutural que impede visibilidade e credibilidade do sujeito e da população negra.

A representação do negro na arte é uma concessão social encoberta pela elite, permeada por fracasso e por uma violência explícita. No cinema, na televisão e na literatura, ao negro sempre cabe representar personagens marginalizados, secundários, sem visibilidade e sem protagonismos. Isso ocorre, pois, na maioria das vezes, os diretores artísticos são brancos e buscam a reforçar situações que naturalizam as rubricas raciais. Nesse sentido, por identificá-lo apenas como coadjuvante, a representação social do negro no universo artístico confirma uma estrutura social racista em que vivemos, cuja finalidade é diminuir e apagar a contribuição negra para a cultura brasileira.

Na educação, devido à estrutura social racista do Brasil, a população negra enfrenta uma realidade tensa entre o apagamento de sua identidade e a ideologização vigente nos espaços educacionais. Entre os fatores que contribuem para a ausência de representatividade social negra na

[31] BRASIL. Lei n.º 12.288, de 20 de julho de 2010. Institui o Estatuto da Igualdade Racial; altera as Leis nos 7.716, de 5 de janeiro de 1989, 9.029, de 13 de abril de 1995, 7.347, de 24 de julho de 1985, e 10.778, de 24 de novembro de 2003. Disponível em: http://www.planalto.gov.br/ccivil_03/_ato2007-2010/2010/lei/l12288.htm. Acesso em 25 jul. 2022.

[32] SILVA, Tomaz Tadeu da. *O currículo como fetiche:* a poética e a política do texto curricular. Belo Horizonte: Autêntica, 2001. p. 61

Educação estão a falta de condições econômicas, a banalização das ofensas raciais, o menosprezo pela cultura negra, as exigências do comportamento "branco" como padrão, naturalizado nas leis e normas educacionais, nos currículos, nos livros didáticos, na ausência de autoridades negras, entre outros. Giroux, ao relacionar educação, raça e representação social, esclarece essa tensão, afirmando que

> A marca da sociedade e da cultura dominante é impressa em uma variedade de práticas escolares, isto é, na linguagem oficial, nas regras da escola, nas relações sociais na sala de aula, na seleção e apresentação do conhecimento escolar, na exclusão de capital cultural específico, etc. É desnecessário dizer que ela não é simplesmente impressa ou imposta sobre a consciência ou sobre as ideologias dos oprimidos. É sempre mediada, algumas vezes rejeitada, algumas vezes confirmada. [...] É crucial reconhecer que as escolas representam terrenos contestados na formação das subjetividades, mas que esse terreno é tendencioso a favor da cultura dominante. [33]

Partindo dessas reflexões de Giroux, podemos compreender melhor como a educação brasileira e, particularmente, o processo de escolarização instauram preconceitos que impedem a representatividade negra. Nada é transmitido às crianças acerca dos grandes feitos na construção da cultura negra, desde a utilização de técnicas na agricultura e mineração, das quais já detinham conhecimento, como também nas artes, ciência e até economia. A educação, em vista disso, tem se tornado um instrumento de veiculação do racismo, pois naturaliza estereótipos relacionados aos negros, principalmente pela ausência de representatividade dessa população na hierarquia educacional. No contexto escolar, o negro não aparece nem nas grandes construções, nem nos grandes eventos, fato que confirma estigmas raciais de um sujeito sem protagonismo, desprovido de identidade e despossuído de voz. Para uma representação social, faz-se necessária uma cidadania ativa.

Ao não se reconhecer nos contos de fadas, filmes, musicais ou em simples bonecas e, ainda, ter a associação de suas características limitadas a aspectos negativos, as crianças negras são impedidas de enxergar a beleza

[33] GIROUX, Henry. *Teoria crítica e política cultural:* para além das teorias de reprodução. Petrópolis: Vozes, 1986. p.94-95.

da curvatura de seus cachos, do tom de sua pele, bem como dos traços de suas narinas ou da espessura de seus lábios. O desconhecimento da história negra ou, pior, ouvi-la contada pela ótica do dominante, retira do negro a sensação de pertencimento e orgulho, levando-o a um processo de autonegação, recusando-se a pertencer ao corpo que habita. Segundo Ferreira e Camargo,

> na experiência coletiva, em sociedade, as identidades são construídas através do intercâmbio entre o individual e o coletivo, desde sempre mediado por um conjunto de crenças, códigos e valores instaurados historicamente. Nesse processo, interiorizamos o que os outros nos atribuem como algo nosso. Tendemos à predicação de coisas que nos são atribuídas. Isso se dá, em princípio, de forma clara e objetiva, porém, com o passar do tempo, vai se tornando um ato implícito, sem tanta visibilidade.[34]

Assim, somente com a reprogramação dos valores que alicerçam a sociedade, reavivando as raízes africanas, permitindo que a história das pessoas negras seja efetivamente contada por seus protagonistas, possibilitar-se-á a construção não apenas de uma identidade desprovida de vergonha e medo, mas de uma sociedade mais harmônica.

Considerando os atravessamentos entre cultura africana e europeia, tratar de representação social na religião implica refletir sobre uma cultura apagada e evidenciar uma das causas da intolerância religiosa contra o negro que professa uma das religiões de matriz africana. É desconsiderado que as religiões comumente praticadas no Brasil foram diretamente influenciadas pela cultura africana, como a veneração de santos católicos pretos – tais como Nossa Senhora Aparecida, São Benedito, Santo Elesbão, Santa Efigênia –, além daqueles que são popularmente relacionados ao candomblé, como São Cosme e São Damião (Ibejis ou Erês), São Jorge (Ogum) e Santa Bárbara (Iansã). Grandes festas religiosas, inclusive, contam com a participação da referência negra, como a lavagem da escadaria da Igreja do Senhor do Bonfim, em Salvador (Bahia), que é feita com água de cheiro por filhos de santo do candomblé.

[34] FERREIRA, Ricardo Franklin; CAMARGO, Amilton Carlos. As Relações Cotidianas e a Construção da Identidade Negra. *Psicologia: Ciência e Profissão,* 31 (2), p. 374-389, 2011. p. 384.

Adotando esse mesmo racional, infere-se que inúmeras terminologias incorporadas em nosso léxico, são igualmente advindas tanto da cultura, como de religiões professadas no continente africano, citando-se a título exemplificativo, Oxalá, Ogum, Iemanjá, Xangô, pomba-gira, macumba, axé, mandinga, quitute, vatapá, acarajé, caruru, mungunzá, farofa, quindim, canjica, cachaça, tanga, miçanga, caxambu, jongo, lundu, maxixe, samba, marimba, macumba, berimbau, camundongo, caxinguelê, mangangá, marimbondo, dendê, jiló, quiabo, capenga, calombo, caxumba, banguela, bunda e outros. O que nos fica óbvio é que a falta de representatividade negra na religião não se constitui apenas um mecanismo de apagamento identitário, implica também a constatação de uma negação cultural expressiva na constituição do sujeito negro. É necessário desconstruir a ideia equivocada de negro existente no imaginário social e o preconceito sobre sua cultura, para que a entendamos como um elemento de inserção e de transformação social.

Quando se examina a representação social negra no esporte, é notável que ela se limita apenas à prática, deixando-se de abarcar a estrutura esportiva. O fato de alguns negros participarem dos clubes de esportes populares não significa que o racismo não impere nesse contexto. A própria ausência de negros nos esportes de elite confirma esse ponto de vista. No contexto esportivo, o negro sempre esteve atrelado à história do futebol. Segundo Melo,[35] é preciso uma investigação detalhada que possa comprovar que o futebol seja a porta de entrada dos negros, como atletas, no universo esportivo. As experiências esportivas dos negros, em geral, eram combatidas, reprimidas e, sobretudo, categoricamente, desprezadas.

A repressão à cultura negra no esporte é facilmente verificada, ao revisitarmos a Lei n.º 487/1890, de Sampaio Ferraz, por meio da qual o jogo de capoeira era punido com prisão de dois a seis meses. No art. 402, que tratava "Dos vadios capoeiras", lia-se:

> Fazer nas ruas e praças públicas exercícios de agilidade e destreza corporal conhecidos pela denominação capoeiragem; andar em correria, com armas ou

[35] MELO, Victor Andrade de. Amador ou profissional? Um debate primordial no campo esportivo. *In*: GOMES, Eduardo de Souza, PINHEIRO, Caio Lucas Morais. *Olhares para a profissionalização do futebol:* análises plurais. Rio de Janeiro: Luminária Acadêmica, 2015, p. 19-44.

instrumentos capazes de produzir uma lesão corporal, provocando tumulto ou desordem, ameaçando pessoa certa ou incerta, ou incutindo temor de algum mal. Pena – prisão celular de dois a seis meses.

Parágrafo único – é considerado circunstância agravante pertencer o capoeira a algum bando ou malta. Aos chefes e cabeças se imporá a pena em dobro.

Melo[36] esclarece que, em meados do século XIX, a representatividade negra no futebol já gerava tensões e debate pela elite.

No Rio de Janeiro, Fluminense, Botafogo e Flamengo não admitiam de forma alguma que o negro vestisse sua camisa. Em São Paulo, o Palmeiras resistia. O Paulistano, clube do Jardim Paulista, preferiu fechar sua seção de futebol a ter de aceitar preto em seu time. No Rio Grande do Sul, o Grêmio Porto-Alegrense também era intransigente. No Paraná, o Atlético e o Coritiba não aceitavam os negros. Em Minas, Atlético e América; na Bahia, o Baiano de Tênis, que procedeu como o Paulistano; no Ceará, o Manguari; no Pará, o Remo, e assim por diante: em cada estado da Federação havia clubes aristocráticos que não deixavam os pretos jogarem.[37]

O futebol continua sendo o esporte com maior importância no cenário esportivo, mas, parece-nos que, em relação ao negro, sua representação está mais vinculada às demandas do mercado de seu tempo do que a qualquer luta contra o racismo e, principalmente, a qualquer inserção do negro na sociedade. Ainda que muitos esportistas negros tenham seu nome eternizado, como Pelé[38], Formiga[39], Rafaela Silva[40], Aída dos Santos

[36] MELO, 2015.

[37] SALDANHA, João. *Os subterrâneos do futebol.* 2. ed. Rio de Janeiro: José Olympio, 1980. p. 117.

[38] Edson Arantes do Nascimento, mais conhecido como *Pelé,* é um ex-jogador de futebol, que atuava como atacante. Ele é amplamente considerado como um dos maiores atletas de todos os tempos.

[39] Miraildes Maciel Mota, mais conhecida como *Formiga,* é uma futebolista brasileira que atua como volante. Atualmente, joga pelo São Paulo. Duas vezes vice-campeã olímpica e uma vez vice-campeã mundial de futebol feminino.

[40] Rafaela Lopes Silva é uma judoca campeã olímpica e mundial brasileira. Em agosto de 2013, tornou-se a primeira brasileira a se sagrar campeã mundial de judô.

Menezes[41], Servílio de Oliveira[42], Daiane dos Santos[43], Anderson Silva[44], Rebeca Andrade[45], o que levaria a impressão de representatividade racial nos esportes, fato é que o racismo continua presente, o que se sabe não apenas pelos inúmeros relatos veiculados constantemente nas mídias, mas especialmente quando se observam as posições de poder, desde corpo técnico até cargos diretivos em Confederações Esportivas Brasileiras. Enfim, a representatividade negra ainda tem muito para avançar e conquistar em diferentes esportes e para, ainda, ressignificar sua trajetória em relação à sociedade.

Embora componha mais de 50% da população nacional, o povo negro ocupa 24,4% dos parlamentares eleitos na Câmara dos Deputados e 28,9% na Assembleia Legislativa Estadual/Distrital, segundo pesquisa realizada pelo IBGE[46] no ano de 2019. Este resultado reflete os entraves enfrentados pelo negro, que não possui acesso fácil aos partidos políticos de maior expressão nacional e, quando consegue certa inserção, conta com reduzidos recursos para suas campanhas eleitorais, sendo, por isso, desconhecido pela maior parte dos eleitores. Assim, a invisibilidade negra resulta não apenas no avanço moroso de pautas antirracistas, mas também impede a análise das pautas incluídas em votação sobre diferentes

[41] Aída dos Santos Menezes é uma ex-atleta brasileira, especialista no salto em altura. Nasceu prematura, caçula entre seis irmãos. Vivia com a família no Morro do Arroz, comunidade de Niterói.

[42] Servílio Sebastião de Oliveira é um ex-pugilista. Primeiro brasileiro a conquistar uma medalha olímpica no boxe até o ano de 2012. Nos Jogos Olímpicos de Verão de 1968, na Cidade do México, ganhou a medalha de bronze.

[43] Daiane Garcia dos Santos é uma ex-ginasta, que competiu em provas de ginástica artística. Conquistou nove medalhas de ouro em campeonatos mundiais. A primeira ginasta brasileira, entre homens e mulheres, a conquistar uma medalha de ouro em uma edição do Campeonato Mundial.

[44] Anderson da Silva, mais conhecido como Anderson Silva ou Spider, é um lutador brasileiro-americano de artes marciais mistas e ex-Campeão Peso Médio do UFC.

[45] Rebeca Rodrigues de Andrade é uma ginasta artística brasileira, campeã olímpica e mundial, que compete pelo Flamengo. Fez história nos Jogos Olímpicos de 2020, tornando-se a primeira ginasta brasileira a ser campeã olímpica e a primeira atleta do Brasil a ganhar duas medalhas numa mesma edição das Olimpíadas.

[46] IBGE – Instituto Brasileiro de Geografia e Estatística. Desigualdades Sociais por Cor ou Raça no Brasil. 2019. Disponível em: https://biblioteca.ibge.gov.br/visualizacao/livros/liv101681_informativo.pdf. Acesso em: 19 jul. 2022.

perspectivas, sendo que muitas desconsideram as experiências vivenciadas por grande parte da população brasileira, conforme retratado por Campos e Machado.[47]

A perpetuação do apagamento da influência negra na construção do Brasil resulta em consequências nefastas à sociedade, na medida em que a ausência de representatividade gera um sentimento de inferiorização, abandono, rejeição, insegurança e baixa autoestima entre os negros, em virtude dos padrões pré-estabelecidos pela elite.

Conclusões

Ao refletir sobre a ausência de representatividade negra em espaços de prestígio na sociedade brasileira e suas implicações, como o apagamento da identidade do negro, buscamos compreender, com base nas concepções de representação social, identidade, raça e racismo, as relações construídas socialmente sobre o negro, categorizado, na memória histórica, como mercadoria ou objeto social.

Observamos, em obras específicas, que o conceito de representatividade e representações sociais são examinados por vários campos do conhecimento, por conta de sua complexidade, e que tais termos são polissêmicos. Dada a finalidade deste artigo, optamos por tomá-los como equivalentes, considerando-os como modalidade de comunicação, pois revelam o contexto social em que vivemos. Uma vez colocado em destaque um conceito de representatividade, pudemos relacioná-la à subjetividade e à identidade negra.

A concepção de identidade na abordagem de Charaudeau[48] reforça a tomada de consciência do corpo do sujeito. Isso implica refletir que a identidade requer que o negro tenha consciência de estar inserido na sociedade e que tenha direitos sobre suas ações, crenças e valores. Sem essa conscientização, não há nem identidade e nem possibilidade de representações sociais. O fato de as representações serem produzidas socialmente

[47] CAMPOS, Luiz Augusto; MACHADO, Carlos. O que afasta pretos e pardos da representação política? Uma análise a partir das eleições legislativas de 2014. *Revista Sociologia Política*, v. 25, n. 61, p. 125-142, março, 2017.

[48] CHARADEAU, 2009.

hierarquiza os sujeitos na escala social[49] e, de certa forma, explicam a sociedade, quando os negros não participam das representações.

Verificamos também que a concepção de raça, cientificamente equivocada, trouxe consequências irreparáveis aos grupos raciais minorizados, pois o branco se colocou em posição hierárquica superior em relação ao negro. Nesse contexto, podemos considerar que foram estabelecidos os primeiros critérios de legitimação da escravização e do racismo, definindo os incluídos e os excluídos da estrutura social. Apagada sua identidade e estabelecida a hierarquia da elite branca em relação à população negra, tudo isso concorre para comprometer a representação social dessa população.

Tratamos, por fim, das representações sociais na arte, na cultura, educação, religião, esporte, política. O que nos fica óbvio é que a falta de representatividade negra na hierarquia brasileira não se constitui apenas um mecanismo de apagamento identitário, implica também a constatação de uma negação cultural expressiva na constituição do sujeito negro. Como as representações sociais se constituem um instrumento de operação do poder, sub-representar o negro revela o domínio da elite branca e, também, coloca abertamente o racismo como um processo pelo qual os privilégios brancos se espalham socialmente e reproduzem-se pelos espaços econômicos, políticos e institucionais.

Por fim, cabe ressaltar que, ao participar deste projeto, esperamos contribuir para que a população negra brasileira, vitimada por uma trajetória histórica violenta, possa projetar uma identidade por meio de suas experiências de vida materializadas em diferentes representações sociais, a fim de consiga dar sentido à sua história.

Referências

AJZENBERG, Bernardo. Os invisíveis. *Folha de S. Paulo*, 28 de agosto de 2001.

ALMEIDA, Silvio Luiz de. *Racismo estrutural.* São Paulo: Jandaíra, 2019.

ANDRADE, Sandra dos Santos. *Uma boa forma de ser feliz:* representações de corpo feminino na revista Boa Forma. Dissertação (Mestrado em Educação). Programa de Pós-Graduação em Educação, UFRGS, Porto Alegre, 2002.

[49] ANDRADE, Sandra dos Santos. *Uma boa forma de ser feliz:* representações de corpo feminino na revista Boa Forma. Dissertação (Mestrado em Educação). Programa de Pós-Graduação em Educação, UFRGS, Porto Alegre, 2002.

BAKHTIN, Mikhail Mikhailovich; VOLOCHÍNOV, Valentin Nikoláievitch (1929). *Marxismo e filosofia da linguagem*. Tradução de Michel Lahud e Yara Frateschi Vieira. 13 ed., São Paulo: Hucitec, 2009.

BAUMAN, Zygmunt. *Identidade*. Entrevista concedida a Benedetto Vecchi. Rio de Janeiro: Zahar, 1999.

BOBBIO, Norberto; MATTEUCCI, Nicola; PASQUINO, Gianfranco. *Dicionário de política*.11ª ed., Brasília: UnB, 1998.

CAMPOS, Luiz Augusto; MACHADO, Carlos. O que afasta pretos e pardos da representação política? Uma análise a partir das eleições legislativas de 2014. *Revista Sociologia Política*, v. 25, n. 61, pp. 125-142, março, 2017.

CAMPOS, Luiz Augusto. Por que precisamos de mais negros e negras na política? El País. Publicado em: 1º. Set. 2020. Disponível em: https://brasil.elpais.com/brasil/2020-09-01/por-que-precisamos-de-mais-negros-e-negras-na-politica.htmlhttps://brasil.elpais.com/brasil/2020-09-01/por-que-precisamos-de-mais--negros-e-negras-na-politica.html.Acesso em: 19 jul 07. 2022.

CHAGAS, Inara. Por que o índice de negros em cargos políticos é baixo? Publicado em: 30 mar. 2020. Politize! Disponível em: https://www.politize.com.br/indice-de-negros-em-cargos-politicos-e-baixo/https://www.politize.com.br/indice-de-negros-em-cargos-politicos-e-baixo/. Acesso em: 19 .07jul. 2022.

CHARAUDEAU, Patrick. Identidade social e identidade discursiva, o fundamento da competência comunicacional. *In*: PIETROLUONGO, Márcia. (org.) *O trabalho da tradução*. Rio de Janeiro: Contra Capa, 2009, p. 309-326.

CIAMPA, Antonio da Costa. (1999). *Identidade:* um paradigma para a Psicologia Social? Comunicação apresentada em Simpósio no X Encontro Nacional da Associação Brasileira de Psicologia Social, outubro, 1-5, (Mimeo).

DURKHEIM, Émile. *O suicídio*. Estudo de Sociologia. São Paulo: Martins Fontes, 2000.

FERREIRA, Ricardo Franklin; CAMARGO, Amilton Carlos. As relações cotidianas e a construção da identidade negra. *Psicologia: Ciência e Profissão*, 31 (2), p. 374-389, 2011.

GIDDENS, Anthony. *Modernidade e identidade*. Rio de Janeiro: Zahar, 2002.

GIROUX, Henry. *Teoria crítica e política cultural:* para além das teorias de reprodução. Petrópolis: Vozes, 1986.

HALL, Stuart. *A identidade cultural na pós-modernidade*. São Paulo: DP&A, 2006.

HEIDEGGER, Martin. *Identidade e diferença:* Conferências escritos filosóficos. Trad. Ermildo Stein. São Paulo: Nova Cultural, 2005.

IBGE – Instituto Brasileiro de Geografia e Estatística. Desigualdades Sociais por Cor ou Raça no Brasil. Disponível em: https://biblioteca.ibge.gov.br/visualizacao/livros/liv101681_informativo.pdf.- Acesso em: 19 jul. jul. 2022.

MBEMBE, Achille. *A crítica da razão negra*. Trad. Marta Lança. Portugal: Antígona, 2014.

MELO, Victor Andrade de. Amador ou profissional? Um debate primordial no campo esportivo. *In*: GOMES, Eduardo de Souza; PINHEIRO, Caio Lucas Morais. *Olhares para a profissionalização do futebol:* análises plurais. Rio de Janeiro: Luminária Acadêmica, 2015, pp. 19-44.

MUNANGA, Kabengelê (org.). *Superando o racismo na escola.* 2. ed. rev. Brasília: MEC [Secretaria de Educação Continuada, Alfabetização e Diversidade], 2005.

PINSKY, Jaime. *A escravidão no Brasil.* 21. ed. São Paulo: Contexto, 2011.

ROSO, Adriane, STREY, Marlene Neves, GUARESCHI, Pedrinho; BUENO, Sandra M. Nora Cultura e ideologia: a mídia revelando estereótipos raciais de gênero. *Psicologia & Sociedade, 14*(2), 74-94, 2002.

SALDANHA, João. *Os subterrâneos do futebol.* 2. ed. Rio de Janeiro: José Olympio, 1980.

SANTOS, Ricardo Pinto dos. O racismo e a participação do negro no esporte. *Ludopédio,* São Paulo, v. 97, n. 22, 2017.

SILVA, Tomaz Tadeu da. *O currículo como fetiche:* a poética e a política do texto curricular. Belo Horizonte: Autêntica, 2001.

SPIVAK, Gayatri Chakravort. Foreword: Upon Reading the Companion to Postcolonial Studies. *In*: RAY, Sangeeta; SCHWARZ, Henry (ed.). *A Companion to Postcolonial Studies.* pp. XV-XXIII. Oxford: Blackwell Publishing, 2000.

TAJFEL, Henry. *Human groups and social categories*: s. Studies in social psychology. Cambridge: Cambridge University Press, 1981.

TAJFEL, Henry. La catégorisation sociale. *In*: MOSCOVICI, Serge. (org.). *Introduction à la psychologie sociale,* vol. 1. Paris: Larousse, 1972.

VALSINER, Jaan. Além das representações sociais: uma teoria da capacitação. *Artigos sobre Representações Sociais, 12,* 7.1-7.16. 2003.

WIEVIORKA, Michel. *O racismo, uma introdução.* São Paulo: Perspectiva, 2007.

Capítulo 10
O mercado de consumo é racista? Um estudo sobre a "hipervulnerabilização" do consumidor negro no contexto do racismo estrutural brasileiro

Ana Camila Correia Conceição

1. Introdução

O Brasil, historicamente, vivenciou dinâmicas escravistas desde a chegada dos colonizadores portugueses, em 1500. Não há registros precisos sobre quando as primeiras pessoas negras escravizadas chegaram ao Brasil, porém a tese mais aceita é de que o processo de tráfico de negros para o país teve início em algum momento por volta de 1530.[1] Apenas em 13 de maio de 1888 foi assinada a Lei n.º 3.353, a chamada Lei Áurea, por meio da qual se abolia permanentemente a escravização no Brasil. Nesse ínterim, pessoas negras foram desconsideradas enquanto seres humanos e eram tratadas como meros objetos, submetidas a inimagináveis torturas, humilhações e degradações.

Conforme assevera Silvio Almeida, "o racismo decorre das marcas deixadas pela escravização e pelo colonialismo".[2] As sociedades contemporâneas, mesmo com o fim dos regimes escravistas, permaneceram presas a padrões mentais e institucionais escravocratas, ou seja, racistas,

[1] IBGE – Instituto Brasileiro de Geografia e Estatística. *Estatísticas históricas do Brasil:* séries econômicas, demográficas e sociais de 1550 a 1988. 2. ed. rev. e atual. Rio de Janeiro: IBGE, 1990. p. 60.

[2] ALMEIDA, Silvio Luiz de. *Racismo estrutural.* São Paulo: Sueli Carneiro: Editora Jandaíra, 2020. p. 183.

autoritários e violentos. A libertação dos escravos foi, meramente, um evento de soltura. Com a publicação da Lei Áurea, as centenas de milhares de pessoas negras, que eram para aquela realidade nada mais do que uma propriedade, apenas perderam a condição legal de produto. Eles não passaram por qualquer processo de inserção social enquanto cidadãos. Assim como a própria sociedade não passou por qualquer processo de integração desses sujeitos enquanto pessoas.[3]

Sobre essas bases, o corpo social se desenvolveu e evoluiu até o presente. Enquanto elemento da estrutura social, o racismo influencia todas as dinâmicas perpetradas no contexto do convívio em sociedade, que são eivadas, em algum grau, de conotação racista. Nesse diapasão, como forma de reação ao problema, o ordenamento jurídico brasileiro, enquanto mecanismo de coesão e controle comunitário, apresenta diversos meios para reforço da igualdade social e da proibição de condutas e práticas discriminatórias.

Não obstante, ao se observar o microssistema consumerista como referencial principal e as relações jurídicas estabelecidas nesse contexto, é possível constatar uma lacuna no que se trata da repressão e punição de práticas racistas. A negritude foi e é apresentada como um produto sob a ótica do consumo. Depois de cerca de 388 anos de escravização, em 2022, o Brasil completou 134 anos desde que os pretos deixaram, legalmente, de ser propriedade e se tornaram cidadãos.[4] Todavia, teratologicamente, ainda hoje são flagrantes e frequentes os processos de produtificação do povo negro e de sua cultura. Um fenômeno contemporâneo que reflete perfeitamente como esse processo é extremamente racista e segregador é o chamado *blackfishing*, que será definido e explicitado abaixo, em item próprio.

Há, ainda, o fenômeno ora identificado como pseudoinserção. Com as evoluções sociais, precipuamente no século XXI, as demandas das minorias por maior representatividade e atuação global impõem-se cada vez mais como um chamado inescusável. Nessa senda, no contexto

[3] FERNANDES, Florestan. *A integração do negro na sociedade de classes:* (o legado da "raça branca"). 5. ed. São Paulo: Globo, 2008. p. 37-50.

[4] GOMES, Flávio; ARAÚJO, Carlos Eduardo Moreira de. Abolição da escravidão: a igualdade que não veio. *Portal Geledés*. 13/05/2010. Disponível em: https://www.geledes.org.br/abolicao--da-escravidao-igualdade-que-nao-veio/. Acesso em 28. mar. 2022.

de consumo de bens e serviços, por óbvio, surge também a imposição por maior participação de pessoas negras nas relações de consumo. Em resposta a tal urgência, tem-se, então, marcas apresentando em seus anúncios publicitários, quase timidamente, modelos pretos, visando assegurar uma imagem antirracista.

Esse é um termo popularizado por meio do discurso de Angela Davis, professora, filósofa e ativista estadunidense do movimento negro. Davis declarou que em uma sociedade racista, não basta que você não seja racista, você precisa ser antirracista. Isto é, não basta não reproduzir comportamentos e posicionamentos de cunho preconceituoso, é imprescindível que também se aja no sentido de combate efetivo ao racismo.

Para que a prática mercadológica seja efetivamente antirracista, faz-se necessário que essa inserção da pessoa negra e da negritude nos processos tenha um caráter muito mais sociológico do que meramente expositivo, ou seja, totalmente diferente do que ocorre na sociedade contemporânea.

2. Como o racismo e o mercado de consumo se relacionam?

Desde os primórdios das sociedades, o fenótipo foi colocado como elemento fulcral para a definição de quem seria o inimigo, noção que deu início às dinâmicas sociais e, até hoje, reflete-se nas formas como os sujeitos se relacionam. À luz dos estudos do cientista Cheikh Anta Diop,[5] grande parte dos conflitos na Antiguidade tiveram como demarcadores dos grupos antagônicos características fenotípicas e culturais.

O racismo faz parte da ordem social. É uma consequência da forma como se constituem as relações políticas, econômicas, jurídicas e até familiares, sendo, portanto, um reflexo estrutural da sociedade[6]. Nesse sentido, é possível asseverar que se consolidou no Brasil, por meio da própria estrutural social, "Uma estrutura e uma estratégia de dominação racial tão bem estabelecida, tão eficaz e poderosa, que tem permanecido inalterada através de todas as transformações sociopolíticas e econômicas do país".[7]

[5] MOORE, Carlos. *Racismo e sociedade*: novas bases epistemológicas para entender o racismo. Belo Horizonte: Mazza Edições, 2007. p. 162.

[6] ALMEIDA, 2020, p. 50.

[7] NASCIMENTO, Abdias do. *O negro revoltado*. 2. ed. Rio de Janeiro: Nova Fronteira, 1982. p. 25.

As relações de consumo são diretamente influenciadas pela dinâmica estruturalmente racista da sociedade. Seja por meio do fenômeno da "produtificação" da negritude, da segregação e do entravamento do acesso de consumidores negros a determinados produtos ou das práticas discriminatórias perpetradas no contexto da publicidade, resta claro que o mercado de consumo apresenta muitos vieses racistas. Entretanto, a população em geral perece com a visão de que o Estado e o Direito têm sido ineficazes em combater os casos de racismo no contexto das relações de consumo.

2.1. Estudos de caso: racismo nas relações de consumo.

A fim de compreender como o Direito e o Estado têm se manifestado em relação aos casos flagrantes de racismo na seara consumerista, passa-se a analisar, brevemente, alguns casos de repercussão nacional.

2.1.1. Primeiro caso – Moda

Uma marca de moda brasileira, com lojas em todo o país, causou polêmica em uma campanha de liquidação em uma de suas lojas. Nessa situação, um manequim preto estava posicionado como se estivesse quebrando a vitrine da loja, numa espécie de ato de invasão. Consumidores identificaram conotação racista na campanha, tendo em vista que a imagem posta reforçava o estereótipo de pessoas negras associadas à criminalidade. Por esse motivo, centenas de comentários foram feitos e compartilhados em redes sociais, o que gerou grande repercussão na imprensa nacional.

Práticas como essa contribuem para a naturalização de fenômenos como o do racismo recreativo. Para compreender essa tipologia, importa retornar às lições do jurista Adilson Moreira sobre piada e discriminação racial. As piadas são, antes de tudo, expressões culturais, "são manifestações de sentidos culturais que existem em dada sociedade. Por esse motivo, o humor não pode ser reduzido a algo independente do contexto social no qual existe".[8] Nesse diapasão, o racismo recreativo advém como uma política cultural que serve à manutenção da estrutura social no que tange à relação entre pessoas negras e pessoas brancas. Estas são socialmente legitimadas a se valerem do humor, ainda que de qualidade questionável, "para expressar sua hostilidade por minorias raciais e ainda assim afirmar

[8] MOREIRA, Adilson. *Racismo recreativo*. São Paulo: Sueli Carneiro; Pólen, 2019. p. 63.

que elas não são racistas, reproduzindo então a noção de que construímos uma moralidade pública baseada na cordialidade racial".[9]

Assim, o reforço de estereótipos e a conotação de piada atribuída a práticas que são, em verdade, racistas, não só mascaram o crime e o dano provocado, como também naturalizam as condutas lesivas, que vão se tornando cada vez mais parte da dinâmica social e, portanto, perdem a reprovabilidade. No entanto, para o público negro, todo esse processo alimenta a máquina do racismo estrutural, reiterando as microagressões e causando prejuízos, especialmente aqueles de natureza moral.

2.1.2. Segundo caso – Cosméticos

Marca especializada em comercialização de itens de maquiagem e higiene pessoal feminina estabelece parcerias com influenciadoras digitais em alta no mercado, que assinam e divulgam linhas de produtos. Em parceria com uma influenciadora digital, a marca divulgou o lançamento da paleta de sombras.

A problemática do lançamento foi suscitada por um maquiador e influenciador digital que divulgou que a marca estaria forjando *swatches*[10] das sombras da paleta, usando de edição de imagem para fazer parecer que o produto teria sido testado em modelos de peles branca, parda e preta[11].

Em um primeiro momento, a marca alegou que seriam imagens diferentes, ao ponto de terem apresentado uma modelo preta para afirmar que teria participado da publicidade. Entretanto, os internautas não acreditaram nas alegações da marca e nem na confirmação da suposta modelo, reiterando o que se via nas imagens: tudo não passava da edição de uma mesma imagem. Por essa razão, sob a pressão dos consumidores, a marca assumiu em uma postagem na rede social Instagram que, de fato, se tratava da mesma foto, com uma única modelo, editada digitalmente.

Os *swatches* se tornaram uma prática comum entre influenciadores digitais de beleza, tornando-se, inclusive, um método adotado pelas marcas,

[9] MOREIRA, 2019, p. 63.

[10] É uma nomenclatura usada no mundo da maquiagem para se referir ao teste de cores, consistência e/ou desempenho de determinado produto, usualmente feito na pele de uma pessoa.

[11] Herdeira da Beleza no Twitter. Disponível em: https://twitter.com/santotassio/status/1181566947118460928. Acesso em: 24 abr. 2022.

pois têm a finalidade de dar ao consumidor uma noção mais concreta sobre a cor e o desempenho de determinado produto de maquiagem na pele. Por essa razão, a adulteração de um *swatch* pode induzir o cliente ao erro, pois ele confia naquele exemplo para escolher determinado produto, o qual, em razão do falseamento, poderá não apresentar o mesmo resultado em sua pele.

Conforme a legislação consumerista, é definida como enganosa a publicidade que tem o condão de induzir o consumidor a erro, "quando há divulgação total ou parcialmente falsa, ou ainda quando há omissão de informações relevantes à compreensão pelo consumidor, das características, qualidades e utilidades do produto ou do serviço objeto do anúncio",[12] conforme disciplina do art. 37, § 1º, da Lei n.º 8.078/1990, o Código de Defesa do Consumidor ("CDC"). Não obstante, a marca não sofreu qualquer tipo de penalização em razão da conduta acima narrada.

2.2. Ordenamento jurídico brasileiro, igualdade racial e discriminação

A Constituição Federal de 1988 prevê, em seu artigo 3º, inciso IV, que a promoção do "bem de todos, sem preconceitos de origem, raça, sexo, cor, idade e quaisquer outras formas de discriminação" é um dos objetivos fundamentais da República Federativa do Brasil. Ademais, declara em seu artigo 4º, inciso VIII, que a República Federativa do Brasil tem como um dos seus princípios o repúdio ao terrorismo e ao racismo, o qual é um crime inafiançável e imprescritível.[13] Dessa forma, desde sua Lei Maior, o Estado brasileiro reconhece o racismo como uma matéria de fundamental importância, assumindo como um dos mais relevantes deveres da sociedade e do poder público o seu combate e repressão.

O racismo e a discriminação racial são expressamente tratados na Lei n.º 7.716, de 5 de janeiro de 1989, também denominada Lei Caó, em homenagem a Carlos Alberto Caó, militante da luta antirracista e um dos únicos parlamentares negros que participaram da formação da

[12] MIRAGEM, Bruno. O Plano Nacional de Consumo e Cidadania – Comentários ao Dec. 7.963, de 15.03.2013. Revista de Direito do Consumidor, v. 86, p. 275-285, mar.-abr., 2013. Disponível em: https://www.revistadostribunais.com.br/. Acesso em: 08 jun. 2022. p. 356.

[13] BRASIL. *Vade Mecum Civil e Empresarial*: Civil, Comercial, Processo Civil e Constituição Federal. 3. ed. São Paulo: Saraiva Educação, 2019. p. 11.

Constituição Federal de 1988.[14] A Lei n.º 9.945/1997 incluiu no Código Penal, especificamente no § 3º do art. 140, a previsão do crime de injúria, praticado utilizando-se elementos referentes à raça, cor, etnia, religião, origem ou condição de pessoa idosa, ou com deficiência. Esta é a chamada injúria racial. Contudo, muito se discute sobre a verdadeira efetividade dessa previsão, que apresenta pena menor em comparação àquelas estabelecidas para os crimes previstos na Lei Caó, apesar de não se diferenciar de fato em seu objetivo e resultado, sendo o elemento distintivo o limite da expressão.[15]

Em 2010, foi publicada a Lei n.º 12.288, o Estatuto da Igualdade Racial. Este trata sobre a garantia à população negra, no Brasil, de igualdade de acesso e oportunidades na sociedade, bem como a defesa de direitos – individual e coletivamente compreendidos – e o combate à discriminação. Em seu art. 2º, prevê que é uma obrigação do Estado a garantia da igualdade de chances para todos os brasileiros, "independentemente da etnia ou da cor da pele, o direito à participação na comunidade, especialmente nas atividades políticas, econômicas, empresariais, educacionais, culturais e esportivas, defendendo sua dignidade e seus valores religiosos e culturais".[16] Ainda, o diploma normativo em referência assegura a participação da população negra na vida social, econômica, política e cultural do país, que deverá ser promovida mediante a "modificação das estruturas institucionais do Estado para o adequado enfrentamento e a superação das desigualdades étnicas decorrentes do preconceito e da discriminação étnica" (art. 4º, III), dentre outros meios.[17]

[14] MOREIRA, Romulo de Andrade. Os 33 anos da lei Caó. *Portal Geledés*. 05/01/2022. Disponível em: https://www.geledes.org.br/os-33-anos-da-lei-cao/. Acesso em 25 mai. 2022.

[15] Cf. SANTOS, Brígida Gonçalves dos. Crime de preconceito de raça ou cor – desclassificação para injúria qualificada – inadmissibilidade – árbitro de futebol ofendido, porfrequentador de estágio, em razão da cor da pele – palavras, de cunho segregacionista, que, à luz das provas coligadas, não foram direcionadas a um único indivíduo – condenação que se impõe – inteligência do art. 20 da lei 7.716/1989. Revista dos Tribunais, vol. 917, p. 523-533, mar. 2012. p. 2. Disponível em: https://www.revistadostribunais.com.br/. Acesso em: 28 mai. 2022.

[16] BRASIL. Lei n.º 12.288, de 20 de julho de 2010, que institui o Estatuto da Igualdade Racial. Disponível em: http://www.planalto.gov.br/ccivil_03/_ato2007-2010/2010/lei/l12288.htm. Acesso em: 28 abr. 2022.

[17] BRASIL, 2010.

O CDC estabelece, em seu artigo 6º, uma série de direitos dos indivíduos na condição de consumidores. Dentre eles, conforme dispõe o inciso II, está a liberdade de escolha e igualdade nas contratações, reflexo do direito fundamental à igualdade e isonomia preconizado pela Carta Magna brasileira.[18] Todavia, em que pese a referência à garantia constitucional, a superficialidade das previsões do CDC, atrelada à falta de ação dos agentes do Sistema Nacional de Proteção e Defesa do Consumidor (SNDC)[19] e do próprio Poder Judiciário, percebe-se a inércia das instituições quando se trata das práticas inequivocamente racistas perpetradas no mercado de consumo.

2.3. De 1500 a 2020: inserção da pessoa negra no mercado de consumo

É fundamental compreender que o racismo "surgiu e se desenvolveu em torno da luta pela posse e a preservação monopolista dos recursos vitais da sociedade"[20]. Enquanto na Antiguidade os recursos vitais eram elementos como bens, em um contexto feudal e agrícola, ou territórios, abarcando terra, água, montanhas, etc., na era moderna os recursos vitais são elementos como educação, serviços sociais, poder político, oportunidades de emprego e lazer, "até ao direito de ser tratado equitativamente pelos tribunais de justiça e as forças incumbidas da manutenção da paz".[21]

Tratar sobre racismo enseja a compreensão sobre a existência de uma ordem racial. "Essa expressão designa um tipo de funcionamento social no qual sistemas como a cultura, a política e a economia operam a partir de processos racializados".[22] Nesse sentido, a questão racial, especialmente no que concerne à negritude, cria uma série de limitações, segundo o fenótipo do sujeito, em relação às "vantagens, benefícios e liberdades que a sociedade outorga livremente a outros, também em função de seu

[18] BRASIL, 2019. p. 12-13.

[19] O Sistema Nacional de Defesa do Consumidor é formado pelo conjunto de órgãos administrativos incumbidos da proteção do consumidor, conforme prevê a Lei n.º 8.078/1990, em seu art. 105.

[20] MOORE, 2007, p. 283.

[21] MOORE, 2007, p. 283

[22] MOREIRA, Adilson José. *Tratado de direito antidiscriminatório*. São Paulo: Editora Contracorrente, 2020. p. 536.

fenótipo".[23] Considerando essas premissas, na ordem racial brasileira das relações de consumo, o ser negro se apresenta como um produto desde o período colonial e permanece até o presente, conforme se passa a demonstrar.

A priori, cumpre retratar como a negritude foi e é apresentada sob a ótica do consumo. Uma referência perfeita sobre a "produtificação" da população negra é a figura de Sarah Baartman.[24] Sarah foi uma mulher preta da etnia *khoisan*, povo que residia na região onde hoje existe a África do Sul, nascida em 1789. Por volta de 1810, Sarah foi levada para o Reino Unido, na condição de escrava, e viajou por diversas regiões da Europa sendo exibida como um produto, sob a alcunha de "Vênus Hotentote", em razão de suas dimensões corporais distintas, sob a perspectiva europeia.[25]

Sarah tinha glúteos de grandes proporções e, por conta dessa característica física, ela foi explorada e exibida em grandes eventos, completamente nua, sendo obrigada a se comportar como uma selvagem, reforçando os estereótipos de subdesenvolvimento civilizatório que existiam em relação às pessoas negras. Sarah, desumanizada e transformada em um bem a ser mostrado, tornou-se objeto de interesse de cientistas e pintores, tendo seu corpo totalmente investigado e medido, com registros dessas informações expostos em museus e institutos zoológicos e científicos como forma de corroborar o mito dos diferentes estágios de evolução biológica entre pessoas brancas e negras.[26]

Mesmo depois de sua morte, em 1815, seu corpo e sua imagem continuaram sendo explorados e violados. Seus órgãos genitais foram enviados para o Museu Nacional de História Natural da França, onde foram usados como fundamento para a teoria racista de que quanto mais primitivo era o

[23] MOORE, 2007, p. 284.

[24] PARKINSON, Justin. Sarah Baartman: a chocante história da africana que virou atração de circo. BBC. 11 janeiro 2016. Disponível em: https://www.bbc.com/portuguese/noticias/2016/01/160110_mulher_circo_africa_lab. Acesso em: 15 nov. 2020.

[25] ASHLEI, Rokeshia Renné. Os quadris de Sarah Baartman: de símbolo de exploração a fonte de empoderamento. Tradução: Maurício Búrigo. Revista Fórum. 30/8/2021. Disponível em: https://revistaforum.com.br/blogs/socialista-morena/2021/8/30/os-quadris-de-sarah-baartman-de-simbolo-de-explorao-fonte-de-empoderamento-102687.html. Acesso em: 25 mai. 2022.

[26] PARKINSON, 2016.

mamífero, mais acentuados seriam seus órgãos e desejos sexuais. Os restos mortais de Sarah ficaram expostos para visitação no Musée de l'Homme, em Paris, até 1976, quando foram guardados. Somente em 2002, em resposta ao pedido feito por Nelson Mandela em 1994, quando presidente da África do Sul, os restos mortais de Sarah foram repatriados para sua terra natal e puderam, finalmente, ser dignamente sepultados.[27]

No entanto, infelizmente, o avanço e complexificação das sociedades ao longo da história não foram capazes de extirpar tais práticas da realidade. Em 2015, o Conselho Nacional de Autorregulamentação Publicitária (CONAR) determinou a suspensão de peça publicitária de marca de cerveja. No cartaz em questão, era exibida imagem de uma modelo negra. A publicidade pretendia divulgar as diferentes opções de quantidade da cerveja disponibilizada no mercado pela marca, porém, simultaneamente, fazia referência à prótese de silicone da modelo, criando a sensação de que ela também seria um produto.[28]

Ainda que seja evidente que a própria modelo não estaria à venda, a imagem passa a percepção de que ela também seria um bem a ser adquirido, o que havia sido compreendido pelo CONAR como uma publicidade com apelo excessivo à sensualidade. Observa-se, na situação relatada, a utilização da imagem de uma mulher negra remontada à posição de produto, tal qual Sarah Baartman. Mesmo após tantos anos desde a abolição da escravização, a compreensão da pessoa negra enquanto propriedade parece não soar, em algumas circunstâncias, como mais que um despautério, mas também como um crime.

Outro caso de flagrante repercussão nacional, datado do ano de 2013, também envolveu uma marca de cerveja. Na publicidade para a divulgação de um novo produto, uma cerveja preta, a marca usou o desenho de uma mulher negra, vestida em roupas justas, expondo o corpo e em posição

[27] UFRGS – Universidade Federal do Rio Grande do Sul. Sara Baartman (1789-1815). MACEDO, José Rivair (org.); FERREIRA Thuila Farias (org.). *Projeto Biografias de Mulheres Africanas*. Disponível em: https://www.ufrgs.br/africanas/sara-baartman-1789-1815/. Acesso em 20 mai. 2021.

[28] PESSOA, Daniela. Marca de cerveja suspende polêmica peça publicitária com a Verão, a pedido do Conar. *Veja Rio*. 23 jun. 2015. Disponível em: https://vejario.abril.com.br/coluna/beira-mar/marca-de-cerveja-suspende-polemica-peca-publicitaria-com-a-verao-a-pedido--do-conar/. Acesso em: 28 abr. 2022.

sensual, com a seguinte frase: "É pelo corpo que se reconhece a verdadeira negra".

À época, a empresa responsável pela marca sofreu processo administrativo de iniciativa do Ministério da Justiça por conta da campanha publicitária em questão. Entendeu-se que o anúncio teria sido considerado como publicidade abusiva, pois comparava a mulher negra a um objeto de consumo, razão pela qual a companhia estaria sujeita a multa de até R$ 6.000.000,00 (seis milhões de reais).

Os casos ora relatados são apenas alguns daqueles que, na realidade brasileira, refletem como, apesar de terem se passado quase 134 (cento e trinta e quatro) anos desde a formalização da abolição da escravização no Brasil, as instituições e empresas do país ainda perpetram práticas que reiteram a visão da negritude e da pessoa negra em si enquanto produtos. Por essa razão, é imprescindível que o Estado adote medidas eficazes não só para a repressão e punição de condutas lesivas dessa ordem, como também para a educação dos fornecedores, consumidores e do mercado de consumo em geral.

3. A "produtificação" contemporânea do "ser negro"

A abolição da escravização consagrou, legalmente, o que jamais deixou de ser um fato: pessoas negras são seres humanos e não propriedades. Entretanto, a lógica de compreender a negritude como um produto se mantém até a contemporaneidade. Em algum momento da dinâmica capitalista, elementos da cultura e do fenótipo negro foram alçados à categoria *must-have*, isto é, se tornaram uma tendência de moda e estilo, passando a figurar no mercado como bens a serem consumidos.

3.1. Os fenômenos *blackface* e *blackfishin*

No contexto do racismo recreativo, enquanto forma de perpetração da dinâmica racial por meio da piada, há o chamado *blackface*. Esse fenômeno existe há, pelo menos, 200 anos.[29] No século XIX, com o intuito de gerar entretenimento, pessoas brancas pintavam-se de preto em espetáculos teatrais, atuando como personagens caricatos e ridicularizados. Tal

[29] PINTO, Monilson dos Santos. A dialética da máscara negra: nego fugido contra o *blackface*. *Revista Aspas*, v. 7, n.º 1, p. 155-166, 2017. p. 157.

prática, ainda hoje, contribui para a manutenção de estereótipos negativos e pejorativos sobre pessoas negras, de modo que se constitui como um mecanismo de manutenção da estrutura social racista. Contudo, o *blackface* se trata de uma prática no âmbito do entretenimento, não devendo ser confundido com o tema que se trata neste estudo, que é o *blackfishing*.

Ainda parcamente abordado pela literatura formal nacional, o *blackfishing* é um dos reflexos do processo de "produtificação" da negritude na era moderna. Em razão da atuação de influenciadores e grandes personalidades globais, como a família Kardashian, características como o uso de tranças étnicas, cabelos cacheados, lábios grossos, nádegas volumosas e pele escura se tornaram parte do mercado, itens comercializáveis e objetos de desejo. Entretanto, faz-se necessário frisar que peças da cultura e do fenótipo negro passaram a ser interessantes, mas não do negro em si. Surge, então, o *blackfishing*.[30] Por meio dessa prática, principalmente, mulheres brancas passaram a alterar pontualmente suas aparências, passando por procedimentos estéticos e cirúrgicos de aumento dos lábios e das nádegas, bem como de escurecimento da pele e alteração da textura dos cabelos.

Essas mulheres, então, são usadas como meio de divulgação de produtos e serviços, criando uma falsa sensação de reconhecimento e representatividade para as pessoas realmente negras, bem como para o mercado como um todo, usurpando espaços que poderiam e deveriam ser ocupados por pessoas afrodescendentes nesse novíssimo fenômeno de valorização, ainda que segmentada, da negritude. Descobriu-se que o "ser negro" vende, porém desde que você não seja, de fato, negro. Um exemplo reiteradamente mencionado de utilização do *blackfishing* é o da cantora Anitta. A cantora pode ser classificada, considerando os critérios do IBGE, como uma pessoa parda. Apesar de não deixar de ser negra, essa classificação permite a ela o "trânsito" entre a branquitude e a negritude, isto é, em certos aspectos, ela pode escolher como parecerá.

Nesse sentido, são frequentes análises que apontam como a artista utiliza essa possibilidade em seu favor, mercadologicamente

[30] VIRK, Kameron; MCGREGOR, Nesta. *Blackfishing*: a polêmica em torno das influenciadoras acusadas de fingirem ser negras nas redes sociais. *BBC*. 6 dezembro 2018. Disponível em: https://www.bbc.com/portuguese/brasil-46458844. Acesso em 18 mai. 2021.

falando.[31-32] A imagem da cantora é modelada de acordo com o público-alvo de sua produção mais recente. Assim, na gravação do clipe para a música "Vai Malandra", a empresária apareceu com um tom de pele mais escuro, usando tranças e se valendo de aspectos relacionados às ideias de favela e do funk (Figura 4). Por outro lado, em seu mais recente trabalho internacional, no vídeo para a canção "Envolver", Anitta surgiu com o tom de pele mais claro, cabelos lisos e utilizando um tom mais ligado ao ritmo musical do pop (Figura 5).

Figura 4 – **Anitta no clipe da música "Vai Malandra"**

Fonte: Site Portal POPLINE, 2020.

[31] RIBEIRO, Stephanie. Por que Anitta incomodou os negros com o clipe de "Vai Malandra"? *Marie Claire*. 21 dez. 2017 Disponível em: https://revistamarieclaire.globo.com/Blogs/BlackGirlMagic/noticia/2017/12/stephanie-ribeiro-por-que-anitta-incomodou-os-negros-com-o-clipe-de-vai-malandra.html. Acesso em: 24 abr. 2022.

[32] BARROS, Gisele; QUEIROGA, Louise. *Blackfishing*: o que significa a prática que já envolveu artistas como Jesy Nelson, Kim Kardashian e Anitta. *O Globo*. 23 out. 2021. Disponível em: https://oglobo.globo.com/cultura/blackfishing-que-significa-pratica-que-ja-envolveu-artistas-como-jesy-nelson-kim-kardashian-anitta-25246428. Acesso em: 24 abr. 2022.

Figura 5 – **Anitta no clipe da música "Envolver"**

Fonte: Site Forbes Online, 2022.

O *blackfishing* se torna um problema atrelado às relações de consumo a partir do ponto em que tal prática pode ser enquadrada como uma espécie de publicidade enganosa ou abusiva, que pode conduzir o consumidor a erro, isto é, à aquisição de um produto a partir de uma imagem manipulada de que ele seria adequado para o seu tom de pele.

Impende ressaltar que o uso de estratégias diversificadas com a finalidade de gerar identificação para alcançar o público-alvo de determinado produto ou serviço são constitui, *per se*, uma violação à legislação consumerista. O problema reside no fomento do racismo estrutural. A "produtificação" da negritude está atrelada à noção de apropriação cultural, que pode ser definida como a assunção indevida de aspectos culturais de um povo "por outro, considerado dominante, esvaziando de significado os símbolos de pertencimento de uma dada cultura, o que pode ser percebido, por exemplo, na constante tentativa de ocidentalização de inúmeras culturas".[33]

[33] LOPES, Mateus Souza; RAMUNNO, Pedro A. L. Apropriação cultural e propriedade industrial: uma análise a partir do caso Hakuna Matata. *Revista de Direito Bancário e do Mercado de Capitais*, v. 82, p. 189-208, abr.-jun., 2021. p. 2. Disponível em: https://www.revistadostribunais.com.br/. Acesso em: 24 abr. 2022.

Nesse contexto, elementos que são considerados identitários de determinado grupo social, assim como características físicas de determinada etnia, têm suas essências esvaziadas e manipuladas em prol da utilização desses itens no mercado de consumo. Assim, personalidades como a famigerada família Kardashian, a cantora Anitta, entre outros, utilizam a negritude como forma de divulgação e publicidade, alcançando públicos específicos e gerando lucro a partir da exploração da hipervulnerabilidade do consumidor negro.

Não há, atualmente, no Direito brasileiro, uma previsão normativa que trate sobre o *blackfishing* enquanto conduta lesiva na seara consumerista. Contudo, essa prática tem influência direta sobre a noção de representatividade no contexto do consumo. Considerando tanto o significado léxico da palavra quanto o seu uso no contexto político-ideológico, a representatividade pode ser definida como "o ato de nos sentirmos representados por um grupo, indivíduo ou expressão humana, em nossas características, sejam elas físicas, comportamentais ou socioculturais".[34]

No âmbito do mercado de consumo, a representatividade assume um papel de grande relevância posto que contribui para o fomento do desejo de consumir, inserida no processo de publicidade. Esta está incumbida de cinco tarefas: "1) chamar a atenção; 2) despertar o interesse; 3) estimular o desejo; 4) criar convicção; e 5) conduzir à ação".[35] A representatividade constrói a ponte de identificação entre o consumidor e o produto, pois ele consegue, de forma materializada, se ver consumindo aquele bem.

Importa ressaltar o poder de influência da representatividade sobre o consumo, assim como a potencialidade lesiva que o *blackfishing* apresenta, tendo em vista que causa uma falsa sensação de identificação, incentivando aquele sujeito à aquisição de determinado produto ou serviço que pode, afinal, não lhe ser realmente útil ou funcional. Diante disso, revela-se válida uma revisão legislativa a fim de incluir no ordenamento jurídico brasileiro a vedação expressa ao *blackfishing* e práticas correlatas, posto

[34] PEREIRA, Rafaela Souza. *Espelho meu*: série de reportagens sobre representatividade negra na infância, 2019, p. 67. Monografia (Graduação em Comunicação Social com habilitação em Jornalismo) – Faculdade de Comunicação, Universidade Federal da Bahia, Salvador, 2019. p. 12.

[35] MIRAGEM, Bruno. *Curso de direito do consumidor*. 8. ed. São Paulo: Thomson Reuters Brasil, 2019. p. 342.

que se impõem como violações a direitos e garantias constitucionais, como o direito à informação clara e objetiva, e, evidentemente, à proteção do consumidor.

3.2. Propaganda e publicidade em uma sociedade estruturalmente racista

A publicidade pode ser definida como "a arte de criar, no público, a necessidade de consumir".[36] Ela tem significativo poder sobre o consumidor, haja vista que é capaz de "criar-lhe necessidades, mexer com o seu inconsciente, modificar padrões de consumo, inserindo o produto anunciado entre as novas necessidades".[37] Assim, faz-se necessário apresentar a distinção doutrinária entre publicidade e propaganda.[38] A publicidade tem como fim o estímulo e a influência do público para que ele adquira determinado produto ou serviço, sendo, por conseguinte, um mecanismo comumente adotado no contexto do mercado de consumo. Em outra perspectiva, a propaganda tem a finalidade de divulgar, expor uma diversidade de ideias e conceitos, não tendo como objetivo a obtenção de lucro ou de qualquer vantagem econômica. Contudo, em regra, na legislação se observa o uso das palavras publicidade e propaganda como se sinônimas fossem.[39]

Pesquisas demonstram que, quando uma pessoa preta é apresentada em um anúncio comercial no Brasil, tendencialmente ela está atrelada a algum estereótipo negativo,[40] no caso das mulheres, por exemplo, em um viés sexualizado, e dos homens, sob uma ótica de violência e ignorância. Isso quando as pessoas negras são apresentadas em um posto de protagonismo,

[36] JACOBINA, Paulo Vasconcelos. *A publicidade no direito do consumidor.* Rio de Janeiro: Forense, 1996. p. 15.

[37] CAVALIERI FILHO, Sergio. *Programa de Direito do Consumidor.* São Paulo: Atlas, 2008. p. 114.

[38] MARQUES, Claudia Lima. *Contratos no Código de Defesa do Consumidor*: o novo regime das relações contratuais. 8. ed., rev., atual. e ampl. São Paulo: Editora Revista dos Tribunais, 2016. p. 907.

[39] MIRAGEM, 2019, p. 342.

[40] PEREZ, Clotilde; POMPEU, Bruno. Quando a presença está longe da equidade: o negro na publicidade brasileira, ainda um estereótipo. *In*: LEITE, Francisco (org.); BATISTA, Leandro Leonardo (org.). *Publicidade antirracista [recurso eletrônico]*: reflexões, caminhos e desafios. São Paulo: ECA-USP, 2019. p. 83.

porque, na maioria das vezes, elas meramente fazem parte da composição da propaganda, sendo exibidas no plano de fundo, sem qualquer destaque.

3.2.1. O século XXI e a manutenção das práticas explicitamente racistas na publicidade

A publicidade influencia o desejo de compra dos consumidores e o elemento etnia/raça é relevante para esse movimento, visto que a questão da representatividade tem seu papel no processo de convencimento do cidadão ao consumo. É possível afirmar que, apesar da representatividade não ser um fator fundamental para motivação em adquirir um produto ou serviço para pessoas não negras, esse é um aspecto observado e que tem influência sobre pessoas negras. Nesse sentido, a identificação se torna um princípio relevante para a escolha do cliente em uma relação de consumo, atingindo-o diretamente em um aspecto psicológico. Contudo, é possível observar também que o reconhecimento do racismo na publicidade e até mesmo a divulgação de informações sobre os casos pode, por vezes, sequer alcançar o consumidor.

O racismo na publicidade é escancarado. Nesse diapasão, em entrevista para o website Projeto Draft, Ricardo Silvestre, fundador da agência de publicidade Black Influence, compartilhou que "As artimanhas do mercado para colocar pessoas pretas em campanhas [publicitárias] reforçam estereótipos, como se a população negra se encaixasse somente em um papel: o das pessoas de baixa renda e em situação de vulnerabilidade social".[41]

Em 2021, a colunista Marina Filippe apresentou um artigo para o website Exame[42] no qual alertou para a sub-representação das minorias, dentre elas as pessoas negras, na publicidade no Brasil. Reiteram-se os fenômenos de invisibilização e estereotipação desses grupos sociais na publicidade, o que gera uma reação em cadeia: os consumidores negros

[41] MARCOS, Marcela. Depois de encarar o racismo na publicidade, ele criou a Black Influence para conectar marcas a influenciadores negros. *Draft*. 9 mar. 2022. Disponível em: https://www.projetodraft.com/depois-de-encarar-o-racismo-na-publicidade-ele-criou-a-black-influence-para-conectar-marcas-a-influenciadores-negros/. Acesso em: 25 mai. 2022.

[42] FILIPPE, Mariana. Cresce presença, mas negros ainda são sub-representados em propagandas. *Exame*. 27 de agosto de 2021. Disponível em: https://exame.com/marketing/cresce-presenca-mas-negros-ainda-sao-sub-representados-em-propagandas/. Acesso em: 24 mai. 2022.

são influenciados pela presença ou ausência de pessoas com sua cor de pele na publicidade para a aquisição de bens ou serviços. Nessa senda, a falta desses personagens ou a apresentação estereotipada destes gera uma sensação de desmerecimento, de segregação mesmo dentro do mercado de consumo, o qual, em tese, deveria ser para todos.

3.2.2. Publicidade antirracista?

O racismo cria uma ordem social. Essa ordem tem influência sobre a sociedade de forma externa, isto é, a partir das consequências resultantes do processo de colonização do povo brasileiro, por exemplo, porém também há repercussões internas. A dinâmica racial estipula padrões hierárquicos, naturaliza formas de dominação e justifica a intervenção do Estado sobre os grupos sociais discriminados.[43] Portanto, considerando-o enquanto fundamento da estrutura social, todo o processo de consumo é afetado pelo preconceito racial.

A partir da leitura dos estudos da Profa. Dra. Ana Cristina Juvenal da Cruz, o antirracismo pode ser descrito como um conjunto de políticas cuja finalidade é o combate ao racismo, o que se dá por meio de características diversas e múltiplas que têm como fundamento o contexto social e histórico a que se destina.[44] "Agir para resistir, desafiar, desestabilizar, inibir, reduzir e erradicar o racismo e suas estruturas é a mensagem do antirracismo".[45] Na publicidade, o antirracismo é uma "alternativa de discurso estruturante a um direcionamento civilizatório que busca a superação das desigualdades e a destituição dos discursos que instituíram as práticas racistas".[46]

[43] ALMEIDA, 2020, p. 178.

[44] CRUZ, Ana Cristina Juvenal da. *Antirracismo e educação*: uma análise das diretrizes normativas da UNESCO. 2014. 393 f. Tese (Doutorado em Educação) – Centro de Educação e Ciências Humanas, Universidade Federal de São Carlos, São Carlos, São Paulo, 2014. p. 322.

[45] LEITE, Francisco. Para pensar uma publicidade antirracista? Entre a produção e os consumos. *In*: LEITE, Francisco (org.); BATISTA, Leandro Leonardo (org.). *Publicidade antirracista [recurso eletrônico]*: reflexões, caminhos e desafios. São Paulo: ECA-USP, 2019. p. 27.

[46] TRINDADE, Eneus. Prefácio. *In*: LEITE, Francisco (org.); BATISTA, Leandro Leonardo (org.). *Publicidade antirracista [recurso eletrônico]*: reflexões, caminhos e desafios. São Paulo: ECA-USP, 2019. p. 12.

A publicidade seria o meio adotado pela indústria, pelos fornecedores de produtos e serviços, para oferecer ao consumidor suas preferências, atendendo aos seus desejos e necessidades.[47] Nesse contexto, o consumidor seria soberano na relação, posto que os seus interesses seriam o fundamento da produção industrial. Contudo, na maioria das vezes, ocorre que essa soberania é, de certa forma, um mito. Em geral, o fator determinante na produção é a manipulação que o fornecedor tem sobre a resposta do consumidor.[48] Assim, pode-se concluir que o próprio comerciante cria o desejo e a necessidade pelos quais o cliente será seduzido. No entanto, as dinâmicas sociais têm influência sobre os caminhos que esses interesses tomarão.

Seguindo essa dialética, em resposta à urgência de respostas e posicionamentos que a sociedade contemporânea apresenta em face de matérias como o preconceito racial e o racismo, a estrutura mercadológica foi pressionada a se posicionar sobre temáticas que afetam minorias sociais, mostrando-se parte da retórica da igualdade racial e diversidade.[49] O antirracismo se apresenta como um simples mecanismo de dissipação de possíveis conflitos, os quais representariam uma ameaça ao acúmulo de capital e à manutenção da atividade empresarial.[50] Sua efetividade, portanto, é no mínimo questionável.

A partir da análise das peças publicitárias mencionadas neste estudo, combinadas à forma como a representatividade é entendida pelos consumidores, com esteio dos resultados da pesquisa de campo, é possível assumir que o suposto antirracismo presente na publicidade brasileira recente não passa de um estratagema mal aplicado. A invisibilidade da pessoa negra nessas produções, por si só, já gera um prejuízo para parcela da sociedade, que perde o fator identificação, tão relevante para o consumo. Todavia, a exploração da negritude, seja por meio de estereótipos pejorativos ou por meio da falácia criada por fenômenos como o *blackfishing*, produz,

[47] PASQUALOTTO, Adalberto. *Os efeitos obrigacionais da publicidade no código de defesa do consumidor*. São Paulo: Editora Revista dos Tribunais, 1997. p. 33.

[48] GALBRAITH, John Kenneth. *The essential Galbraith*. Boston: Houghton Mifflin Company, 2001. p. 31.

[49] LEITE, Francisco. Pode a publicidade ser antirracista? *Revista de Comunicação e Cultura*, v. 1, p. 13-42, Universidade Federal da Bahia, Faculdade de Comunicação, Salvador, 2015. p. 25

[50] BONNETT, Alastair. *Anti-Racism*. Londres; Nova York: Routledge, 2000. p. 85.

efetivamente, danos de ordem moral para a população afrodescendente. O reforço da imagem da pessoa negra atrelada à sujeira, ao despreparo, à pobreza ou, simplesmente, a transformação de uma pessoa branca em retinta apenas para comercializar determinado bem ou serviço, em detrimento do trabalho de uma pessoa de fato de pele escura, violam direitos da personalidade dessa parcela social, a saber, a honra e a imagem.[51]

4. O papel do mercado e do microssistema consumerista na mitigação dos efeitos do racismo estrutural

Desses fenômenos, surge, então, no mercado de consumo, um processo de "hipervulnerabilização" da pessoa negra. A vulnerabilidade é uma característica intrínseca ao consumidor, reconhecida pela Lei n.º 8.078/1990 em seu art. 4º, inciso I. Esse postulado é o fundamento a partir do qual se compreende que o cliente sempre estará em situação de desvantagem quando em comparação ao fornecedor. Surge, portanto, a necessidade de que o ordenamento atue de modo a mitigar essa diferenciação, buscando o equilíbrio entre as partes.[52] A hipervulnerabilidade acontece quando, em razão de um consumidor possuir características que lhes são próprias, intrínsecas e específicas, torna-se possível exigir do fornecedor um maior cuidado.[53] Por conta dessa particularidade, aquele cidadão tem sua vulnerabilidade agravada, isto é, se torna mais propenso a sofrer danos decorrentes da relação de consumo.[54]

Faz-se imprescindível salientar que a pessoa negra é hipervulnerabilizada e não hipervulnerável por essência. Por si só, ela não apresenta quaisquer

[51] Previstas no art. 5º, inciso X, da Constituição Federal de 1988, que as declara como invioláveis e assegura o direito a indenização por dano material ou moral decorrente de sua violação. Estão previstas no Código Civil enquanto direitos da personalidade, apresentados nos artigos 11 e seguintes do referido diploma normativo.

[52] SILVA, Joseane Suzart Lopes da. *Direito do consumidor contemporâneo*: análise crítica do CDC e de importantes leis especiais. Rio de Janeiro: Lumen Juris, 2020. p. 152.

[53] MARQUES, Claudia Lima; MIRAGEM, Bruno. *O novo direito privado e a proteção dos vulneráveis*. São Paulo: Editora Revista dos Tribunais, 2012. p. 188.

[54] MORAES, Paulo Valério Dal Pai. Código de defesa do consumidor: o princípio da vulnerabilidade no contrato, na publicidade, nas demais práticas comerciais: interpretação sistemática do direito. 3. ed., rev., atual. e ampl. De acordo com o Código Civil de 2002, e com acréscimos relativos à internet, neuromarketing, conceitos psicanalíticos e questões tributárias. Porto Alegre: Livraria do Advogado Editora, 2009. p.125.

elementos ou fragilidades que, em comparação com o consumidor médio, a fariam necessitar de maior proteção. No entanto, considerando a estrutura racista da sociedade e a inércia do Poder Legislativo em criar normas efetivas para combater esses processos, numa relação de consumo, a pessoa negra é hipervulnerabilizada, colocada em uma condição de exploração e exposição muito maior que aquela na qual está o indivíduo branco.

Nessa senda, a partir da análise dos casos de racismo nas relações entre consumidores e fornecedores, depreende-se que as práticas de natureza discriminatória, à luz do critério racial, nesse contexto de associação jurídica, contribuem flagrantemente para o processo de hipervulnerabilização do consumidor negro, colocando-o em uma situação de fragilidade, sujeito a ofensas e lesões que, em regra, não são devidamente reparadas.

Apesar da cobertura da imprensa sobre práticas racistas no mercado de consumo, assim como debates sobre a temática nas redes sociais, pesquisas nos websites do Superior Tribunal de Justiça e do Supremo Tribunal Federal não reportam resultados sobre a jurisprudência quanto ao racismo relacionado ao direito do consumidor. O entendimento jurídico geral, a partir da análise das decisões recorrentes dos tribunais ao redor do país, é de que o racismo e o preconceito racial são matérias que devem ser tratadas tão somente na esfera criminal. Entretanto, o direito penal brasileiro não prevê a responsabilidade penal da pessoa jurídica para além dos crimes ambientais.[55] Por essa razão, quaisquer condutas enquadradas como racistas, ainda que ocorram no contexto de uma relação de consumo, via de regra são processadas apenas pelo viés criminal e imputam penas somente à pessoa natural que tenha sido identificada no caso.

Dessa forma, os fornecedores, pessoas jurídicas, apesar de fomentarem o mercado de consumo com práticas racistas a partir da própria lógica estrutural da sociedade, seguem, em geral, sem controle ou sanções aplicáveis. Casos como as ações civis públicas ajuizadas contra fornecedores por episódios racistas são raridades. Pessoas jurídicas podem ser condenadas na esfera cível por práticas de atos ilícitos, a exemplo da publicidade abusiva ou enganosa, ou de danos morais de natureza individual ou coletiva praticados em relação a um ou a uma diversidade de sujeitos. Desse modo, aqui se atinge o objetivo precípuo deste estudo: demonstrar não só a

[55] BITENCOURT, Cezar Roberto. *Tratado de direito penal*: parte geral. 26. ed. São Paulo: Saraiva Educação, 2020.

possibilidade, mas a necessidade de responsabilização dos fornecedores por práticas racistas em face de um ou uma variedade de consumidores, determináveis ou não.

A defesa e proteção no contexto das relações de consumo é um direito fundamental assegurado aos cidadãos pela Constituição Federal de 1988 (art. 5º, inciso XXXII).[56] O CDC estabeleceu em seu art. 4º a Política Nacional das Relações de Consumo, cujo objetivo é "o atendimento das necessidades dos consumidores, o respeito à sua dignidade, saúde e segurança, a proteção de seus interesses econômicos, a melhoria da sua qualidade de vida, bem como a transparência e harmonia das relações de consumo".[57] A partir dessa previsão normativa, uma série de diretrizes de atuação foram estipuladas para "os diversos órgãos e entidades vinculados à defesa do consumidor", assim como instrumentos que podem ser utilizados para efetivas essas políticas.[58]

A Política Nacional é regida por alguns princípios, também previstos no CDC. Três deles são particularmente relevantes para o presente estudo: aquele que dispõe sobre a necessidade de "harmonização dos interesses dos participantes das relações de consumo" (art. 4º, inciso III);[59] a necessidade da "educação e informação de fornecedores e consumidores, quanto aos seus direitos e deveres, com vistas à melhoria do mercado de consumo" (art. 4º, inciso IV);[60] e a exigência de "coibição e repressão eficientes de todos os abusos praticados no mercado de consumo" (art. 4º, inciso VI).[61]

A partir da análise dos estudos de caso e dos fenômenos descritos até aqui, depreende-se que o racismo é um elemento, em variados graus, inerente às relações de consumo, já que faz parte da estrutura social, alcançando, portanto, todos os indivíduos. Nesse contexto, os fornecedores, que são, via de regra, pessoas jurídicas, não têm responsabilidade criminal. Os casos que envolvem questões raciais são, geralmente, judicializados na esfera penal, de modo que, apesar da possibilidade de efetiva punição da

[56] BRASIL, 2019, p. 13.
[57] Ibidem, p. 843.
[58] MIRAGEM, 2013. p. 7.
[59] BRASIL, 2019, p. 843.
[60] BRASIL, 2019, p. 843.
[61] BRASIL, 2019, p. 843.

pessoa física que materialmente realizou a conduta racista, a sociedade, que é quem de fato propaga e sustenta tais práticas, segue impune.

4.1. O direito e a repressão de práticas comerciais discriminatórias

Assumindo o CDC, é possível asseverar que o ordenamento jurídico brasileiro apresenta mecanismos eficazes para o combate ao racismo no contexto das relações de consumo. Para delinear este cenário, faz-se necessário explicar alguns conceitos e institutos. Inicialmente, é relevante compreender o ilícito praticado. Seja uma publicidade propriamente abusiva ou enganosa, ou hipóteses que constituam quaisquer das práticas abusivas descritas no art. 39 do CDC, no caso concreto, sendo configurado um dano de natureza material ou moral, passa a existir a obrigação de reparação por parte do fornecedor.

A defesa do consumidor em juízo, isso é, a busca pela reparação de um dano a interesses ou direitos dos consumidores poderá ter natureza individual ou coletiva, conforme o art. 81 da lei consumerista. O contexto do presente estudo perpassa pelas questões atinentes a essa segunda possibilidade. Um dos principais problemas do Brasil, sob a ótica jurídica e social, é a sobrecarga do Poder Judiciário[62]. Em razão do desconhecimento de direitos e deveres, o que implica tanto pleitos por prerrogativas que, de fato, não se tem, como a inexistência de demandas sobre garantias que são realmente necessárias, a estrutura judiciária brasileira, hodiernamente, tem mais pessoas do que processos, o que culmina no desvirtuamento da atividade judiciária.

O processo coletivo, mais especificamente as ações coletivas, por meio da efetivação do dever imposto pelo art. 139, inciso X, do Código de Processo Civil 2015, se apresenta como uma solução para o problema da massividade de demandas individuais repetitivas, a fim de favorecer a economia processual, bem como, à luz da vulnerabilidade decorrente do analfabetismo funcional dos litigantes ordinários brasileiros, a mitigação dessa indefensibilidade econcretização do caráter mais humanitário do

[62] MIRZA, Flávio; MALAN, Diogo; MIRZA, André; ESTEFAN, Amanda. Sobrecarga do Poder Judiciário e instabilidade jurisprudencial. Migalhas. 26 jul. 2021. Disponível em: https://www.migalhas.com.br/depeso/349019/sobrecarga-do-poder-judiciario-e--instabilidade-jurisprudencial. Acesso em: 14 jun. 2022.

novo códex processual civil.[63] Nesse diapasão, o CDC, enquanto uma das principais referências sobre a dinâmica processual coletiva brasileira, dispõe, nos incisos do parágrafo único de seu art. 81, as espécies de direitos e interesses transindividuais – em sentido amplo – que poderão ser objeto da tutela coletiva, a saber, os direitos e interesses difusos, coletivos e individuais homogêneos.

Os direitos e interesses de natureza transindividual são aqueles sem titular individualmente determinado,[64] seja porque não é possível fazê-lo em razão da amplitude de sujeitos abarcados ou sendo impossível determiná-los. Independentemente da espécie do gênero transindividual de direito ou interesse que tenha sido lesado por determinada prática mercadológica nociva, tal demanda poderá ser proposta pelo Ministério Público, que é um dos legitimados ativos à propositura de ações coletivas, civis públicas em específico, a fim de assegurar a reparação dos danos e responsabilização dos agentes, conforme prevê o art. 82, inciso I do CDC e o art. 5º, inciso I da Lei n.º 7.347/1985, que disciplina a ação civil pública no Brasil.

Nesse diapasão, as denominadas Promotorias de Justiça do Consumidor têm o dever de tutelar a defesa coletiva dos consumidores, tendo como objetivo a busca pelo equilíbrio nas relações de consumo.[65] Seja, por exemplo, com a publicidade de natureza abusiva ou enganosa, ou na prática em anunciar um tipo específico de consumidor que deve ser objeto de escrutínio dos funcionários, pois, em razão de sua cor de pele, abstratamente representaria um risco, práticas racistas perpetradas por fornecedores de produtos e serviços, em regra, lesam um sem número de cidadãos.

Dano moral, em sentido amplo, "é a violação a algum direito ou atributo da personalidade".[66] O artigo 6º do CDC[67] prevê, de forma expressa, a

[63] DIDIER JR., Fredie; ZANETI JR., Hermes. *Curso de direito processual civil*: processo coletivo. 11. ed., rev., ampl. e atual. Salvador: Editora JusPodvim, 2017. p. 36.

[64] ZAVASCKI, Teori Albino. *Processo coletivo*: tutela de direitos coletivos e tutela coletiva de direitos. 7. ed. rev., atual. e ampl. São Paulo: Editora Revista dos Tribunais, 2017. p. 39.

[65] MPBA – Ministério Público do Estado da Bahia. Áreas de Atuação. Disponível em: https://www.mpba.mp.br/area_atuacao. Acesso em: 14 jun. 2022.

[66] CAVALIERI FILHO, Sérgio. *Programa de responsabilidade civil*. 3. ed. São Paulo: Atlas, 2011. p. 119.

[67] Art. 6º, VI do CDC, "São direitos básicos do consumidor: VI – A efetiva prevenção e reparação de danos patrimoniais e morais, individuais, coletivos e difusos".

indenização por danos morais, seja ele individual ou coletivo. Em julgamento do Recurso Especial n.º 636.021/RJ, a Ministra relatora, Nancy Andrighi, considerou que o artigo 81 do códex consumerista admite que não apenas um indivíduo é titular de um direito juridicamente protegido, podendo atingir a coletividade. De acordo com a Ministra, "nosso sistema jurídico admite, em poucas palavras, a existência de danos extrapatrimoniais coletivos, ou, na denominação mais corriqueira, de danos morais coletivos".[68]

O Ministro Sérgio Kukina, em decisão de Agravo em Recurso Especial 1.065.368/PE, asseverou que "o dano moral coletivo resta configurado quando há lesão a interesse social, seja de titularidade da própria coletividade [...], seja quando a titularidade pertence a um grupo indeterminado de pessoas, desde que a violação atinja valores e direitos de personalidade".[69] Os casos supramencionados configuram prejuízos à honra, à imagem e ao direito fundamental à igualdade de grupos de pessoas indetermináveis, de maneira que se tem constituído um dano moral de ordem coletiva.

É válido ressaltar a natureza pedagógica da indenização por dano moral, que, "além de proporcionar ao ofendido um bem-estar psíquico compensatório pelo amargor da ofensa, deve ainda representar uma punição para o infrator, capaz de desestimulá-lo a reincidir na prática do ato ilícito".[70] No contexto do racismo nas relações de consumo, o dano moral coletivo tem condão de punir os fornecedores, enquanto pessoas jurídicas, pela prática discriminatória, o que não teria efetividade caso se tratasse do problema somente sob o viés penal. Portanto, não só é possível a atuação do Ministério Público, exercendo suas prerrogativas e deveres primordiais, na defesa da coletividade de consumidores lesados por práticas mercadológicas racistas, como também é de fundamental necessidade, posto que a demanda judicial nesta seara se constitui como

[68] BRASIL. Superior Tribunal de Justiça. Acórdão. Recurso Especial n.º 636.021/RJ. 3a Turma. Direito Civil. Responsabilidade civil. Indenização por dano moral. Lei de imprensa. Relatora: Min. Nancy Andrighi. DJ, Brasília, 16 de março de 2004.

[69] BRASIL. Superior Tribunal de Justiça. Acórdão. Agravo de Recurso Especial n.º 1.065.368/PE. Direito do Consumidor. Ação Civil Pública. Transporte Público. Linha de ônibus operando sem validador eletrônico. Dano Moral Coletivo Reconhecido. Relator: Min. Sérgio Kukina. DJ, 05 de maio de 2017

[70] CAVALIERI FILHO, Sérgio. *Programa de direito do consumidor.* 4. ed. São Paulo: Atlas. 2014. p. 113.

uma forma pedagógica e reparatória que alcançará especificamente o maior responsável pela conduta ilícita: o fornecedor.

4.2. Educação para o consumo antirracista: como é possível?

É essencial compreender que a punição, por si só, não basta. Isso se torna ainda mais relevante quando a questão abarca um tema tão sensível e intrínseco à sociedade como o racismo. Sob esta ótica, talvez até mais importante que a mera garantia de reparação do dano, é a busca por mecanismos e estratégias que possam assegurar que o problema foi compreendido e que aquela conduta indevida não será novamente praticada nem mesmo sob outra forma. Um aspecto expressivo sobre o racismo nas relações de consumo é a repetição.

A recorrência dessas condutas revela um dos aspectos principais da estrutura social racista: a discriminação faz parte da formação do cidadão e, consequentemente, de tudo que ele produz, cria e faz parte, como uma pessoa jurídica.[71] Desse modo, confirma-se que não basta uma repreensão de caráter pecuniário, posto que só abarca a parte financeira. Uma indenização, ainda que milionária, pode até ter repercussões significativas sob um viés econômico para a sociedade, entretanto, teria ela a capacidade de regular a conduta do fornecedor? Não parece suficiente.

Assim, é de extrema relevância que toda e qualquer sanção decorrente da prática do racismo em uma relação de consumo seja acompanhada por uma estratégia de natureza pedagógica. A mais eficaz arma contra o racismo é a educação. Compreender que o racismo é um problema estrutural e, portanto, se torna um encargo de todo cidadão inserido naquela sociedade pode ser o primeiro passo para o efetivo combate. Essa assunção de responsabilidade indica o caminho para se compreender que não basta, retomando as palavras de Davis, não ser racista, tendo em vista que "a inação contribui para perpetuar a opressão".[72]

Nessa senda, para além de uma ação coletiva, considerando a necessidade do viés pedagógico do processo de repressão e reparação de práticas racistas no mercado de consumo, tem o Ministério Público um

[71] RIBEIRO, Anna Lyvia Roberto Custódio. *Racismo estrutural e aquisição da propriedade*: uma ilustração na cidade de São Paulo. São Paulo: Contracorrente, 2020. p. 132.

[72] RIBEIRO, Djamila. *Pequeno manual antirracista*. São Paulo: Companhia das Letras, 2019. p. 5.

instrumento que poderia ser ainda mais eficaz: o Termo de Ajustamento de Conduta (TAC). Previsto no art. 5º, § 6º da Lei da Ação Civil Pública, esse mecanismo diz respeito à possibilidade da celebração de um negócio jurídico que estipulará uma série de obrigações a serem assumidas com a finalidade de pôr fim a uma controvérsia, judicial ou extrajudicial, de natureza individual ou coletiva.[73] Com o TAC, o fornecedor interessado, em um recorte para o contexto deste estudo, poderá se comprometer com uma série de obrigações, que podem ser de fazer, não fazer, pagar, dar, etc., cujo descumprimento será punido nos termos da avença, com a finalidade de afastar uma possível sanção judicial.

A proposta seria, então, efetivada, por meio da estipulação de obrigações com viés literalmente pedagógico, com o compromisso desses fornecedores de não só não mais adotarem práticas lesivas e repararem os dados causados, mas também de educar sua equipe sobre o racismo, promover eventos e palestras sobre a temática, custear material de educação antirracista para escolas e outras instituições da sociedade civil que também são afetadas por práticas desse tipo, etc. Conseguir-se-ia, assim, assegurar que a lição mais importante fosse de fato aprendida: que o racismo é inadmissível, em qualquer hipótese e que terá consequências.

Conclusões

A compreensão de que a sociedade brasileira é racista depende, aprioristicamente, de uma análise da dinâmica histórica envolvendo pessoas negras e o preconceito. A partir desse estudo, é possível entender como ainda hoje os reflexos da escravização criam e mantêm uma política social de segregação e discriminação fundamentada na cor da pele do indivíduo. O racismo é parte da estrutura da sociedade, e podemos observar que todas as relações estabelecidas entre os cidadãos são eivadas, em maior ou menor grau, de racismo. Nesse sentido, não poderia ser diferente para as relações jurídicas.

[73] ALVIM, Thereza; CUNHA, Ígor Martins da. Termo de ajustamento de conduta, mediação e conciliação: uma breve reflexão a respeito do negócio jurídico que previne ou resolve conflito que envolve direitos difusos, coletivos e individuais homogêneos. *Revista de Processo*, vol. 304, p. 379-404, jun., 2020. Disponível em: https://www.revistadostribunais.com.br/. Acesso em: 08 jun. 2022, p. 2.

Em alusão ao discurso de John Fitzgerald Kennedy, apresentado em 15 de março de 1962, hoje consagrado internacionalmente como o Dia do Consumidor, todo ser humano, basicamente desde o momento de sua concepção até, inclusive, após sua morte é um agente do consumo.[74] Isto posto, considerando a condição estrutural do racismo, as relações de consumo serão afetadas por práticas nocivas dessa natureza.

Buscou-se no presente estudo explicitar algumas dessas práticas e dar nome e conceito àquelas que existem e incomodam, porém são objeto de desconhecimento da população em geral, como o *blackfishing* e a exposição da falácia que é a inserção dos consumidores negros na publicidade contemporânea, um retrato da estereotipação e da invisibilização dessa parcela tão expressiva da sociedade brasileira, correspondendo a mais da metade dos cidadãos autoidentificados, porém, ainda assim, tão minoritária à luz de sua vulnerabilidade.

Ressalve-se que o consumidor negro não é, essencialmente, hipervulnerável. Em razão do racismo, há uma exacerbação da vulnerabilidade inerente ao cliente, uma exploração de características e sensibilidades, como a própria negritude em si, em prol do consumo e em detrimento de direitos e interesses dessa parte da população. Essa vulnerabilidade agravada, contudo, acaba por passar despercebida e os danos causados nesse contexto ficam impunes, tendo em vista que a lógica jurídica tende a tratar o racismo apenas sob o viés criminal, desconsiderando as implicações dessa prática no âmbito cível, em especial consumerista.

A atuação do Ministério Público, enquanto legitimado ativo na defesa de direitos e interesses coletivos dos consumidores, é de fundamental importância para que essa lacuna sociojurídica seja suprida. Por meio da propositura de ações civis públicas, a fim de assegurar a reparação de danos de natureza material e moral coletiva provocados por fornecedores e condutas racistas ou por meio do firmamento de Termos de Ajustamento de Conduta, cabe ao *Parquet* uma série de mecanismos para o combate ao racismo no mercado de consumo, bastando apenas colocá-los em prática. Ainda, demonstrou-se que, para além de uma sanção de natureza

[74] IDEC – Instituto de Defesa dos Direitos do Consumidor. Os 60 anos do Dia dos Consumidores. 09/03/2022. Disponível em: https://idec.org.br/noticia/os-60-anos-do-dia-dos-consumidores#:~:text=Em%20todo%2015%20de%20mar%C3%A7o,consumidor%20em%20todo%20o%20mundo. Acesso em: 14 jun. 2022.

pecuniária, é imprescindível que a questão do racismo nas relações de consumo seja tratada sob uma ótica pedagógica, posto que a educação é o mais eficaz meio para a mudança do paradigma.

É uma urgência de ordem social e moral que o sistema jurídico revise suas normas e suas práticas, em cotejo com os fenômenos sociais, para de fato atender as necessidades do povo, para quem o Direito é, de fato, feito. No Brasil, atualmente, as pesquisas sobre racismo se concentram nas esferas social e penal, raramente alcançando o mercado de consumo. As fontes sobre a temática, mais do que incipientes, beiram a inexistência, sendo que tanto o racismo, considerando que se trata de um elemento que faz parte da formação social, quanto o consumo, que é indissociável da realidade de todo cidadão numa sociedade capitalista como a do Brasil, são pautas de extrema necessidade. A falta de debate sobre esses assuntos contribui para a perpetuação das práticas lesivas, colaborando para a manutenção da estrutura que oprime, há séculos, a maior parcela da população brasileira.

Nesse sentido, propõe-se a estruturação e efetivação de uma educação para o consumo antirracista. A educação antirracista pretende a criação de um sistema que se retroalimentará: tanto será solução ou resposta para o problema quanto como forma de prevenção. Dentro das instituições da sociedade, como escolas, empresas, associações de moradores e outros grupamentos, a educação antirracista tem a capacidade de estabelecer um cenário de conscientização para o consumo e para a interpretação do mercado a partir das seguintes premissas: (i) o racismo é estrutural e, portanto, alcança todas as relações sociais; (ii) a associação de natureza consumerista é uma espécie de relação social, sendo, por conseguinte, também um vetor de práticas discriminatórias; e (iii) assim, assumindo que é responsabilidade da sociedade em seu todo o combate ao racismo, com esteio no fundamento constitucional, cada cidadão e instituição devem fazer sua parte na luta contra essa forma de segregação e violência.

Pode-se afirmar, assim, que a educação antirracista se baseia em três pilares indissociáveis: (i) informação, (ii) reflexão e (iii) ação. Informar-se sobre o racismo, especialmente no mercado de consumo, que é o âmbito social e jurídico que abarca a maior quantidade de cidadãos de forma massificada e simultaneamente, é um direito e um dever de toda pessoa. Visualizar tais práticas e entender seus desdobramentos é essencial para a mudança.

Em seguida, enquanto reflexão, reforça-se a necessidade da interpretação desses dados obtidos. Não basta simplesmente saber que o problema existe, mas também se colocar como parte dele, buscando realmente compreender sua própria atuação no cenário: agente, vítima ou ambos? Por derradeiro, caberá a ação. Uma pessoa bem-informada e que compreende de fato o racismo e sua relação com a aquisição de produtos e serviços será, em tese, capaz de identificar práticas dessa ordem e agir sobre elas, seja denunciando a entes legitimados, como o Ministério Público, órgãos administrativos de defesa do consumidor ou associações civis com finalidade específica, ou pleiteando em juízo direito próprio.

Referências

ALMEIDA, Silvio Luiz de. *Racismo estrutural*. São Paulo: Sueli Carneiro: Editora Jandaíra, 2020.

ALVIM, Thereza; CUNHA, Ígor Martins da. Termo de ajustamento de conduta, mediação e conciliação: uma breve reflexão a respeito do negócio jurídico que previne ou resolve conflito que envolve direitos difusos, coletivos e individuais homogêneos. *Revista de Processo*, vol. 304, p. 379-404, jun., 2020. Disponível em: https://www.revistadostribunais.com.br/. Acesso em: 08 jun. 2022.

ASHLEI, Rokeshia Renné. Os quadris de Sarah Baartman: de símbolo de exploração a fonte de empoderamento. Tradução: Maurício Búrigo. *Revista Fórum*. 30/8/2021. Disponível em: https://revistaforum.com.br/blogs/socialista-morena/2021/8/30/os-quadris-de-sarah-baartman-de-simbolo-de-explorao-fonte-de-empoderamento-102687.html. Acesso em: 25 mai. 2022.

BARROS, Gisele; QUEIROGA, Louise. *Blackfishing*: o que significa a prática que já envolveu artistas como Jesy Nelson, Kim Kardashian e Anitta. *O Globo*. 23 out. 2021. Disponível em: https://oglobo.globo.com/cultura/blackfishing-que-significa-pratica-que-ja-envolveu-artistas-como-jesy-nelson-kim-kardashian-anitta-25246428. Acesso em: 24 abr. 2022.

BITENCOURT, Cezar Roberto. *Tratado de direito penal*: parte geral. 26. ed. São Paulo: Saraiva Educação, 2020.

BONNETT, Alastair. *Anti-Racism*. Londres; Nova York: Routledge, 2000.

BRASIL. Lei n.º 12.288, de 20 de julho de 2010, que institui o Estatuto da Igualdade Racial. Disponível em: http://www.planalto.gov.br/ccivil_03/_ato2007-2010/2010/lei/l12288.htm. Acesso em: 28 abr. 2022.

BRASIL. Superior Tribunal de Justiça. Acórdão. Agravo de Recurso Especial n.º 1.065.368/PE. Direito do Consumidor. Ação Civil Pública. Transporte Público. Linha de ônibus operando sem validador eletrônico. Dano Moral Coletivo Reconhecido. Relator: Min. Sérgio Kukina. DJ, 05 de maio de 2017.

BRASIL. Superior Tribunal de Justiça. Acórdão. Recurso Especial n.º 636.021/RJ. 3ª Turma. Direito Civil. Responsabilidade civil. Indenização por dano moral. Lei de imprensa. Relatora: Min. Nancy Andrighi. DJ, Brasília, 16 de março de 2004.

BRASIL. *Vade Mecum Civil e Empresarial*: Civil, Comercial, Processo Civil e Constituição Federal. 3. ed. São Paulo: Saraiva Educação, 2019.

CAVALIERI FILHO, Sérgio. *Programa de direito do consumidor.* 4. ed. São Paulo: Atlas. 2014

CAVALIERI FILHO, Sérgio. *Programa de responsabilidade civil.* 3. ed. São Paulo: Atlas, 2011.

CAVALIERI FILHO, Sergio. *Programa de direito do consumidor.* São Paulo: Atlas, 2008

CRUZ, Ana Cristina Juvenal da. *Antirracismo e educação:* uma análise das diretrizes normativas da UNESCO. 2014. 393 f. Tese (Doutorado em Educação) – Centro de Educação e Ciências Humanas, Universidade Federal de São Carlos, São Carlos, São Paulo, 2014.

DIDIER JR., Fredie; ZANETI JR., Hermes. *Curso de direito processual civil:* processo coletivo. 11. ed., rev., ampl. e atual. Salvador: Editora JusPodvim, 2017.

FERNANDES, Florestan. A integração do negro na sociedade de classes: (o legado da "raça branca"). 5. ed. São Paulo: Globo, 2008.

FILIPPE, Mariana. Cresce presença, mas negros ainda são sub-representados em propagandas. *Exame.* 27 de agosto de 2021. Disponível em: https://exame.com/marketing/cresce-presenca-mas-negros-ainda-sao-sub-representados-em-propagandas/. Acesso em: 24 mai. 2022.

GALBRAITH, John Kenneth. *The essential Galbraith.* Boston: Houghton Mifflin Company, 2001.

GOMES, Flávio; ARAÚJO, Carlos Eduardo Moreira de. Abolição da escravidão: a igualdade que não veio. *Portal Geledés.* 13/05/2010. Disponível em: https://www.geledes.org.br/abolicao-da-escravidao-igualdade-que-nao-veio/. Acesso em 28. mar. 2022.

IBGE – Instituto Brasileiro de Geografia e Estatística. *Estatísticas históricas do Brasil:* séries econômicas, demográficas e sociais de 1550 a 1988. 2. ed. rev. e atual. Rio de Janeiro: IBGE, 1990.

IDEC – Instituto de Defesa dos Direitos do Consumidor. Os 60 anos do Dia dos Consumidores. 09/03/2022. Disponível em: https://idec.org.br/noticia/os-60-anos-do-dia-dos-consumidores#:~:text=Em%20todo%2015%20de%20mar%C3%A7o,consumidor%20em%20todo%20o%20mundo. Acesso em: 14 jun. 2022.

JACOBINA, Paulo Vasconcelos. *A publicidade no direito do consumidor.* Rio de Janeiro: Forense, 1996.

LEITE, Francisco. Para pensar uma publicidade antirracista? Entre a produção e os consumos. *In*: LEITE, Francisco (org.); BATISTA, Leandro Leonardo (org.). *Publicidade antirracista [recurso eletrônico]*: reflexões, caminhos e desafios. São Paulo: ECA-USP, 2019.

LEITE, Francisco. Pode a publicidade ser antirracista? *Revista de Comunicação e Cultura*, v. 1, p. 13-42, Universidade Federal da Bahia, Faculdade de Comunicação, Salvador, 2015.

LOPES, Mateus Souza; RAMUNNO, Pedro A. L. Apropriação cultural e propriedade industrial: uma análise a partir do caso *Hakuna Matata*. *Revista de Direito Bancário e do Mercado de Capitais*, v. 82, p. 189-208, abr.-jun., 2021. p. 2. Disponível em: https://www.revistadostribunais.com.br/. Acesso em: 24 abr. 2022.

MARQUES, Claudia Lima. *Contratos no Código de Defesa do Consumidor:* o novo regime das relações contratuais. 8. ed., rev., atual. e ampl. São Paulo: Editora Revista dos Tribunais, 2016.

MARQUES, Claudia Lima; MIRAGEM, Bruno. *O novo direito privado e a proteção dos vulneráveis.* São Paulo: Editora Revista dos Tribunais, 2012.

MIRAGEM, Bruno. *Curso de direito do consumidor.* 8. ed. São Paulo: Thomson Reuters Brasil, 2019.

MIRAGEM, Bruno. O Plano Nacional de Consumo e Cidadania – Comentários ao Dec. 7.963, de 15.03.2013. *Revista de Direito do Consumidor,* v. 86, p. 275-285, mar.-abr., 2013. Disponível em: https://www.revistadostribunais.com.br/. Acesso em: 8 jun. 2022.

MOORE, Carlos. *Racismo e sociedade:* novas bases epistemológicas para entender o racismo. Belo Horizonte: Mazza Edições, 2007.

MORAES, Paulo Valério Dal Pai. *Código de defesa do consumidor:* o princípio da vulnerabilidade no contrato, na publicidade, nas demais práticas comerciais: interpretação sistemática do direito. 3. ed., rev., atual. e ampl. De acordo com o Código Civil de 2002, e com acréscimos relativos à internet, neuromarketing, conceitos psicanalíticos e questões tributárias. Porto Alegre: Livraria do Advogado Editora, 2009.

MOREIRA, Adilson José. *Tratado de direito antidiscriminatório.* São Paulo: Editora Contracorrente, 2020.

MOREIRA, Adilson. *Racismo recreativo.* São Paulo: Sueli Carneiro; Pólen, 2019.

MOREIRA, Romulo de Andrade. Os 33 anos da lei Caó. *Portal Geledés.* 05/01/2022. Disponível em: https://www.geledes.org.br/os-33-anos-da-lei-cao/. Acesso em 25 mai. 2022.

MPBA – Ministério Público do Estado da Bahia. Áreas de Atuação. Disponível em: https://www.mpba.mp.br/area_atuacao. Acesso em: 14 jun. 2022.

NASCIMENTO, Abdias do. *O negro revoltado.* 2. ed. Rio de Janeiro: Nova Fronteira, 1982.

PARKINSON, Justin. Sarah Baartman: a chocante história da africana que virou atração de circo. *BBC.* 11 janeiro 2016. Disponível em: https://www.bbc.com/portuguese/noticias/2016/01/160110_mulher_circo_africa_lab. Acesso em: 15. nov. 2020.

PASQUALOTTO, Adalberto. *Os efeitos obrigacionais da publicidade no código de defesa do consumidor.* São Paulo: Editora Revista dos Tribunais, 1997.

PEREIRA, Rafaela Souza. *Espelho meu:* série de reportagens sobre representatividade negra na infância, 2019, p. 67. Monografia (Graduação em Comunicação Social com habilitação em Jornalismo) – Faculdade de Comunicação, Universidade Federal da Bahia, Salvador, 2019.

PEREZ, Clotilde; POMPEU, Bruno. Quando a presença está longe da equidade: o negro na publicidade brasileira, ainda um estereótipo. *In*: LEITE, Francisco (org.); BATISTA, Leandro Leonardo (org.). *Publicidade antirracista [recurso eletrônico]*: reflexões, caminhos e desafios. São Paulo: ECA-USP, 2019.

PESSOA, Daniela. Marca de cerveja suspende polêmica peça publicitária com a Verão, a pedido do Conar. *Veja Rio.*23 jun. 2015. Disponível em: https://vejario.abril.com.br/coluna/beira-mar/marca-de-cerveja-suspende-polemica-peca-publicitaria--com-a-verao-a-pedido-do-conar/. Acesso em: 28 abr. 2022.

PINTO, Monilson dos Santos. A dialética da máscara negra: nego fugido contra o *blackface. Revista Aspas*, v. 7, n.º 1, p. 155-166, 2017.

RIBEIRO, Anna Lyvia Roberto Custódio. *Racismo estrutural e aquisição da propriedade:* uma ilustração na cidade de São Paulo. São Paulo: Contracorrente, 2020.

RIBEIRO, Djamila. *Pequeno manual antirracista.* São Paulo: Companhia das Letras, 2019.

RIBEIRO, Stephanie. Por que Anitta incomodou os negros com o clipe de "Vai Malandra"? *Marie Claire.* 21 dez. 2017 Disponível em: https://revistamarieclaire.globo.com/Blogs/BlackGirlMagic/noticia/2017/12/stephanie-ribeiro-por-que--anitta-incomodou-os-negros-com-o-clipe-de-vai-malandra.html. Acesso em: 24 abr. 2022.

SANTOS, Brígida Gonçalves dos. Crime de preconceito de raça ou cor – desclassificação para injúria qualificada – inadmissibilidade – árbitro de futebol que é ofendido, por frequentador de estágio, em razão da cor da pele – palavras, de cunho segregacionista, que, à luz das provas coligadas, não foram direcionadas a um único indivíduo – condenação que se impõe – inteligência do art. 20 da lei 7.716/1989. *Revista dos Tribunais*, vol. 917, p. 523-533, mar. 2012. p. 2. Disponível em: https://www.revistadostribunais.com.br/. Acesso em: 28 mai. 2022.

SILVA, Joseane Suzart Lopes da. *Direito do consumidor contemporâneo*: análise crítica do CDC e de importantes leis especiais. Rio de Janeiro: Lumen Juris, 2020.

MIRZA, Flávio; MALAN, Diogo; MIRZA, André;ESTEFAN, Amanda.Sobrecarga do Poder Judiciário e instabilidade jurisprudencial. *Migalhas.* 26jul. 2021 Disponível em: https://www.migalhas.com.br/depeso/349019/sobrecarga-do-poder-judiciario-e-instabilidade-jurisprudencial. Acesso em: 14 jun. 2022.

TRINDADE, Eneus. Prefácio. *In*: LEITE, Francisco (org.); BATISTA, Leandro Leonardo (org.). *Publicidade antirracista [recurso eletrônico]:* reflexões, caminhos e desafios. São Paulo: ECA-USP, 2019.

UFRGS – Universidade Federal do Rio Grande do Sul. Sara Baartman (1789-1815). MACEDO, José Rivair (org.); FERREIRA, Thuila Farias (org.). *Projeto Biografia de Mulheres Africanas*. Disponível em: https://www.ufrgs.br/africanas/sara-baartman-1789-1815/. Acesso em 20. mai. 2021.

VIRK, Kameron; MCGREGOR, Nesta. *Blackfishing:* a polêmica em torno das influenciadoras acusadas de fingirem ser negras nas redes sociais. *BBC*. 6 dezembro 2018. Disponível em: https://www.bbc.com/portuguese/brasil-46458844. Acesso em 18 mai. 2021.

ZAVASCKI, Teori Albino. *Processo coletivo:* tutela de direitos coletivos e tutela coletiva de direitos. 7. ed. rev., atual. e ampl. São Paulo: Editora Revista dos Tribunais, 2017.

Capítulo 11
Criminalização das culturas periféricas e resistência: contestação ao racismo estrutural no rap e funk

Bruna Adelita Gonçalves[1]

1. Introdução

No Brasil, o projeto legal e político de transição do trabalho escravo para o trabalho livre se iniciou em 1823 e se encerrou em 1888.[2] A implementação da legislação e das políticas públicas de abolição da escravatura no país se dava concomitantemente às alforrias, que no Brasil ocorriam em número significativamente relevante em comparação com os demais países escravagistas da América. Neste contexto, ao fim do século XIX, os negros e pardos livres e libertos representavam expressiva parcela da população. Dados do recenseamento de 1872 indicam que, à época, 15% da população brasileira era composta por escravos, pretos e pardos representavam 57,96% da população total e 42% da população livre e 73,75% de todos os pretos e pardos habitantes no país eram livres.[3]

[1] Agradeço aos estimados Clara Oliveira Marques, Maicon Roberto Santos Bezerra, Raquel Alves Pereira Fernandes Machado e Thaís Vidal Saraiva pela valiosa contribuição na pesquisa e elaboração deste artigo, enriquecendo significativamente este conteúdo.

[2] Fernandes, Florestan. *A integração do negro na sociedade de classes*. Vol. 1. 5ª ed. São Paulo: Globo, 2008. p.30.

[3] CHALHOUB, Sidney. Precariedade estrutural: o problema da liberdade no Brasil escravista (século XIX). História Social, n. 19, p. 33-62, 2011. Disponível em: https://ojs.ifch.unicamp.br/index.php/rhs/article/view/315. Acesso em: 28 jul. 2022. p. 34-36.

1.2. Controle das atividades da população negra por meio do direito penal

A evolução legislativa brasileira sugere, entretanto, que a liberdade a ser gozada pela população preta e parda não teria a mesma amplitude daquela reservada aos demais grupos da população. Os principais atos legislativos rumo à abolição definitiva da escravização foram acompanhados de legislação acerca do controle da ociosidade e obrigatoriedade do trabalho para a população negra. Tal concomitância decorre que, no contexto da Abolição, predominava, no pensamento social, a diferenciação racial que associava ao negro uma ociosidade natural.[4] Esta associação levou à adoção de medidas coercitivas como um caminho para conformação da população negra à lógica do trabalho livre.[5]

O parlamento imperial se debruçou sobre a tarefa discursiva de alterar a concepção do trabalho e os valores associados à atividade: aquilo que outrora foi considerado degradante e aviltante, assumiu valor positivo em razão de sua centralidade para a implementação do novo sistema produtivo nacional.[6] Por outro lado, a proibição ao ócio para a população negra foi eleita como critério para justificar sua punição e perseguição, o que representa a origem do processo de criminalização da liberdade de pretos e pardos no Brasil.[7]

[4] TERRA, Paulo Cruz. Racismo, trabalho e ociosidade no processo de abolição: o Brasil e o Império Português numa perspectiva global (1870-1888). *Revista Brasileira de História*, v. 41, n.º 88, 2021. Disponível em https://doi.org/10.1590/1806-93472021v41n88-09. Acesso em: 28 jul. 2022. p. 157.

[5] TERRA, 2021, p. 165

[6] CHALHOUB, Sidney. Vadios e barões no ocaso do império: o debate sobre a repressão da ociosidade na Câmara dos Deputados em 1888. *Estudos Ibero-Americanos*, v. 9, n. 1, 2, p. 53-68, 31 dez. 1983. Disponível em https://revistaseletronicas.pucrs.br/ojs/index.php/iberoamericana/article/view/36351. Acesso em: 28 jul. 2022. p. 54

[7] Catoia, Cinthia de Cassia A produção discursiva do racismo: da escravidão à criminologia positivista Dilemas. *Revista de Estudos de Conflito e Controle Social*, vol. 11, núm. 2, 2018, p. 259-278. Disponível em: https://www.redalyc.org/articulo.oa?id=563866236005. Acesso em: 28 jul. 2022. p. 267.

1.3. Controle penal das atividades do liberto no pós-abolição: racismo institucional e vigilância das atividades da população negra

A imposição de valores de outros setores da população aos negros e pardos e o controle de suas atividades por meio da criminalização de suas condutas remonta ao início do século XIX. O primeiro Código Penal Brasileiro, de 1830, previa em seu artigo 295, o crime de vadiagem, imputável àquele que não tivesse ocupação útil que lhe desse renda suficiente à sobrevivência.[8] A norma estava intrinsecamente ligada ao fenômeno da escravização, haja vista que traduzia o esforço de incorporar técnicas de controle, vigilância e punição de um segmento específico da população.[9]

A Lei do Ventre Livre, de 28 de setembro de 1871, além de contar com a previsão de que os filhos das mulheres escravizadas seriam considerados libertos, dispunha também que a criança ficaria sob poder do senhor de suas genitoras até completarem 8 anos e, a partir de então, seria liberada mediante contrapartida financeira ou deveria prestar serviços ao senhor até completarem 21 anos.[10] O diploma representa a reedição da proibição à vadiagem mediante previsão de hipóteses de controle

[8] Cf. BRASIL. Codigo Criminal do Imperio Do Brazil. Lei de 16 de dezembro de 1830. Disponível em: http://www.planalto.gov.br/ccivil_03/leis/lim/lim-16-12-1830.htm. Acesso em: 15 fev. 2023. "Art. 295. Não tomar qualquer pessoa uma occupação honesta, e util, de que passa subsistir, depois de advertido pelo Juiz de Paz, não tendo renda sufficiente. Pena – de prisão com trabalho por oito a vinte e quatro dias."

[9] Teixeira, Alessandra; Salla, Fernando Afonso; Marinho, Maria Gabriela da Silva Martins. Vadiagem e prisões correcionais em São Paulo: Mecanismos de controle no firmamento da República. *Estudos Históricos*. v. 29. n.º 58. P 381-400, ago-maio 2016. Disponível em: https://doi.org/10.1590/S2178-14942016000200004. Acesso em: 28 jul. 2022. p. 385.

[10] Cf. TERRA, 2021, p. 157. "Art. 1º Os filhos de mulher escrava que nascerem no Imperio desde a data desta lei, serão considerados de condição livre. § 1º Os ditos filhos menores ficarão em poder o sob a autoridade dos senhores de suas mãis, os quaes terão obrigação de crial-os e tratal-os até a idade de oito annos completos. Chegando o filho da escrava a esta idade, o senhor da mãi terá opção, ou de receber do Estado a indemnização de 600$000, ou de utilisar-se dos serviços do menor até a idade de 21 annos completos. No primeiro caso, o Governo receberá o menor, e lhe dará destino, em conformidade da presente lei. A indemnização pecuniaria acima fixada será paga em titulos de renda com o juro annual de 6%, os quaes se considerarão extinctos no fim de 30 annos. A declaração do senhor deverá ser feita dentro de 30 dias, a contar daquelle em que o menor chegar à idade de oito annos e, se a não fizer então, ficará entendido que opta pelo arbitrio de utilizar-se dos serviços do mesmo menor."

direcionadas exclusivamente aos libertos.[11] O controle estatal da ociosidade da população negra e a coercitividade do trabalho destes indivíduos foram confirmados na Lei dos Sexagenários, que previa a libertação de indivíduos maiores de 60 anos sob condição de que estes trabalhassem por mais três aos seus antigos senhores,[12] bem como estipulava a proibição de que escravos libertos deixassem o município em que foram alforriados sob pena de serem considerados vagabundos.[13] Por meio deste diploma legal, foi intensificada a restrição de mobilidade e repressão à vadiagem da população negra, aumentando o controle estatal de sua ociosidade e reafirmando sua coerção ao trabalho.[14]

A evolução legislativa denuncia que a caracterização de determinada atividade como vadiagem – portanto passível de controle e coerção estatal por meio do direito penal – está diretamente associada ao critério racial. Se havia a regra geral de represália à dita vadiagem no Código Penal de 1830, é inegável que o reforço da legislação contra a vadiagem especificamente direcionado contra os indivíduos livres e libertos, é dizer, para reafirmar o controle do ócio, deslocamentos e trabalho da parcela negra e parda da população.[15]

[11] TERRA, 2021, p. 159.

[12] Cf. BRASIL. Lei n.º 2.040, de 28 de setembro de 1871. Declara de condição livre os filhos de mulher escrava que nascerem desde a data desta lei, libertos os escravos da Nação e outros, e providencia sobre a criação e tratamento daquelles filhos menores e sobre a libertação annaul de escravos... Disponível em: http://www.planalto.gov.br/ccivil_03/leis/lim/lim2040.htm. Acesso em: 15 fev. 2023. "Art. 3º (...) § 10. São libertos os escravos de 60 annos de idade, completos antes e depois da data em que entrar em execução esta Lei; ficando, porém, obrigados, a titulo de indemnização pela sua alforria, a prestar serviços a seus ex-senhores pelo espaço de tres annos."

[13] Cf. BRASIL. Lei n.º 3.270, de 28 de setembro de 1885. Regula a extincção gradual do elemento servil. http://www.planalto.gov.br/ccivil_03/leis/lim/LIM3270.htm#:~:text=Regula%20a%20extinc%C3%A7%C3%A3o%20gradual%20do%20elemento%20servil.&text=Art.,a%20tabella%20do%20%C2%A7%203%C2%BA. Acesso em: 15 fev. 2023. "Art. 3º (...) § 14. E' domicilio obrigado por tempo de cinco annos, contados da data da libertação do liberto pelo fundo de emancipação, o municipio onde tiver sido alforriado, excepto o das capitaes. § 15. O que se ausentar de seu domicilio será considerado vagabundo e apprehendido pela Policia para ser empregado em trabalhos publicos ou colonias agricolas."

[14] TERRA, 2021, p. 169-170.

[15] TERRA, 2021, p. 172.

A promulgação da Lei Áurea ocorreu em 13 de maio de 1888 e, já em julho do mesmo ano, foi apresentado pelo Ministro da Justiça Ferreira Vianna na Câmara o projeto de repressão à ociosidade de 1888.[16] A promulgação do Código Penal em 1890, por sua vez, trouxe consigo os tipos penais de "capoeiragem" e "vadiagem", institucionalizando mecanismos de perseguição às camadas populares, especialmente dos libertos. A conjuntura política e social associada às normas legais foram coordenadas de tal forma que não havia dúvidas quanto ao grupo de indivíduos que seriam alvo do projeto punitivo instaurado na Primeira República.[17]

1.4. Criminalização da cultura negra

A abolição da escravização implicou a extinção dos vínculos de submissão e controle da população preta e parda até então vigentes, que foram substituídos pelo controle estatal por meio do Direito Penal. Fundada em valores partilhados por grupos detentores de poder social (portanto alheios à população preta e parda), a proibição da vadiagem legitimou o controle estatal sobre as atividades recreativas, religiosas ou culturais, haja vista que todas seriam realizadas no período de ócio, sendo este vigiado e criminalizado.

Ao final do século XIX, a capoeira e os batuques africanos eram objeto de intervenção pelo aparelho repressivo estatal sob justificativa de que se trataria de insurgência à ordem e incitação ao crime. Assim como os batuques, o samba também foi objeto de perseguição pelo aparelho coercitivo estatal e os sambistas tipificados como vadios à luz da legislação penal vigente.[18]

A associação entre criminalidade e cultura negra não se exaure no tratamento penal direcionado ao samba. Nos anos 1980, o hip hop, movimento cultural criado e promovido pela população negra, também foi associado à criminalidade. Atualmente, predomina a associação entre o funk e a criminalidade, especialmente o tráfico de drogas, violência

[16] CHALOUB, 1983, p. 55.

[17] TEIXEIRA; SALLA, MARINHO, 2016, p. 386.

[18] FURQUIM, Saulo Ramos. *A criminologia cultural e a criminalização das culturas periféricas*: discursos sobre crime, multiculturalismo, cultura e tédio. p. 126. 2014. Dissertação (Mestrado na Área de Especialização em Ciências Jurídico-Criminais). – Faculdade de Direito, Universidade de Coimbra, Coimbra, 2014. Disponível em https://core.ac.uk/download/pdf/43580897.pdf. Acesso em: 28 jul. 2022. p. 76.

e outros crimes.[19] Além de serem culturas periféricas marginalizadas e produzidas pela população negra, a continuidade e similaridade entre as expressões artísticas decorrem do fato de que

> Muitas letras de músicas de hip hop e funk, servem como resistência contra a sociedade dominante, na medida em que relatam sem pudores nem verniz pacificador a dura realidade das favelas e periferias, abordando contextos como a desigualdade, exclusão, racismo, pobreza, rivalidades de território, cárcere, drogas, criminalidade, desemprego e violência policial.[20]

Se é verdade que, contemporaneamente, não há mais tipificação da vadiagem contra as expressões culturais da população negra, é irrefutável que a criminalização do funk e hip hop guarda relação de simetria e continuidade com a criminalização do ócio da população negra no contexto pós-Abolição. O aparelho repressivo estatal é mais uma vez colocado em funcionamento para que seja implementada, coercitivamente, a assimilação dos valores dos grupos sociais dominantes pelo grupo preto e pardo em suas práticas culturais.

Se ainda há criminalização das expressões culturais negras e periféricas, estas também se colocam como veículo de contestação e protesto. Importante analisar detidamente cada um destes casos.

1.5. Hip-hop e rap | aspectos particulares desse gênero e exemplos

O termo "rap" foi cunhado a partir da abreviação da expressão inglesa *Rhythm and Poetry*, que, traduzida ao português, significa "Ritmo e Poesia". Este gênero musical, intrinsecamente ligado ao movimento social do hip hop, foi criado na Jamaica na década de 1960 e amplamente difundido nas periferias de Nova York, Estados Unidos, na década de 1970, quando passou a ganhar maior visibilidade.

À época da emergência do rap, os Estados Unidos passavam por mudanças políticas, econômicas e sociais ligadas principalmente à contestação das políticas segregacionistas, como a distinção de escolas para negros e escola para brancos. As políticas segregacionistas, a repressão ao movimento negro e as influências de outros gêneros de raízes africanas

[19] FURQUIM, 2014, p. 78

[20] FURQUIM, 2014, p. 77-78.

como o soul, o disco, o jazz, o blues e o funk, fizeram do hip hop um veículo de difusão dessa mesma cultura oprimida.[21] Foi diante desse cenário que:

> Os membros das tradicionais gangues encontraram nessa nova forma de manifestação cultural, uma maneira de canalizar a violência em que viviam submersos, e passam a frequentar as festas para dançar break e cantar palavras de ordem que expressavam o descontentamento com aquela situação socioeconômica.[22]

O rap chegou ao Brasil no final dos anos 1980 como um dos pilares do hip hop, juntamente com o *break dance*, do *beat-box*, do grafite e a figura dos DJs. A estação São Bento, localizada na região central da capital paulista, abrigou a chegada do movimento no país:

> Bem no centro da maior megalópole brasileira, a juventude periférica começou a se reunir para compartilhar uma nova cultura. Influenciados por filmes como A loucura do ritmo, jovens de diversas regiões da cidade de São Paulo, vestindo roupas esportivas das marcas que viam nos filmes, colocavam pilhas em seus aparelhos de som portáteis e se deslocavam para disputas de break no centro da cidade. (...) O movimento começou a ganhar adeptos, e frequentemente a polícia também desmanchava as rodas de break, demonstrando desde o início que a criminalização da cultura hip hop é a regra.[23]

Em todas as suas vertentes, o hip hop se caracteriza por sua essência contestadora e provocativa. O rap, elemento do hip hop, por sua vez, assume proeminência como expressão cultural de protesto, porque se utiliza de técnicas variadas para expressar as insatisfações dos indivíduos e seu grupo social. As composições escancaram a realidade dos moradores

[21] ARAÚJO, Ana Carolina Palma de. *O Direito por outras vozes*: reflexões críticas a partir da música de Racionais MC's e Bezerra da Silva. 2013. 252p. Monografia (Graduação em Direito) – Faculdade de Direito, USP, Ribeirão Preto, 2013. p. 51.

[22] SILVA, Rogério de Souza. *A periferia pede passagem*: trajetória social e intelectual de Mano Brown. 2013. Tese (Doutorado em Sociologia) – Instituto de Filosofia e Ciências Humanas, Universidade Estadual de Campinas, Campinas, 2013. p. 32.

[23] SILVA, Theuan Carvalho Gomes da. *Criminologia cultural e rap*: uma análise discursiva de identidades desviantes nas letras dos Racionais MC's. 2017. Dissertação (Mestrado em Direito) – Faculdade de Ciências Humanas e Sociais, UNESP, Franca, 2017. p. 86.

das periferias e favelas, criticam a falta de políticas públicas para essa sociedade marginalizada e denunciam o preconceito e o racismo que assolam a população negra até os dias atuais.

Paranhos[24] aponta que o rap denuncia, ainda, a fragilidade de uma democracia na qual existem "brutais desigualdades sociais". Em outras palavras, os rappers aproveitam o espaço que lhes é concedido para denunciar os problemas cotidianos das favelas, explicitando a realidade vivida pelas populações locais a pessoas que não estão inseridas nesse contexto e, portanto, estão alheias aos problemas sociais vivenciados nestes espaços. A junção entre a letra das músicas e seu processo de criação e produção confere ao rap o status de "música engajada"[25]. Tal expressão diz respeito ao fato de que os compositores geram "demandas que são pensadas e gestadas no interior de um segmento da sociedade com o qual os rappers têm relação orgânica" (OLIVEIRA, 2005,).[26] Assim, o engajamento faz com que "toda obra seja portadora de um mínimo de compromisso com os desafios de seu tempo"[27].

As letras das músicas de rap denunciam o racismo estrutural e o etiquetamento racial das populações negras e periféricas, bem como o controle da população negra por meio da constante vigilância do aparelho repressivo estatal, o que se identifica na canção Olho de tigre do rapper Djonga:

> Um boy branco, me pediu um high five / Confundi com um Heil, Hitler / Quem tem minha cor é ladrão / Quem tem a cor de Eric Clapton é cleptomaníaco / Na hora do julgamento, Deus é preto e brasileiro / E pra salvar o país, cristão, ex-militar (...) Sensação, sensacional/ Firma, firma, firma / Fogo nos racistas [...]

O recurso constante a técnicas de escrita, como duplo sentido, aliterações, hipérbole, trocadilhos e sentido figurado demonstra a riqueza da poesia. Entretanto, a riqueza não decorre apenas de técnicas de

[24] OLIVEIRA, Roberto Camargos de. *Rap e política*: percepções da vida social brasileira. São Paulo, Boitempo, 2015. 192 p. 13.

[25] OLIVEIRA, 2015, p. 82.

[26] OLIVEIRA, 2015, p. 83.

[27] OLIVEIRA, 2015, p. 83.

linguagem, haja vista que há também, no uso do sentido figurado, o grito contra a tolerância pacífica ao racismo. A expressão "fogo nos racistas" foi assimilada nos discursos e se tornou um grito de guerra para a militância.

Já o rapper Kyan, em sua música Eu vim de lá, faz críticas em forma de questionamentos, os quais são feitos usualmente por jovens negros criados em periferias. A denúncia, neste caso, é do tratamento desigual conferido a pessoas negras e periféricas em espaços predominantemente brancos e destinados à elite, bem como à zombaria às quais estes indivíduos estão sujeitos. A indignação é demonstrada também em relação aos espaços acadêmicos e profissionais ocupados pelos negros, já que os brancos predominam em cargos de gestão e maior destaque:

> Mas, senhor, por que tá me batendo? / Mas, senhora, por que tá escondendo? / Alguém me explica, eu não tô entendendo / Por que sou medido sempre onde chego? / Por que tão rindo do meu cabelo? / Por que a branquinha me olha estranho? / Por que ela acha que preto é feio? / Oh, mãezinha, por que que eu não nasci branco? / Se até na escola a professora Solange me olha com ódio e descaso / Porque sua filha perdeu a vaga pra mais um pretinho privilegiado / Professora, me explica por que só tem branco / No espaço de pessoa rica? / Por que branco é o cara que grava? / Por que é o branco quem me entrevista? / Por que é o branco quem me contrata? / Por que é o branco quem administra? / Por que o rap é cultura de preto e o branco que fala e a moda dita?

A crítica à violência policial está igualmente presente nas letras do rap, denunciando o abuso do poder contra pessoas pretas e faveladas que são mortas apenas por sua condição social e pela criação do estereótipo do negro como criminoso, estigmatizado por conta do cabelo, da cor e da feição que fazem dele "um marginal padrão". Nesse sentido, Emicida disse na música Ismália:

> A pé, trilha em brasa e barranco, que pena / Se até pra sonhar tem entrave / A felicidade do branco é plena/ A felicidade do preto é quase / Olhei no espelho, Ícaro me encarou / Cuidado, não voa tão perto do Sol / Eles num guenta te ver livre, imagina te ver rei/ **O abutre quer te ver de algema pra dizer: Ó, num falei?!** / [...] E como analgésico nós posta que / Um dia vai tá nos conforme / Que um diploma é uma alforria / Minha cor não é um uniforme/

> Hashtags #PretoNoTopo, bravo! / **80 tiros te lembram que existe pele alva e pele alvo / Quem disparou usava farda (mais uma vez) / Quem te acusou, nem lá num tava.**[28]

E os rappers Fabio Brazza e Vulto destacaram em Armados de Poesia:

> E não adianta fingir que não vê lado / **O preconceito é velado** / Vê lá do alto do morro qual corpo vai ser velado vai ser favelado / É o pai que perde o filho, é o dedo no gatilho / É o medo do homicídio, é a morte à domicílio, é a guerra nos presídios / Carandiru, Alcaçuz, por aqui se banaliza genocídios / Pergunta pros índios, pergunta pros índices/ **Quantas dessas vítimas são pretas? / Pergunta lá pro IML / Qual a cor da pele que colore suas gavetas,** Hein? / Rap é tudo que o sistema não queria.[29]

A cultura de protesto e denúncia não passou ilesa do controle repressivo estatal. Entre os anos de 1997 e 2000, foram realizadas prisões em flagrante do grupo Planet Hemp sob justificativa de suposta apologia ao crime.[30] A fim de salvaguardar seu direito de defender a descriminalização da maconha, antes de subir aos palcos para apresentações entre os dias 8 e 10 de novembro de 2002, o grupo de rap impetrou junto ao Tribunal de Justiça do Distrito Federal o Habeas Corpus preventivo n.º 0008413-65.2002.8.07.0000,[31] evitando o controle repressivo e penal, haja vista que o relator deferiu a medida liminar pleiteada sob fundamento de que

[28] Grifos nossos.

[29] Grifos nossos.

[30] FRADE, Larissa Palermo. *A criminologia cultural e o rap como ativismo urbano contracultural*: reflexões sobre cultura, crime e olhares criminalizantes. p. 174. 2015. Dissertação (Mestrado em Direito). – Faculdade de Direito, Universidade de Coimbra, Coimbra, 2015. Disponível em https://estudogeral.uc.pt/bitstream/10316/30063/1/A%20criminologia%20cultural%20e%20o%20RAP%20como%20ativismo%20urbano%20contracultural.pdf. Acesso em: 28 jul. 2022. p. 117

[31] TJDFT – Tribunal de Justiça do Distrito Federal. Acórdão do julgamento do Habeas Corpus n.º 0008413-65.2002.8.07.0000-2. 1ª Turma Criminal, Rel. Des. Pedro Aurélio Rosa de Farias, j. 04.12.2002, DJ 26.03.2003.

> A livre manifestação do pensamento é garantida pela Constituição Federal. Os impetrantes podem produzir sua arte e sua poesia sem que a autoridade lhes imponha uma censura prévia. Expeça-se o salvo-conduto para impedir que a autoridade impeça a livre manifestação da arte, nesse País chamado Brasília, que é o repositório de toda a nação brasileira. Todavia, se os impetrantes se excederem em seu verbo e fizerem a apologia da droga, estão sujeitos ao flagrante. O que não se pode admitir é censura prévia. Expeça-se o salvo-conduto nos termos da liminar ora concedida.

No ano de 2012, o rapper Emicida se apresentou em um evento gratuito de hip hop em Belo Horizonte[32]. Antes de cantar a música Dedo na Ferida – que faz duras críticas ao controle e repressão legitimados pelo Direito e exercidos contra a população negra – o rapper leu para a plateia um texto em desaprovação à desocupação violenta de um terreno na capital mineira pela Tropa de Choque da Polícia Militar.[33] Sob o argumento de que teria havido incitação de violência contra a Polícia Militar, Emicida foi detido em flagrante ao sair do palco, mas não há notícias de seu indiciamento ou condenação na esfera penal.

A produção cultural do rap denuncia as dificuldades de se viver às margens das cidades, a estereotipação da população negra como criminosos e a violência policial. Esse movimento dá voz e espaço a jovens negros e favelados para que externalizem suas insatisfações e, através de suas histórias, disseminem o conhecimento e a conscientização.O rap é compromisso, como diz o rapper Sabotage, e percebemos que esse movimento não deixa de lado sua essência contestadora contra desigualdades, racismo cotidiano, violência policial e vários outros temas relevantes na nossa sociedade.

1.6. Contextualização do funk brasileiro e a tentativa de criminalização

No século XX, mais precisamente no final dos anos 1950 e início dos anos 1960, nasce o famoso estilo musical denominado “funk”, nos Estados

[32] Portal G1. Emicida é preso após show em Belo Horizonte neste domingo. 13/05/2012. Disponível em: https://g1.globo.com/musica/noticia/2012/05/emicida-diz-no-twitter-que-foi-preso-em-belo-horizonte-neste-domingo.html. Acesso em: 15 fev. 2023.

[33] FRADE, 2015, p. 117.

Unidos. Derivado da combinação do soul, jazz e rhythm and blues (R&B), o gênero foi, então, caracterizado pelas batidas dançantes. Segundo Campos,[34] Cold Sweat foi a primeira música do artista James Brown – um dos grandes nomes do gênero – a ser considerada como funk.

O ritmo, nos Estados Unidos, estava intimamente relacionado aos movimentos sociais da época, principalmente os direcionados aos direitos civis dos negros, uma vez que as letras das canções representavam a resistência da classe, mencionando, inclusive, o dia a dia vivido, bem como a criminalização e a respectiva ausência de perspectiva.

No Brasil, o funk atravessou fronteiras e conquistou espaço no território nos anos 60. Primeiramente, o gênero ganhou força entre a população mais periférica do Rio de Janeiro e sua popularidade não agradou a toda sociedade, dividindo opiniões entre as classes sociais de moradores das regiões mais pobres e das "zonas urbanizadas de classe média e alta".[35]

Assim como os sambistas eram presos simplesmente por portarem um pandeiro e eram vistos como marginais, os funkeiros, anos depois, passam a ser vistos com desconfiança por representantes de classes mais abastadas. Esses movimentos são (como fora também o samba em determinado momento) relegados à marginalidade e associados à criminalidade, sendo comum o uso de mecanismos repressivos para impedir sua prática e disseminação.[36]

A música, então, passou a ser um ato de resistência para os funkeiros. Tal fato fica evidente na canção Rap da Felicidade[37], interpretada por

[34] CAMPOS, Vitória. Relembre a trajetória de James Brown, maior ícone do funk e soul [FLASHBACK]. Rolling Stone/Portal Uol. Disponível em: https://rollingstone.uol.com.br/noticia/relembre-trajetoria-de-james-brown-o-maior-icone-do-funk-e-soul-flashback/ Acesso em: 18 jul. 2022.

[35] SOUSA, Pamela Nascimento de. Criminalização do funk e racismo estrutural: a narratividade discursiva nos portais R7 e G1 sobre a tragédia de Paraisópolis. Disponível em: https://repositorio.ufsm.br/bitstream/handle/1/23791/Sousa_Pamela_Nascimento_2022_TCC.pdf?sequence=1&isAllowed=y. Acesso em 18 jul. 2022.

[36] RODRIGUES, Isadora Almeida; MENEZES, Roniere. Cultura negra e sobrevivência: samba, rap, funk e o racismo sintomático. s/d. Disponível em: https://periodicos.ufmg.br/index.php/aletria/article/view/18828/15792. Acesso em: 18 jul. 2022.

[37] MC Cidinho e MC Doca, Rap da Felicidade. *In*: *Rap Brasil*. Vol. I, São Paulo: Som Livre, 1995. CD

MC Cidinho e MC Doca, que, à época, retratava a violência ocorrida nas comunidades, incentivadas por possíveis preconceitos cotidianos:

> Eu só quero é ser feliz / Andar tranquilamente na favela onde eu nasci, / é E poder me orgulhar / E ter a consciência que o pobre tem seu lugar.

No mesmo sentido, pode-se afirmar que o funk brasileiro também conseguiu expressar, com visibilidade social, o racismo estrutural existente no país através da canção Som de Preto[38]:

> O nosso som não tem idade, não tem raça / E não tem cor/ Mas a sociedade pra gente não dá valor / Só querem nos criticar pensam que somos animais / Se existia o lado ruim hoje não existe mais / Porque o funkeiro de hoje em dia caiu na real / Essa história de porrada isso é coisa banal / Agora pare e pense, se liga na responsa / Se ontem foi a tempestade hoje vira abonança

Os movimentos são extremamente importantes para a classe, que sofreu e ainda sofre preconceito de todas as ordens. A expressão através da música significa, portanto, uma ferramenta imprescindível contra a perseguição/marginalização de pessoas pretas e pardas.

Essa face da cultura negra e contestadora não passou ilesa às tentativas de criminalização. Na cidade de São Paulo/SP, foi apresentado pelos vereadores Conte Lopes e Coronel Camilho o Projeto de Lei n.º 2/13,[39] cujo objetivo era proibir especificamente a realização de "bailes funks" em vias públicas:

[38] Amilcka e Chocolate, Som de Preto. Informações técnicas desconhecidas. Arquivo pessoal

[39] SÃO PAULO. Projeto de Lei n.º 2/13. Proíbe a utilização de vias públicas, praças, parques e jardins e demais logradouros públicos para realização de bailes funks, ou de quaisquer eventos musicais não autorizados, e dá outras providências. 2013. Disponível em: http://documentacao.saopaulo.sp.leg.br/cgi-bin/wxis.bin/iah/scripts/?IsisScript=iah.xis&form=A&navBar=OFF&hits=200&lang=pt&nextAction=search&base=proje&conectSearch=init&exprSearch=%22PROJETO%20DE%20LEI%22&indexSearch=%5EnCm%5ELTipo+de+projeto%5Etshort%5Ex%2F20%5EyDATABASE&conectSearch=and&exprSearch=2&indexSearch=%5EnPj%5ELN%FAmero+do+projeto%5Ex%2F30%5EyDATABASE&conectSearch=and&exprSearch=2013&indexSearch=%5EnDp%5ELAno+do+projeto%5Ex%2F40%5Etshort%5EyDATABASE . Acesso em: 15 fev. 2023.

> Art. 1º Fica expressamente vedada a utilização de vias públicas, praças, parques, jardins e demais logradouros públicos para realização de bailes funks ou de quaisquer eventos musicais não autorizados, independentemente de horário. Parágrafo único. A proibição de que trata este artigo se estende aos espaços privados de livre acesso ao público, tais como postos de combustíveis e estacionamentos, ou qualquer outro espaço público ou privado que não seja regularizado, estruturado e devidamente autorizado pelo Poder Público Municipal para este tipo de evento.[40]

O projeto de lei aprovado na Câmara Municipal de São Paulo/SP,[41] foi vetado pelo prefeito em exercício, Fernando Haddad, que, dentre outros argumentos, fundamentou sua decisão no argumento de que "o funk é uma expressão legítima da cultura urbana jovem, não se conformando com o interesse público, à toda evidência, sua proibição de maneira indiscriminada nos logradouros públicos e espaços abertos".[42]

No cenário federal também foi identificada tentativa de criminalização do funk em 2017, quando foi apresentado o projeto de ideia legislativa n.º 65.513 pelo Senador Marcelo Alonso[43] com a seguinte justificativa:

> Criminalização do funk como crime de saúde pública a criança, aos adolescentes e a família.
>
> [...]
>
> É fato e de conhecimento dos brasileiros difundido inclusive por diversos veículos de comunicação de mídia e internet com conteúdo podre alertando a população o poder público do crime contra a criança, o menor adolescentes e a família. Crime de saúde pública desta "falsa cultura" denominada "funk.[44]

[40] SÃO PAULO, 2013.

[41] SÃO PAULO, 2013.

[42] SÃO PAULO. Casa Civil do Gabinete do Prefeito. Razões do veto ao projeto de lei n.º 2/2013; ofício de 7 de janeiro de 2014. Disponível em: http://legislacao.prefeitura.sp.gov.br/leis/razoes-do-veto-ao-projeto-de-lei-2-de-5-de-fevereiro-de-2013/consolidado . Acesso em: 15 fev. 2023.

[43] SENADO FEDERAL. E-cidadania. Ideia Legislativa. Marcelo Alonso. Criminalização do funk como crime de saúde pública a criança, aos adolescentes e a família. 2017. Disponível em: https://www12.senado.leg.br/ecidadania/visualizacaoideia?id=65513. Acesso em 19 jul. 2022.

[44] SENADO FEDERAL, 2017.

A iniciativa de tentar criminalizar o gênero musical através da suposta correlação com outros crimes recebeu mais de 20 mil assinaturas, transformando-se na Sugestão n.º 17 de 2017. Todavia, posteriormente, a Comissão de Direitos Humanos debateu a questão e entendeu não ser cabível um eventual Projeto de Lei para tratar a matéria, considerando que é assunto que contraria a Cláusula Pétrea da Constituição Federal.[45]

Além de contrariar a Carta Maior, as iniciativas de criminalização do funk revelam o enorme preconceito de diversas ordens e de diversas origens contra um gênero musical, seus compositores e músicos, incluindo a localidade em que é difundido – o que não deve ser admitido, considerando que o gênero é, inegavelmente, uma forma inclusiva de luta e resistência da classe.

Conclusões

A criminalização das culturas hip hop e funk não deve ser feita apenas à luz dos debates contemporâneos, haja vista que, por se enquadrar na própria criminalização da cultura negra e periférica, a questão guarda relação de simetria e continuidade com a legislação e pensamento social do período pós-Abolição. Tanto o controle do ócio da população negra quanto a coercitividade para impedir que estes indivíduos realizem suas atividades culturais, recreativas e religiosas de acordo com os valores das camadas dominantes das sociedades merece ser objeto de profunda reflexão e debate social, principalmente porque revela a intenção de implementar o controle sobre corpos pretos e pardos.

[45] Nos termos do parecer da Comissão, "O que entendemos não ser juridicamente defensável, portanto, é a criminalização do funk enquanto gênero musical e manifestação artística, ante o direito de livre manifestação do pensamento, constitucionalmente garantido no art. 5º, inc. IV, da Constituição Federal.
Não nos devemos esquecer, por fim, que em tempos não longínquos outros gêneros musicais populares já foram vítimas de perseguição. O samba, outrora, foi considerado ritmo lascivo e pertencente à gente da "ralé". No mesmo sentido, o jazz já foi considerado um estilo musical degenerado, de gente "impura". Todavia, embora se tenha tentado, o Estado nunca conseguiu proibir a manifestação da cultura popular. A sabedoria do tempo ensinou que não se consegue algemar o pensamento; ele sempre encontrará um caminho para se libertar.". Disponível em: https://legis.senado.leg.br/sdleg-getter/documento?dm=7186113&ts=1571777722775&disposition=inline. Acesso em: 22 jul. de 2022.

Se outrora o tipo penal da vadiagem viabilizou o exercício da violência estatal contra as manifestações culturais e recreativas da população negra, hoje a vedação ao funk e hip hop é feita de formas transversas por meio de sua associação a tipos penais como tráfico de drogas, corrupção de menores e desacato à autoridade. As manifestações culturais que exaltam valores diversos daqueles partilhados pela cultura dominante, com seu caráter de protesto, denúncia e contestação ainda são objeto de discriminação e criminalização. Romper com o racismo demanda que se analise o passado para, no presente, rompermos o fundamento destas tentativas de marginalização da cultura negra e periférica.

Referências

AMILCKA; CHOCOLATE. Som de Preto. Informações técnicas desconhecidas. Arquivo pessoal

ARAÚJO, Ana Carolina Palma de. *O Direito por outras vozes*: reflexões críticas a partir da música de Racionais MC's e Bezerra da Silva. 2013. 252p. Monografia (Graduação em Direito) – Faculdade de Direito, USP, Ribeirão Preto, 2013.

BRASIL. Codigo Criminal do Imperio do Brazil. Lei de 16 de dezembro de 1830. Disponível em: http://www.planalto.gov.br/ccivil_03/leis/lim/lim-16-12-1830.htm. Acesso em: 15 fev. 2023.

BRASIL. Decreto n.º 847 de 11 de outubro de 1890 http://www.planalto.gov.br/ccivil_03/decreto/1851-1899/d847.htm

BRASIL. Lei n.º 2.040, de 28 de setembro de 1871. Declara de condição livre os filhos de mulher escrava que nascerem desde a data desta lei, libertos os escravos da Nação e outros, e providencia sobre a criação e tratamento daquelles filhos menores e sobre a libertação annaul de escravos... Disponível em: http://www.planalto.gov.br/ccivil_03/leis/lim/lim2040.htm. Acesso em: 15 fev. 2023.

BRASIL. Lei n.º 3.270, de 28 de setembro de 1885. Regula a extincção gradual do elemento servil. http://www.planalto.gov.br/ccivil_03/leis/lim/LIM3270.htm#:~:text=Regula%20a%20extinc%C3%A7%C3%A3o%20gradual%20do%20elemento%20servil.&text=Art.,a%20tabella%20do%20%C2%A7%203%C2%BA. Acesso em: 15 fev. 2023.

CAMPOS, Vitória. Relembre a trajetória de James Brown, maior ícone do funk e soul [FLASHBACK]. Rolling Stone/Portal Uol. Disponível em: https://rollingstone.uol.com.br/noticia/relembre-trajetoria-de-james-brown-o-maior-icone-do-funk-e-soul-flashback/ Acesso em: 18 jul. 2022.

CATOIA, Cinthia de Cassia A produção discursiva do racismo: da escravidão à criminologia positivista Dilemas. *Revista de Estudos de Conflito e Controle Social*, vol. 11, núm. 2, 2018, p 259-278. Disponível em: https://www.redalyc.org/articulo.oa?id=563866236005. Acesso em: 28 jul. 2022.

CHALHOUB, Sidney. Precariedade estrutural: o problema da liberdade no Brasil escravista (século XIX). *História Social*, n. 19, p. 33-62, 2011. Disponível em: https://ojs.ifch.unicamp.br/index.php/rhs/article/view/315. Acesso em: 28 jul. 2022.

CHALHOUB, Sidney. Vadios e barões no ocaso do império: o debate sobre a repressão da ociosidade na Câmara dos Deputados em 1888. *Estudos Ibero-Americanos*, v. 9, n. 1, 2, p. 53-68, 31 dez. 1983. Disponível em https://revistaseletronicas.pucrs.br/ojs/index.php/iberoamericana/article/view/36351. Acesso em: 28 jul. 2022.

FERNANDES, Florestan. *A integração do negro na sociedade de classes*. Vol. 1. 5ª ed. São Paulo: Globo, 2008. p.30.

FRADE, Larissa Palermo. *A criminologia cultural e o rap como ativismo urbano contra-cultural*: reflexões sobre cultura, crime e olhares criminalizantes. p. 174. 2015. Dissertação (Mestrado em Direito). – Faculdade de Direito, Universidade de Coimbra, Coimbra, 2015. Disponível em https://estudogeral.uc.pt/bitstream/10316/30063/1/A%20criminologia%20cultural%20e%20o%20RAP%20como%20ativismo%20urbano%20contracultural.pdf. Acesso em: 28 jul. 2022.

FURQUIM, Saulo Ramos. *A criminologia cultural e a criminalização das culturas periféricas*: discursos sobre crime, multiculturalismo, cultura e tédio. p. 126. 2014. Dissertação (Mestrado na Área de Especialização em Ciências Jurídico-Criminais). – Faculdade de Direito, Universidade de Coimbra, Coimbra, 2014. Disponível em https://core.ac.uk/download/pdf/43580897.pdf. Acesso em: 28 jul. 2022.

MC Cidinho e MC Doca, Rap da Felicidade. *In*: *Rap Brasil*. Vol. I, São Paulo: Som Livre, 1995. CD.

OLIVEIRA, Roberto Camargos de. *Rap e política*: percepções da vida social brasileira. São Paulo, Boitempo, 2015. 192 p.

RODRIGUES, Isadora Almeida; MENEZES, Roniere. *Cultura negra e sobrevivên*cia: samba, rap, funk e o racismo sintomático. Disponível em: https://periodicos.ufmg.br/index.php/aletria/article/view/18828/15792. Acesso em: 18 jul. 2022.

SÃO PAULO. Casa Civil do Gabinete do Prefeito. Razões do veto ao projeto de lei n.º 2/2013; ofício de 7 de janeiro de 2014. Disponível em: http://legislacao.prefeitura.sp.gov.br/leis/razoes-do-veto-ao-projeto-de-lei-2-de-5-de-fevereiro-de-2013/consolidado. Acesso em: 15 fev. 2023.

SÃO PAULO. Projeto de Lei n.º 2/13. Proíbe a utilização de vias públicas, praças, parques e jardins e demais logradouros públicos para realização de bailes funks, ou de quaisquer eventos musicais não autorizados, e dá outras providências. 2013. Disponível em: http://documentacao.saopaulo.sp.leg.br/cgi-bin/wxis.bin/iah/scripts/?IsisScript=iah.xis&form=A&navBar=OFF&hits=200&lang=pt&nextA

ction=search&base=proje&conectSearch=init&exprSearch=%22PROJETO%20DE%20LEI%22&indexSearch=%5EnCm%5ELTipo+de+projeto%5Etshort%5Ex%2F20%5EyDATABASE&conectSearch=and&exprSearch=2&indexSearch=%5EnPj%5ELN%FAmero+do+projeto%5Ex%2F30%5EyDATABASE&conectSearch=and&exprSearch=2013&indexSearch=%5EnDp%5ELAno+do+projeto%5Ex%2F40%5Etshort%5EyDATABASE. Acesso em: 15 fev. 2023.

SENADO FEDERAL. E-cidadania. Ideia Legislativa. Marcelo Alonso. Criminalização do funk como crime de saúde pública a criança aos adolescentes e a família. 2017. Disponível em: https://www12.senado.leg.br/ecidadania/visualizacaoideia?id=65513. Acesso em 19 jul. 2022.

SILVA, Rogério de Souza. *A periferia pede passagem*: trajetória social e intelectual de Mano Brown. 2013. Tese (Doutorado em Sociologia) – Instituto de Filosofia e Ciências Humanas, Universidade Estadual de Campinas, Campinas, 2013.

SILVA, Theuan Carvalho Gomes da. *Criminologia cultural e rap*: uma análise discursiva de identidades desviantes nas letras dos Racionais MC's. 2017. Dissertação (Mestrado em Direito) – Faculdade de Ciências Humanas e Sociais, UNESP, Franca, 2017.

SOUSA, Pamela Nascimento de. *Criminalização do funk e racismo estrutural*: a narratividade discursiva nos portais R7 e G1 sobre a tragédia de Paraisópolis. Disponível em: https://repositorio.ufsm.br/bitstream/handle/1/23791/Sousa_Pamela_Nascimento_2022_TCC.pdf?sequence=1&isAllowed=y. Acesso em 18 jul. 2022.

TEIXEIRA, Alessandra. SALLA, Fernando Afonso. MARINHO, Maria Gabriela da Silva Martins. Vadiagem e prisões correcionais em São Paulo: Mecanismos de controle no firmamento da República. *Estudos Históricos*. v. 29. n.º 58. p. 381-400, ago-maio 2016. Disponível em: https://doi.org/10.1590/S2178-14942016000200004. Acesso em: 28 jul. 2022

TERRA, Paulo Cruz. Racismo, trabalho e ociosidade no processo de abolição: o Brasil e o Império Português numa perspectiva global (1870-1888). *Revista Brasileira de História*, v. 41, n.º 88, 2021. Disponível em https://doi.org/10.1590/1806-93472021v41n88-09. Acesso em: 28 jul. 2022.

TJDFT – Tribunal de Justiça do Distrito Federal. Acórdão do julgamento do Habeas Corpus n.º 0008413-65.2002.8.07.0000-2. 1ª Turma Criminal, Rel. Des. Pedro Aurélio Rosa de Farias, j. 04.12.2002, DJ 26.03.2003.

Capítulo 12
Política, racismo e liberdade de expressão

ADILSON JOSÉ MOREIRA

1. Introdução

A restauração da democracia na sociedade brasileira após o fim da ditatura militar, que governou o país por duas décadas, permitiu a rearticulação de movimentos sociais, grupos que procuram agora maior presença no cenário político, o caso de grupos raciais subalternizados. Entretanto, membros desses segmentos enfrentam uma série de obstáculos, inclusive a constante desqualificação moral por partes de pessoas que fazem parte do grupo racial dominante, indivíduos que procuram manter a hegemonia racial por meio do controle das instituições política, entre outras estratégias. Os casos são cada vez mais frequentes. Por exemplo, em tempos recentes, o Movimento Negro Unificado e mais quarenta e duas entidades signatárias enviaram uma representação ao Ministério Público em função do que alegaram ser um caso de racismo. Segundo seus representantes, o senhor Valter Luis da Costa Nagelstein[1] praticou o crime previsto no artigo 20 da Lei 7.716, *caput*, nas condições agravantes descritas no segundo parágrafo do mesmo artigo. Para os autores, o referido indivíduo teria incorrido no crime de racismo por "praticar, induzir ou incitar a discriminação racial ou preconceito de raça, cor, etnia, religião ou procedência nacional", sendo que o crime em questão ocorreu por intermédio de meios de comunicação social, agravante presente na

[1] Então presidente do Instituto de Previdência e Assistência dos Servidores Municipais de Canoas – CANOASPREV e ex-vereador da cidade de Canoas (RS).

norma jurídica mencionada. Eles argumentaram que o trecho do áudio divulgado por ele em redes sociais caracteriza o crime previsto na nossa legislação, motivo pelo qual ele deveria ser condenado pela prática da discriminação racial. A representação ocorreu em função da parte de sua declaração abaixo transcrita:

> Fica cada vez mais evidente que a ocupação que a esquerda promoveu nos últimos quarenta anos da universidade, das escolas, do jornalismo e da cultura produz seus resultados. Basta a gente ver a composição da câmara: cinco vereadores do PSOL, muitos deles jovens, negros. Quer dizer, o eco àquele discurso que o PSOL foi incutindo na cabeça das pessoas. Vereadores estes sem nenhuma tradição política, sem nenhuma experiência, sem nenhum trabalho e com pouquíssima qualificação formal. [...] [2]

Examinaremos, neste capítulo, se podemos considerar a fala acima reproduzida como uma manifestação do crime de racismo tal como descrito na legislação nacional. Esta análise terá início com uma discussão doutrinária sobre os diversos sentidos das noções de *raça* e *racismo*, o que será acompanhado por considerações sobre a psicologia social da discriminação. Verificaremos posteriormente se os mais abalizados estudos históricos e sociológicos oferecem parâmetros para a caracterização desse discurso como um crime de racismo. Adotaremos para isso uma perspectiva baseada em pressupostos centrais do Direito Antidiscriminatório, uma vez que a própria legislação que regula o crime de racismo faz parte das várias normas que compõem o sistema protetivo de direitos presente no nosso ordenamento jurídico. Falaremos, na parte seguinte, sobre outro tema relacionado com esse debate: o direito à *liberdade de expressão*. Recorremos à doutrina jurídica nacional e estrangeira sobre esse tema, além de fazermos menções à jurisprudência nacional relacionada com esse direito fundamental e os possíveis conflitos entre ele e discursos racistas que circulam na nossa sociedade.

2 DC – Diário de Canoas. Presidente do Canoasprev, Valter Nagelstein é condenado por racismo. 9 mar. 2023. Disponível em: https://www.diariodecanoas.com.br/noticias/regiao/2022/03/09/presidente-do-canoasprev-valter-nagelstein-e-condenado-por-racismo.html. Acesso em: 2 fev. 2023.

2. Raça e racismo

2.1. Raça

Uma discussão sobre conceitos e manifestações de racismo requer que primeiro discutamos a noção de raça. Como veremos adiante, compreensões dessa categoria variaram ao longo tempo, sendo que elas ainda permanecem largamente sobrepostas. É importante, então, que exploremos essas diferentes formulações para que possamos entender como elas fundamentam práticas racistas em vários contextos sociais e históricos. Isso nos permitirá observar que suas definições são constantemente readequadas por novas práticas sociais e narrativas culturais que procuram legitimar disparidades entre grupos raciais. A raça é uma categoria de diferenciação entre grupos humanos que surgiu na modernidade em função de certas configurações específicas. Esse período histórico foi marcado pelo contato maior de europeus com novas culturas, pelo interesse em encontrar mais recursos econômicos e para conseguir meios de exploração da força laboral. A convergência entre todos esses fatores motivou povos europeus a utilizar o poderio militar e econômico que possuíam para invadir territórios que eram fontes de bens primários e para subjugar os povos que neles habitavam. A classificação dessas populações a partir de traços fenotípicos permitiu a legitimação cultural e jurídica desses processos, o que estava baseado na representação deles como naturalmente inferiores e a dos europeus como naturalmente superiores. Assim, a imposição da dominação racial foi fundamentada no que tem sido chamado pela doutrina como *destino manifesto*: o europeu teria o direito de invadir outras nações e subjugar seus povos porque ele seria um agente civilizador; sua presença e sua dominação seria benéfica para nações que estavam em um estágio anterior de desenvolvimento devido ao fato de pertencerem a grupos raciais inferiores.[3]

A raça como uma *categoria biológica* aparece, então, como uma característica que designa um conjunto de traços fenotípicos que permite reconhecer membros de uma população de forma imediata. Mais do que particularidades físicas, eles também designam atributos culturais comuns a todos os membros de um grupo, sendo que eles são transmitidos biologicamente, evidência de que são peculiaridades comuns a todos eles.

[3] HORSMAN, Reginald. *Race and manifest destiny*. Cambridge. Harvard University Press, 1981.

Esses traços são indicação da natureza degradada dessas pessoas: elas são intelectual, física, moral, estética e sexualmente inferiores aos europeus, coletividade vista como a expressão do ideal de normalidade nos diferentes campos da vida social.

Enquanto as características dos povos europeus se tornaram a norma universal de humanidade, os outros povos passaram a ser representados como biológica e socialmente degradados, o que justificaria o status inferior que deveriam ocupar. Embora o conceito biológico de raça tenha sido invalidado, ele continua operando como um fator real de desvantagem: grupos raciais subalternizados deixam de ter acesso a diversas oportunidades em função dele. Agentes públicos e privados interpretam traços fenotípicos como sinal de inferioridade moral e de periculosidade social, motivo pelo qual, por exemplo, desvantagens no mercado de trabalho e o fenômeno do encarceramento em massa atingem principalmente pessoas socialmente classificadas como negras.[4]

A ideia de raça também engloba a representação de seres humanos como algo que designa linhagem e também tipos sociais. Antes do aparecimento de teorias científicas sobre esse termo, a raça designava grupos sociais criados por forças divinas. Eles eram descentes de pessoas distintas, sendo que uma linhagem descendia de indivíduos moralmente íntegros, enquanto outras eram descendentes daqueles que se afastaram dos ensinamentos divinos. Embora essa compreensão da *raça como linhagem* tenha tido uma influência significativa durante o período colonial, o conceito moderno desse termo está diretamente associado ao discurso científico sobre as supostas diferenças humanas: ele adquiriu grande parte da relevância que possui hoje em função da representação dos grupos raciais como tipos sociais. O *conceito científico de raça* surge, então, como produto de um processo de diferenciação biológica decorrente de fatores ambientais e culturais que formaram grupos de pessoas com disposições específicas, características que permitiam a classificação deles a partir de parâmetros claros. Essas duas concepções sobre raça também estão presentes no imaginário social sobre minorias raciais: suas características são vistas como expressões de degradação moral que se reproduzem ao longo das

[4] MALIK, Kenan. The meaning of race. Race, history, and culture in western society. Nova York: New York University Press, 1996, p. 71-123; TELLES, Edward. *Racismo à brasileira*. Uma nova perspectiva sociológica. Rio de Janeiro: Relume-Dumará, 2006, p. 221-263.

gerações. Elas também designam traços que motivam comportamentos sociais generalizados desses segmentos, razão pela qual eles estão sempre associados a certos tipos de atividades. Assim, por exemplo, funções subalternas devem ser desempenhadas por pessoas negras porque elas não possuem inteligência suficiente ou disposição natural para desempenhar outras funções de maneira competente.[5]

Por ser um critério de diferenciação social entre grupos populacionais, a raça tem sido pensada também como classe e como status. A concepção de *raça como classe* decorre de análises que procuram explicar disparidades entre grupos raciais como um problema decorrente de desigualdade econômica. Elas não seriam produto de práticas racistas que perduram ao longo do tempo, mas sim consequências da ausência de mobilidade social gerada pela estrutura de classes característica do capitalismo. A raça aparece, então, como uma indicação da posição do indivíduo na estrutura de classes e não como um critério de tratamento diferenciado. Essa categoria social também designa o status que as pessoas ocupam na sociedade, o que engloba tanto o status cultural quanto o material. É importante observamos, então, essa característica da *raça como status social*: se a classificação de alguém como branco indica o lugar social de pessoas que gozam de respeitabilidade, a classificação como negro determina que essa pessoa não terá o mesmo nível de apreço por ter uma identidade estigmatizada. Os traços e as produções culturais associadas a brancos são vistos como algo superior, enquanto os mesmos elementos relacionados a minorias raciais serão interpretados como sinal de degradação. Essas duas dimensões da raça estão sempre presente na forma como membros de minorias raciais são tratados. A ideia de *raça como classe* aparece nos debates sobre ações afirmativas, cumprindo uma função retórica importante de negar sua relevância na nossa sociedade. A *raça como status* é um elemento central para entendermos a dinâmica entre branquitude/negritude: enquanto a primeira expressa a norma cultural de humanidade, a segunda é construída como o oposto dessa característica.[6]

[5] BANTON, Michael. *Racial theories*. Cambridge: Cambridge University Press, 1998, p. 17-40.

[6] HASENBALG, Carlos. *Discriminação e desigualdades raciais no Brasil*. Belo Horizonte: Editora da UFMG, 2005, p. 207-231; BANTON, 1998, p. 168-193; GUIMARÃES, *Classes, raças e democracia*. São Paulo: Editora 34, 2002, p. 13-76.

Uma concepção menos conhecida sobre a raça é a sua classificação como uma *categoria socialmente construída*, perspectiva que guiará nossas discussões sobre racismo neste artigo. Essa teoria está ligada ao conceito de *racialização*, noção que designa um processo cultural a partir do qual formas de status social diferenciado entre grupos humanos são criados por meio da atribuição de sentidos a atributos fenotípicos, embora possa recair sobre outros aspectos de um grupo populacional. O racismo permite que relações assimétricas de poder entre grupos raciais sejam reproduzidas por meio de um constante processo de representação do outro como diferente e inferior, representação que atribui a essas coletividades características negativas. Esses traços não têm quaisquer conexões com a personalidade dos membros desses segmentos, mas pessoas são levadas a acreditar que essas relações existem e que são características naturais de todos aqueles que fazem parte de uma coletividade. Isso se torna possível em função do controle que membros do grupo racial dominante possuem sobre as instituições culturais e políticas, ou seja, em todos os lugares a partir dos quais sentidos culturais são criados e reproduzidos a partir da perspectiva de um grupo específico.[7]

Tendo em vista a noção de racialização, nós designaremos o conceito de raça como um *lugar social* que as pessoas ocupam dentro das hierarquias criadas por meio de relações de poder entre grupos raciais. A raça é certamente um critério de classificação dos indivíduos que possui consequências significativas na vida deles, porque determina o status social que eles gozam dentro da sociedade. Ela opera como um meio fundamental de organização das representações culturais sobre os diversos grupos humanos e as funções que eles podem desempenhar. Essa forma de classificação social determina quem pode ter acesso às diversas posições existentes dentro de instituições públicas e privadas: os que são vistos como superiores ocupam os lugares de maior prestígio, fator responsável pela reprodução do status privilegiado dos membros do seu grupo. Compreender a raça como um lugar social significa pensá-la como um tipo de status especialmente configurado a partir de imagens culturais sobre as pessoas. Ela não designa fundamentalmente traços biológicos,

[7] HANEY-LÓPEZ, Ian. The social construction of race. Some observations on illusion, fabrication and choice. Harvard Civil-Rights-Civil Liberties Law Review, v. 29, n. 1, pp. 1- 62, 1994.

mas sim as diferenciações de status decorrentes da atribuição de sentidos a eles. A raça como posição social permite que compreendamos a dinâmica de estratégias discursivas e de práticas culturais utilizadas para que privilégios sociais sejam sempre atribuídos a pessoas brancas e processos discriminatórios, que se reproduzem ao longo do tempo, sempre tenham grupos raciais subalternizados como alvo.[8]

O entendimento da raça como um lugar social nos permite demonstrar a falácia de um tipo de discurso corrente entre pessoas de diferentes matizes ideológicas: a ideia segundo a qual a mobilização política em torno de demandas de respeitabilidade social é um tipo de *identitarismo*. Segundo seus defensores, a utilização da raça como ponto de partida para demandas de direitos designa um processo nocivo, porque desconsidera iniquidades relacionadas ao funcionamento do capitalismo como a verdadeira causa das disparidades entre negros e brancos. Eles também afirmam que a ênfase na raça compromete o ideal do universalismo que fundamenta o discurso dos direitos humanos, o que é caracterizado por eles como um avanço civilizatório ameaçado pelo que chamam de identitarismo. O conceito de raça como uma designação de status social nos auxilia a entender o equívoco básico dessa posição. Lideranças de grupos racializados não se mobilizam politicamente e juridicamente para protegerem uma identidade social. Eles se articulam para impedir que certas construções culturais continuem sendo uma fonte contínua de desvantagens sociais. Quando uma pessoa branca afirma que cargos políticos não devem ser desempenhados por pessoas negras, ela está utilizando a raça para designar um status social degradado incompatível com essa função. Assim, a iniciativa de denunciar essa pessoa pelo crime de racismo não pode ser vista como uma expressão de identitarismo, mas sim como uma reação a uma manifestação comum de racismo: a propagação da ideia de que pessoas negras não são atores sociais competentes, motivo pelo qual funções de poder e prestígio devem ser desempenhadas exclusivamente por brancos, especialmente por homens brancos.[9]

[8] BANTON, 1998, p. 117-150.

[9] Para uma análise da utilização estratégica desse discurso para encobrir práticas racistas e reproduzir a dominação branca, cf. MOREIRA, Adilson José. Direito, poder, ideologia: discurso jurídico como narrativa cultural. *Direito & Práxis*, v. 8, n. 2, p. 830-868, 2017; RIBEIRO, Djamila. *Lugar de fala*. São Paulo: Jandaíra, 2018.

2.2. Racismo

Compreender a raça como um lugar social requer que pensemos o racismo como um tipo de retórica social e como uma prática coletiva. Podemos, inicialmente, definir o racismo como um sistema de dominação racial que tem dois objetivos centrais: a criação e manutenção de *privilégios raciais*, o que pode ser definido como uma série de tratamentos privilegiados que as pessoas têm acesso apenas por pertencerem ao grupo social dominante, e a caracterização da *respeitabilidade social* como uma característica exclusiva de pessoas brancas. Privilégios raciais só podem ser reproduzidos na medida em que grande parte da sociedade acredita que apenas pessoas brancas podem atuar de forma competente no espaço público. Retóricas racistas ocupam um papel importante nessa dinâmica, porque são meios a partir dos quais muitas pessoas são convencidas de que a subordinação de minorias raciais designa um tipo de funcionamento natural da sociedade. O racismo é, então, um tipo de retórica social e uma prática social que objetiva legitimar relações hierárquicas de poder a partir da utilização da raça como critério de tratamento diferenciado entre grupos populacionais.[10]

Enquanto retórica cultural, o racismo compreende uma série de discursos que promovem a circulação de representações negativas sobre grupos humanos. Podemos dizer que o racismo é um tipo de crença individual e coletiva, segundo a qual traços fenotípicos designam características naturais e imutáveis que indicam a inferioridade constitutiva de todas as pessoas que as possuem. Ligado a essa tese está a ideia de que pessoas racializadas como brancas são naturalmente superiores a todos os outros grupos raciais. Assim, o racismo opera como um mecanismo psicológico e cultural por meio do qual membros do grupo racial dominante sistematicamente negam o reconhecimento da humanidade comum a todos os grupos humanos para que o status privilegiado que ocupam nas várias dimensões da vida humana não seja questionado. Como o racismo se manifesta por meio de consenso entre membros do grupo racial dominante, ele adquire seus fundamentos a partir de uma série de estereótipos racistas,

[10] Para uma análise dessa perspectiva ver sobretudo GOLDBERG, David Theo. The social formation of racist discourse. *In*: GOLDBERG, David Theo (ed.), *Anatomy of racism*. Minneapolis: University of Minnesota Press, 1990, p. 295-318; OMI, Michael; WINANT, Howard. *Racial formation in the the United States*. From the 1960s to 1990s. Nova York: Roultledge, 1994, p. 55-60.

que designam supostas características de membros de minorias raciais e também os lugares que eles podem ocupar na sociedade.[11]

O racismo tem uma característica muito importante que é o *essencialismo*. Pessoas racistas partem do pressuposto de que todas as seres humanos que possuem certas características físicas possuem os mesmos traços de personalidade e que eles são imutáveis. A essa imutabilidade atribuída corresponde uma rigidez da percepção sobre pessoas de outros grupos racializados: muitos indivíduos são emocionalmente investidos dessas crenças porque elas fundamentam não apenas a identidade do outro, mas também a deles. Admitir que pessoas negras possam ter o mesmo nível de humanidade significa reconhecer que elas não possuem traços distintivos que justifiquem seu senso de superioridade.[12]

Ao lado dos esquemas mentais que motivam a vida cultural do racismo estão as práticas discriminatórias que mantêm as diferenças de status material entre os grupos raciais. Muitos afirmam que devemos entender o racismo fundamentalmente como um conjunto de mecanismos discriminatórios voltados para a manutenção de disparidades entre negros e brancos. Assim, o racismo pode assumir a forma de uma *discriminação direta* ou *indireta*, *institucional* ou *estrutural*. O racismo opera como discriminação direta quando algum agente ou instituição impõe um tratamento desvantajoso a uma pessoa porque ela pertence a outro grupo racial. Essa ação pressupõe a intenção de discriminar, atitude motivada por estereótipos descritivos ou prescritivos. Mas o racismo também pode ocorrer quando normas que não fazem qualquer menção à raça dos indivíduos causam um impacto desproporcional na vida de pessoas negras. Esse efeito negativo no status de grupos de pessoas que estão em uma situação de desvantagem nos mostra que sistemas de discriminação podem operar independentemente da vontade de pessoas específicas, uma vez que normas que representam o interesse dos membros dos grupos dominantes podem afetar minorias de forma significativa.[13]

[11] MOREIRA, Adilson José. *Tratado de direito antidiscriminatório*. São Paulo: Contracorrente, 2020, p. 367-380.

[12] DESMOND, Matthew; EMIRBAYER, Mustafa. *Racial domination, racial progress*. The sociology of race in America. Nova York: McGraw Hill, 2009, p. 1-49.

[13] CORBO, Wallace. *Discriminação indireta*. Conceito, fundamentos e uma proposta de enfrentamento à luz da Constituição de 1988. Rio de Janeiro; Lumen Iuris, 2017, p. 111-176.

Os tipos de discriminação acima mencionados podem se manifestar na forma do que os teóricos chamam de discriminação institucional, um tipo de tratamento desvantajoso causado por representantes de instituições públicas ou privadas. As discriminações direta e indireta podem impedir que as pessoas tenham acesso a uma instituição, podem causar o tratamento diferenciado dentro dela, podem provocar o oferecimento diferenciado dos serviços da instituição ou ainda ser responsável pela negação de prestação de serviços. Ao considerarmos que a discriminação institucional é uma prática coletiva na nossa sociedade, chegamos ao caráter estrutural que a discriminação racial pode assumir: ela provoca desvantagens sistemáticas para membros de grupos raciais subalternizados nas mais diferentes esferas da vida. Em função disso, eles estão sempre expostos a situações de grande vulnerabilidade, sempre expostos ao risco de violência por parte de atores públicos e privados. Essa situação também provoca a estratificação racial ao criar sérios obstáculos à ascensão social de pessoas negras.[14]

O racismo, enquanto prática social, pressupõe assimetrias de poder entre grupos raciais que se manifestam na composição das instituições sociais. O controle sobre elas permite o estabelecimento de hierarquias de um grupo racial sobre o outro. Por esse motivo, alguns autores apontam o caráter procedimental do racismo, porque o controle sobre as instituições permite que o grupo dominante crie regras que constroem e reproduzem desvantagens para minorias raciais. Como vimos, o racismo também teria um caráter substantivo porque está baseado em dois elementos: a inferiorização e a antipatia de membros de um grupo em relação a outro. Esse sistema de dominação social pode assumir a forma de indiferença ou desprezo por minorias raciais, o que ocorre no caso de pessoas que sempre procuram interagir com membros do seu próprio grupo. Indiferença e desprezo sempre têm consequências negativas na vida de pessoas negras, porque o sofrimento delas não desperta empatia em pessoas brancas que ocupam posições de poder. Entretanto, certos autores afirmam que o racismo não está relacionado todo o tempo com sentimentos de inferioridade, mas também com hostilidade em relação a

[14] MOREIRA, 2020, p. 456-465.

minorias raciais quando eles demonstram superioridade em certos setores da vida.[15]

É importante notar que o racismo não se manifesta apenas como hostilidade em relação a minorias raciais. Ele pode assumir a forma de atitudes paternalistas em relação a membros desses grupos sociais, comportamento que parte do pressuposto de que eles não capazes de operar socialmente de forma adequada sem a supervisão de pessoas brancas. A ambivalência marca esse tipo de atitude racista porque, de um lado, temos alguém que procura interagir com pessoas negras pessoalmente ou institucionalmente, mas, de outro lado, não reconhece que elas possam atuar de maneira autônoma no espaço público ou no espaço privado. A aparente preocupação com grupos raciais subalternizados pode esconder apenas o interesse em fazer com que suas ações não possam confrontar a lógica das hierarquias presentes em uma sociedade.[16]

O racismo tem sido definido por vários autores como uma doutrina baseada no pressuposto da existência de uma hierarquia natural entre grupos humanos, tendo em vista a possibilidade de classificação deles a partir de traços fenotípicos que designam o pertencimento a raças distintas. Essas diferenças biológicas seriam acompanhadas por características morais e culturais transmitidas de uma geração a outra, motivo pelo qual ideologias racistas partem do pressuposto de que todos os membros desses grupos raciais possuem as mesmas características. A pressuposição da diferença e hierarquia entre as raças legitimam uma série de práticas que determinam os lugares sociais que as pessoas devem ocupar na sociedade. Essa diferenciação entre grupos raciais está ligada à inferiorização daqueles que pertencem às raças vistas como diferentes, razão pela qual seus membros são submetidos a diversas formas de discriminação. O racismo tem sido legitimado por uma série de ideologias. Apesar de sua origem ser o discurso religioso, ele assumiu sua formulação moderna por meio de teorias científicas, todas elas atestando a suposta superioridade dos povos europeus sobre todos os outros. Embora também afirmassem a existência de hierarquias entre diferentes grupos étnicos europeus,

[15] SOLOMOS, John; BACK, *Les. Racism and society.* Nova York: Palgrave, 1996; FANON, Franz. *Peles negras, máscaras brancas.* São Paulo: Ubu Editora, 2020.

[16] HOETNIK, H. *Slavery and race relations in the Americas.* Nova York: Harper, 1973, p. 3.40.

todas elas partiam do pressuposto de que membros da raça branca são superiores. Dessa forma, a raça deve ser vista como um parâmetro central de organização social, seja da economia, da política, da cultura ou da religião.[17]

Essa concepção do racismo nos ajuda a entender a dinâmica de uma série de práticas discriminatórias baseadas no sentimento de *antipatia*, que motiva condutas que têm como objetivo a *inferiorização*. Se países europeus encontraram no racismo a justificação para a escravização de povos ameríndios e africanos, outros utilizaram teorias racistas para legitimar regimes segregacionistas, outros ainda recorreram a essa ideologia como ponto de partida para ações genocidas. O racismo provoca a animosidade de pessoas brancas em relação a pessoas de outros grupos raciais, sendo que ele institui as crenças que motivam ações discriminatórias. Essa hostilidade também decorre do fato de que membros do grupo racial dominante percebem o avanço e a mobilização de pessoas negras por direitos como uma ameaça aos status privilegiado que ocupam. A antipatia contra membros de grupos racializados como inferiores faz com que práticas excludentes provoquem a marginalização de membros desses segmentos. Isso pode se manifestar de formas diferentes, o que cria dificuldades para que grupos raciais subalternizados possam ter o mesmo nível de estima social, para que tenham as mesmas oportunidades sociais. A inferiorização ocorre por meio de atos institucionais que promovem a exclusão de oportunidades. A animosidade motiva ações discriminatórias praticadas por representantes de instituições sociais, mas também atos que são praticados nas relações interpessoais.[18]

Embora essa definição tradicional ainda seja relevante para a compreensão de muitas de suas manifestações, estudos recentes questionam a sua validade, com crítica à pressuposição de que o racismo assume as mesmas formas em todos os lugares e em todos os momentos históricos. Essas análises demonstram que o racismo não deve ser definido apenas como expressão de antipatia e inferiorização, mas essencialmente como sistema de dominação cujo propósito é garantir vantagens competitivas para membros do grupo racial dominante. Esse objetivo pode ser alcançado

[17] ALMEIDA, Silvio Luiz de. *Racismo estrutural*. São Paulo: Jandaíra, 2018, p. 23-53.

[18] BLUM, Lawrence. *"I am not a racist... but"*. The moral quandary of race. Ithaca: Cornell University Press, 2002, p. 1-33.

pelo emprego de diferentes estratégias discursivas e práticas institucionais que não são expressões de animosidade. Assim, a manutenção de uma ordem de privilégios raciais pode ser mantida, inclusive, pela negação da existência do racismo. Por essa razão, alguns autores preferem analisar o conjunto de práticas discriminatórias que podem ser caracterizadas como um conjunto de estratégias de dominação chamadas de *projeto racial*. Um projeto racial pode ser definido como um conjunto de discursos e de ações utilizadas para a reprodução da dominação de um grupo racial sobre outro. Esses discursos e ações mudam ao longo do tempo, uma vez que atos racistas sempre são contestados. Por esse motivo, o racismo tem uma natureza dinâmica, motivo pelo qual deve ser analisado a partir das circunstâncias sociais e históricas nas quais ele é praticado. Não podemos falar, então, em uma forma eterna de racismo baseada em atos de expressão de antipatia e tentativas de inferiorização, porque o racismo compreende uma série de estratégias discursivas e institucionais de dominação, o que pode ser alcançado até mesmo por meio de atitudes que são racialmente neutras.[19]

O conceito de projeto racial parte do pressuposto de que raça não é algo que existe enquanto uma categoria biológica, mas isso não significa que ela não tenha relevância social. Muitos autores argumentam que a discussão sobre a dimensão biológica da raça não tem relevância, uma vez que precisamos observar os meios a partir dos quais sentidos culturais são atribuídos a traços fenotípicos. Eles nos convidam a trabalhar com o conceito de *racialização*, termo que designa os meios a partir dos quais membros do grupo racial dominante atribuem significações culturais a características físicas que designam certos grupos populacionais. Esse processo permite a criação da raça como uma *categoria social* que estrutura as relações humanas em diferentes contextos, uma vez que determina o status cultural e o status material dos indivíduos que são classificados como membros de um ou de outro grupo racial. Por esse motivo, coletividades humanas são racializadas de uma forma ou de outra dependendo do lugar e das circunstâncias nas quais as pessoas vivem. Esse processo de racialização pode recair sobre características físicas, sobre a identidade religiosa,

[19] OMNI, Michael; WINANT, Howard. *Racial formation in the United States*. New York: Routledge, 2014, p. 105-137; MOREIRA, Adilson José. *Racismo recreativo*. São Paulo: Jandaíra, 2018, p. 45-51.

sobre a origem geográfica, sobre o status econômico. *A racialização atende os interesses dos grupos hegemônicos* ao instituir parâmetros de diferenciação que podem ser usados para garantir vantagens competitivas de formas variadas.[20]

Tendo em vista o que analisamos anteriormente, devemos notar que o racismo, enquanto projeto de dominação racial, tem dois objetivos principais. Primeiro, ele procura garantir *vantagens competitivas para pessoas brancas* de forma que elas sempre possam ter acesso privilegiado ou exclusivo àquelas oportunidades que garantem a preservação de formas privilegiadas de status. Segundo, ele tem como objetivo permitir que *a respeitabilidade social seja um atributo exclusivo de pessoas brancas*. Para que elas continuem tendo acesso privilegiado a oportunidades, a *sociedade precisa ser permanentemente convencida* de que apenas pessoas brancas são atores sociais competentes. Por esse motivo, devemos entender o racismo como um sistema de dominação social que tem como propósito central garantir privilégios raciais, que representam ganhos que pessoas brancas possuem sem que tenham feito qualquer tipo de esforço; eles são atribuídos por outros membros do próprio grupo racial, que *procuram garantir e preservar o poder nas mãos de pessoas brancas*. Assim, o racismo não expressa apenas antipatia por membros de outros grupos raciais: ele representa o interesse de pessoas brancas em manter diferentes formas de diferenciação de status que lhes garantam privilégios raciais.[21]

O racismo, enquanto ideologia social, está baseado na ideia da superioridade intelectual, moral, física, estética e cultural de pessoas brancas. Essa doutrina da *superioridade branca* fundamenta uma série de estereótipos raciais que procuram reproduzir a noção de que membros de grupos raciais subalternizados não merecem ter acesso às mesmas oportunidades, nem o mesmo nível de respeitabilidade que pessoas brancas possuem. Ligada a essa doutrina, está a ideia de que todas as instituições públicas e privadas devem fazer todo o possível para que suas normas estejam organizadas para reproduzir uma ordem social que privilegia pessoas brancas. Assim, não podemos compreender o tema do racismo sem examinar o problema do *poder*: ele opera com o objetivo específico de manter o status social

[20] Para uma análise desse tema, ver MARTINOT, Steve. *The rule of racialization*. Class, identity, governance. Filadélfia: Temple University Press, 2003.

[21] Ver nesse sentido, MOREIRA, 2020, p. 481-494.

privilegiado de pessoas brancas, o que ocorre por meio da existência de práticas institucionais voltadas para manter a diferenciação de status entre os grupos raciais. Não devemos, então, compreender o racismo como mera expressão de animosidade, mas sim como uma série de narrativas e práticas sociais que pretendem reproduzir a dominação racial.

O racismo possui uma *dimensão ideológica* e uma *dimensão material*. Vemos que a primeira cumpre a importante função da legitimação cultural, sendo que ela está baseada em uma série de narrativas que procuram reproduzir preconceitos e estereótipos raciais. Podemos definir preconceitos como disposições cognitivas e afetivas que fazem pessoas terem reações automáticas e negativas quando pensam ou interagem com pessoas vistas como diferentes ou inferiores. O preconceito implica um julgamento irracional e negativo de um membro de um determinado grupo sobre pessoas que pertencem a outros. Ele envolve um julgamento prematuro que prescinde da existência de evidências concretas, o que motiva comportamentos de intolerância pelo simples fato de a pessoa pertencer a uma parte da sociedade vista como diferente ou inferior. Assim, podemos entendê-lo como uma suspensão do preceito segundo o qual todas as pessoas devem ser tratadas de acordo com a regra de racionalidade que deve guiar as relações pessoais.[22] O preconceito não deve ser visto apenas como um mecanismo do psiquismo individual, pois ele tem uma dimensão social, expressando os interesses dos grupos dominantes. Ele pode surgir da percepção de que minorias ameaçam a posição de prestígio social ocupada pelas parcelas mais poderosas da sociedade. Atitudes preconceituosas procuram, então, impedir mudanças nos arranjos sociais, funcionando como um mecanismo importante para a manutenção dos muitos privilégios dos grupos hegemônicos.[23]

Estereótipos são falsas generalizações que as pessoas fazem sobre características de membros de grupos tidos como diferentes. Mesmo que representem, com algum nível de acuidade, algumas pessoas que fazem parte desses segmentos, certamente não servem como parâmetros para identificar traços de todas elas. Estereótipos têm uma *dimensão descritiva*,

[22] PETTIGREW, T. Prejudice. *In*: *Prejudice*. Cambridge: Cambridge University Press, 1992, p. 4-5.

[23] BLUMER, Herbert. Race prejudice as a sense of group position. *The Pacific Sociological Review*, v. 1, n. 1, 1958, p. 3-5.

uma *dimensão prescritiva*, uma *dimensão relacional* e uma *dimensão política*. A primeira designa supostas características de membros de certos grupos; a segunda aponta os lugares que eles devem ocupar; a terceira indica qualidades a partir das quais um grupo representa a si mesmo na medida em que atribui características negativas a outros; a quarta opera como um meio de legitimação de arranjos sociais. Portanto, o racismo não pode ser adequadamente compreendido sem uma análise da sua função de legitimação de tipos de discriminação sofridos por grupos raciais subalternizados. Estereótipos e preconceitos desempenham um papel central na propagação do racismo ao criar os meios para a indução e a incitação dessa prática na nossa sociedade. A psicologia social da discriminação nos permite entender como esse processo opera para marginalizar pessoas negras.[24]

Para que possamos compreender como sistemas de dominação social são criados e reproduzidos ao longo do tempo, devemos entender as maneiras pelas quais diferentes expressões de discriminação operam na sociedade. Alguns elementos possuem grande relevância para compreendermos o sentido genérico de discriminação: *intenção*, *comparação*, *desvantagem* e *estigma*. A doutrina tradicional afirma que um ato discriminatório tem como característica principal a intenção de um agente em impor um tratamento desvantajoso a outro. Ele decorre, então, de uma comparação entre indivíduos a partir de um determinado traço. O agente discriminador parte do pressuposto de que a vítima não possui uma qualidade socialmente valorizada, característica supostamente presente apenas em certos segmentos, possivelmente um dos quais a que ele pertence. A intenção de discriminar alguém está frequentemente baseada no interesse na preservação de arranjos sociais que mantêm certos grupos em uma situação de privilégio e outros em uma condição subordinada. Os procedimentos utilizados para isso são legitimados por uma série de estereótipos culturais que circulam na sociedade, representações criadas por grupos dominantes, segmentos que têm o poder simbólico e político para construir e difundir sentidos culturais.[25]

[24] MOREIRA, 2020, p. 357-383.

[25] LIPPERT-RASMUSSEN, Kasper. *Born free and equal?* An enquire into the nature of discrimination. Oxford: Oxford University Press, 2016, p. 14-15.

Vemos, então, que o conceito de discriminação possui uma *dimensão descritiva* e uma *dimensão moral*. Temos, no primeiro caso, um uso neutro desse termo porque ele apenas designa que normas estatais estabelecem diferenciações entre as pessoas. O verbo discriminar apenas indica que as instituições públicas ou privadas tratam classes de indivíduos de forma diferente tendo em vista objetivos que elas pretendem alcançar. Por outro lado, o termo discriminação adquire uma dimensão moral, quando analisamos as distinções entre indivíduos a partir dos propósitos diretos ou indiretos de uma norma legal, ou prática social. Se, na primeira situação, temos apenas uma distinção entre pessoas ou classes de pessoas, na segunda devemos analisar se o ato público ou privado se afasta ou não do dever de reconhecimento do mesmo valor moral de todos os membros da comunidade política. Assim, as diferenciações entre indivíduos serão inadequadas por não estarem relacionadas com um interesse legítimo ou por falharem em reconhecer a igualdade moral das pessoas.[26]

Pode-se dizer, em um primeiro momento, que a caracterização de um ato discriminatório parte da adequação de um tratamento diferenciado a partir de um critério específico. Esses critérios ou atributos são utilizados pelas normas jurídicas em função da relevância social dos mesmos, consideração que depende da história cultural de uma determinada comunidade. Atos discriminatórios utilizam uma característica ou um tipo de status que se tornou uma categoria legalmente relevante em função do seu papel nos processos de exclusão social. Eles funcionam, então, como parâmetros que justificam ações estatais destinadas a proteger certos grupos. Categorias como raça e sexo são hoje atributos legalmente protegidos por causa da longa história de atos discriminatórios enfrentados por minorias raciais e sexuais nas sociedades humanas.[27]

O racismo pode se manifestar por meio da *discriminação direta*, um tipo de tratamento intencional e arbitrário que produz desvantagens para suas vítimas. Esse tratamento desvantajoso é baseado em critério de tratamento diferenciado que não pode ser utilizado para formas de

[26] HELLMAN, Deborah, *When is discrimination wrong?* Cambridge: Harvard University Press, 2016, p. 15-27.

[27] Ver nesse sentido MELLO, Celso Antônio Bandeira. *O conteúdo jurídico do princípio da igualdade*. São Paulo: Malheiros, 2003.

discriminação negativa. Estamos aqui diante de um tipo de discriminação frequentemente enfrentado por pessoas negras: no mercado de trabalho, no tratamento por policiais, em muitos restaurantes, em diversos hotéis. Se a discriminação direta está marcada pela intencionalidade, esse elemento não está presente na *discriminação indireta*, ou seja, em normas e práticas sociais que não fazem qualquer tipo de diferenciação aberta entre as pessoas, mas tem um impacto negativo e desproporcional em grupos que já estão em uma posição de desvantagem. A discriminação indireta afeta membros de grupos raciais subalternizados em muitas situações, o que permanece uma prática invisível para a sociedade. Assim, por exemplo, a criação de aterros sanitários em áreas periféricas prejudica pessoas negras, que são forçadas a viverem nesses espaços em função da discriminação sofrida no sistema educacional e no mercado de trabalho.[28]

O racismo pode ainda assumir a forma da *discriminação institucional*. Estamos aqui diante de tratamentos desvantajosos praticados por representantes de instituições públicas e privadas. Esses tratamentos são produto de uma cultura institucional marcada por normas que reproduzem estereótipos racistas e também por preconceitos e estereótipos que motivam os comportamentos das pessoas que fazem parte dela. O tratamento desvantajoso por representantes dessas instituições pode assumir a forma de discriminação direta ou indireta. Além disso, a discriminação institucional pode se mostrar como um impedimento de acesso à instituição, de tratamento desvantajoso dentro dela ou de oferecimento diferenciado de seus serviços. A discriminação institucional assume a forma de racismo institucional quando implica o tratamento desvantajoso dirigido a grupos raciais subalternizados. Como esse tipo de discriminação ocorre em grande parte de nossas instituições públicas e privadas, ela assume um caráter coletivo, o que torna o racismo um tipo de *discriminação estrutural*. Ela faz com que grupos raciais subalternizados enfrentem desvantagens sistêmicas, uma vez que práticas discriminatórias impedem que seus membros possam ter acesso a uma série de direitos necessários para a integração pessoal. O caráter estrutural do racismo provoca a estratificação entre grupos raciais, o que causa danos que se reproduzem ao longo do tempo, motivo pelo qual diferentes gerações do

[28] MOREIRA, 2020, p. 401-409.

mesmo grupo racial permanecem em uma situação de subordinação e diferentes gerações do grupo racial dominante sempre encontram acesso facilitado às mais diversas oportunidades em todas as etapas de suas vidas.[29]

As considerações anteriores demonstram que não podemos pensar o racismo apenas como um conjunto de atos discriminatórios praticados por indivíduos específicos contra membros de grupos sociais racializados. O racismo compreende um conjunto de processos culturais de legitimação e uma variedade de práticas institucionais que se articulam para criar um *tipo de organização social baseado em hierarquias estruturais entre grupos racializados*. Essas hierarquias reproduzem uma ordem social que opera para beneficiar de forma sistemática membros do grupo racial dominante, motivo pelo qual não podemos reduzir o fenômeno a um aspecto individual, nem a algo episódico. É importante que entendamos um de seus elementos centrais, o que devemos enfatizar: *o racismo*, seja ele um discurso cultural ou uma prática institucional, *existe para legitimar relações hierárquicas criadas para beneficiar pessoas brancas*. Ele não pode ser pensado apenas como expressão de antipatia, mas também como uma *estratégia de inferiorização social* baseada no propósito de preservar vantagens competitivas para pessoas brancas, o que só pode ser alcançado a partir da crença na inferioridade de outros grupos racializados. Ele é um sistema de organização dos afetos e de institucionalização de práticas que formam uma comunidade racista que *opera para promover a estratificação entre grupos humanos racializados*.[30]

2.3. A legislação brasileira sobre racismo

Uma análise adequada da legislação brasileira sobre racismo requer que exploremos certos aspectos do nosso texto constitucional. Primeiro, devemos refletir sobre o que tem sido chamado por certos autores como princípios estruturantes da nossa ordem jurídica. O primeiro artigo da Constituição Federal elenca alguns deles. A referência ao princípio do Estado Democrático de Direito tem consequências significativas para

[29] MOREIRA, Adilson José. *O que é discriminação?* Belo Horizonte: Letramento, 2017c, p. 165-186.

[30] BALIBAR; Étienne; WALLERSTEIN, Immanuel. *Raça, nação, classe.* As identidades ambíguas. São Paulo: Boitempo, 2020, p. 51-53.

nossa reflexão.[31] Este paradigma constitucional atribui uma função especialmente importante para nossas instituições públicas: *elas devem operar como agentes de transformação social*. Isso significa que elas devem ter, como objetivo principal, a efetividade do sistema protetivo de direitos presente no nosso ordenamento jurídico. Este princípio estruturante opera como um preceito central do Direito Antidiscriminatório, campo jurídico que tem como objetivo central a diminuição gradual de disparidades entre grupos sociais. Dizer que nossas instituições estatais devem buscar a transformação social significa afirmar que elas devem articular a *função protetiva* e a *função integrativa* dos direitos fundamentais, além da *função da promoção do reconhecimento da igual dignidade* de todos os membros da comunidade política.[32]

A Constituição Federal institui um compromisso de agentes estatais com a promoção da cidadania de todas as pessoas, o que tem sido entendido por nossos tribunais como um parâmetro substantivo de controle de constitucionalidade. Eles têm afirmado esse princípio em uma série de decisões que falam sobre *cidadania racial*, sobre *cidadania sexual* e sobre *cidadania moral*, conceitos baseados na noção de que esse princípio tem como um de seus propósitos fundamentais a afirmação do comprometimento constitucional com a promoção do reconhecimento da igualdade entre grupos sociais, *motivo pelo qual devemos eliminar relações hierárquicas arbitrárias de poder no espaço público e no espaço privado*.[33] Esse comprometimento constitucional está diretamente relacionado com outro princípio central da nossa ordem jurídica: *a dignidade humana*. Se durante muito tempo ele foi interpretado a partir de uma perspectiva marcadamente individualista, hoje, essa noção, ligada ao papel da racionalidade como ponto de partida para o exercício da autonomia, tem sido substituída pela compreensão de que uma vida digna só pode ocorrer quando as pessoas

[31] O artigo primeiro da CF dispõe: "Art. 1º A República Federativa do Brasil, formada pela união indissolúvel dos Estados e Municípios e do Distrito Federal, constitui-se em Estado Democrático de Direito e tem como fundamentos: I – a soberania; II – a cidadania; III – a dignidade da pessoa humana; IV – os valores sociais do trabalho e da livre iniciativa; V – o pluralismo político."

[32] MOREIRA, 2020, p. 48 – 81.

[33] Ver nesse sentido MOREIRA, Adilson José. *Cidadania sexual:* estratégia para ações inclusivas. São Paulo: Arraes, 2017a, p. 147-204; VECHIATTI, Paulo Roberto Iotti. *Manual da homoafetividade*. São Paulo: Pessotto, 2019, p. 173-233.

são vistas como atores sociais competentes, motivo pelo qual elas devem estar livres daqueles fatores que as impedem de serem reconhecidas dessa maneira.[34]

Observamos, então, que o racismo, como um sistema de dominação social com suporte na antipatia e na inferiorização, impossibilita a construção de uma vida digna baseada no gozo de direitos fundamentais, porque o exercício deles requer respeitabilidade social. A constante circulação de estereótipos e estigmas faz com que grande parte da população brasileira desenvolva atitudes preconceituosas que restringem o exercício de direitos por membros de grupos raciais. Estamos aqui diante do *processo de subalternização*: o outro não pode ser um cidadão pleno porque não possui o devido apreço que deveria ser dado a todas as pessoas que fazem parte de uma comunidade política. Ao dizer que nosso sistema jurídico está fundamentado na afirmação da dignidade humana e no combate ao racismo, nossa Constituição Federal estabelece parâmetros substantivos para a interpretação da legislação que regula crimes de racismo, parâmetros que têm como base a dimensão subjetiva e a dimensão objetiva dos direitos fundamentais. Se a primeira nos diz que todas as pessoas são titulares de direitos, o que obriga o tratamento igualitário de todas elas, a segunda estabelece a ordem de valores que rege a aplicação e a interpretação de normas legais referentes ao exercício de direitos. Essa ordem objetiva é composta pela *dimensão protetiva* e a *dimensão integrativa* desses direitos, motivo pelo qual elas devem ser uma chave de interpretação da legislação infraconstitucional.[35]

Os primeiros quatro artigos do Estatuto da Igualdade Racial estão baseados nos elementos acima discutidos. A definição de discriminação racial ali presente engloba a discriminação direta, a discriminação indireta, a discriminação institucional e a discriminação estrutural. Ele reconhece o papel do Estado na promoção da dimensão protetiva ao dizer que as referidas formas de tratamento diferenciado não podem ocorrer

[34] Ver nesse sentido, NOVAIS, Jorge Reis. *Princípios estruturantes do estado de direito*. Coimbra: Almedina, 2019, p. 25-64.

[35] SARLET, Ingo Wolfgang. *A eficácia dos direitos fundamentais*. Uma teoria geral dos direitos fundamentais na perspectiva constitucional. Porto Alegre: Livraria dos Advogados, 2015, p. 147-161.

na nossa sociedade;[36] vemos também que ele reconhece a dimensão integrativa dos direitos fundamentais ao estabelecer a necessidade de ações afirmativas, um grupo de medidas destinadas a promover oportunidades para membros de grupos raciais subalternizados.[37] O segundo artigo desse documento legal reafirma esses compromissos ao mencionar a necessidade da implementação da igualdade por meio de medidas destinadas a promover a participação de todos os grupos sociais nas diversas esferas da vida social.[38] O artigo quarto do Estatuto da Igualdade Racial elenca ações necessárias para que membros de minorias raciais e étnicas possam alcançar a devida integração social, objetivo que será atingido por meio do combate aos mecanismos e da atenuação dos fatores responsáveis pela persistência da discriminação institucional e estrutural, que provocam a estratificação social entre negros e brancos nesta sociedade. É importante mencionar que a dimensão do reconhecimento dos direitos fundamentais também está presente, uma vez que esse documento legal, ao proscrever a discriminação, também condena as práticas culturais por meio das qual ela se manifesta.[39]

[36] "Art. 1º Esta Lei institui o Estatuto da Igualdade Racial, destinado a garantir à população negra a efetivação da igualdade de oportunidades, a defesa dos direitos étnicos individuais, coletivos e difusos e o combate à discriminação e às demais formas de intolerância étnica. Parágrafo único. Para efeito deste Estatuto, considera-se: I – discriminação racial ou étnico-racial: toda distinção, exclusão, restrição ou preferência baseada em raça, cor, descendência ou origem nacional ou étnica que tenha por objeto anular ou restringir o reconhecimento, gozo ou exercício, em igualdade de condições, de direitos humanos e liberdades fundamentais nos campos político, econômico, social, cultural ou em qualquer outro campo da vida pública ou privada."

[37] O sextos inciso do primeiro artigo do Estatuto da Igualdade Racial determina: "VI – ações afirmativas: os programas e medidas especiais adotados pelo Estado e pela iniciativa privada para a correção das desigualdades raciais e para a promoção da igualdade de oportunidades."

[38] "Art. 2º É dever do Estado e da sociedade garantir a igualdade de oportunidades, reconhecendo a todo cidadão brasileiro, independentemente da etnia ou da cor da pele, o direito à participação na comunidade, especialmente nas atividades políticas, econômicas, empresariais, educacionais, culturais e esportivas, defendendo sua dignidade e seus valores religiosos e culturais."

[39] "Art. 4º A participação da população negra, em condição de igualdade de oportunidade, na vida econômica, social, política e cultural do País será promovida, prioritariamente, por meio de: I – inclusão nas políticas públicas de desenvolvimento econômico e social; II – adoção de medidas, programas e políticas de ação afirmativa; III – modificação das estruturas institucionais do Estado para o adequado enfrentamento e a superação das desigualdades étnicas

As referidas teorias de discriminação, a compreensão do racismo como antipatia e inferiorização, as dimensões dos direitos fundamentais e os princípios estruturantes da nossa ordem jurídica instituem os parâmetros para a análise da lei que regula os crimes de racismo. O primeiro artigo desta norma jurídica, ao punir o crime de racismo, determina que práticas discriminatórias entre grupos raciais e étnicos possuem um aspecto cultural e um aspecto material, uma vez que a discriminação racial são atos arbitrários motivados por um conjunto de ideologias baseadas na existência da raça como critério para determinação de respeitabilidade social de grupos raciais. A lei que define os crimes de racismo contempla uma pluralidade de exemplos de discriminação direta e de discriminação institucional, sendo que a intencionalidade faz parte da definição delas. Os primeiros quatorze artigos da Lei 7.716 descrevem situações nas quais pessoas são vítimas de tratamentos desvantajosos que expressam *a intenção de discriminar* de agentes públicos e privados, o que caracteriza um aspecto importante do racismo: ele é um *sistema de dominação reproduzido por narrativas culturais que legitima práticas discriminatórias.* O racismo, por meio de ações intencionais, *impede ou cria obstáculos para o acesso a oportunidades e garantias* que deveriam estar disponíveis para todos os grupos raciais.

O vigésimo artigo da chamada Lei do Racismo expressa esse entendimento ao reconhecer que *incitar* e *induzir* a discriminação racial são atos criminosos.[40] Essa norma reproduz o mesmo princípio presente no sétimo artigo da Declaração Universal dos Direitos Humanos, norma que afirma o direito de todas as pessoas de serem protegidas contra a

decorrentes do preconceito e da discriminação étnica; IV – promoção de ajustes normativos para aperfeiçoar o combate à discriminação étnica e às desigualdades étnicas em todas as suas manifestações individuais, institucionais e estruturais; V – eliminação dos obstáculos históricos, socioculturais e institucionais que impedem a representação da diversidade étnica nas esferas pública e privada; VI – estímulo, apoio e fortalecimento de iniciativas oriundas da sociedade civil direcionadas à promoção da igualdade de oportunidades e ao combate às desigualdades étnicas, inclusive mediante a implementação de incentivos e critérios de condicionamento e prioridade no acesso aos recursos públicos; VII – implementação de programas de ação afirmativa destinados ao enfrentamento das desigualdades étnicas no tocante à educação, cultura, esporte e lazer, saúde, segurança, trabalho, moradia, meios de comunicação de massa, financiamentos públicos, acesso à terra, à Justiça, e outros.

[40] "Praticar, induzir ou incitar a discriminação ou preconceito de raça, cor, etnia, religião ou procedência nacional"

incitação a práticas discriminatórias.[41] Incitar e induzir a discriminação racial significa utilizar intencionalmente estereótipos descritivos e prescritivos com o objetivo de reproduzir a noção de que membros de minorias raciais não são atores sociais competentes. Incitar e discriminar são atos destinados à legitimação de atos discriminatórios. Isso significa que eles ocorrem em função das ideias que circulam dentro da sociedade, sendo que elas são criadas com o propósito específico de impedir que membros de minorias raciais possam ter apreço social. Assim, incitar e induzir significa predispor pessoas para agir de forma discriminatória com o intuito de impedir que membros de grupos raciais subalternizados possam ter acesso a oportunidades sociais. Por ter um papel central no funcionamento do racismo enquanto sistema de dominação, a incitação e a indução são consideradas uma violação de direitos humanos, porque produzem danos aos indivíduos. Devemos, então, explorar os meios a partir dos quais os danos causados pelo racismo se manifestam. Primeiro, a incitação ocorre por meio da reprodução persistente de estereótipos e estigmas, processos culturais que causam prejuízos ao status social dos membros de grupos minoritários. Podemos afirmar isso porque eles predispõem pessoas brancas a verem minorias raciais de forma negativa, o que cria obstáculos para elas em diferentes situações e em diferentes momentos de suas vidas. Segundo, a circulação desses valores culturais compromete o senso de dignidade de minorias raciais, porque eles institucionalizam sentidos culturais que criam padrões de representações negativas. Elas são uma lembrança constante para membros de minorias raciais que eles nunca terão o mesmo nível de apreço social que pessoas brancas possuem. Terceiro, a constante circulação desses estereótipos e estigmas promovem danos psíquicos aos indivíduos, porque leva muitos deles a internalizar a ideia de que não são capazes de atuar de forma competente no espaço público e no espaço privado, o que atinge crianças negras desde os primeiros anos de vida.[42]

[41] O artigo sétimo da Declaração Universal dos Direitos Humanos dispõe: "*Todos são iguais perante a lei e, sem distinção, têm direito a igual proteção da lei. Todos têm direito a proteção igual contra qualquer discriminação que viole a presente Declaração e contra qualquer incitamento a tal discriminação*"

[42] Ver sobretudo FEAGIN, Joe R. *The many consequences of racism*. Nova York: Rowan & Littlefield, 2002.

Continuemos com a análise dos elementos que definem o crime de racismo: *incitar, induzir, praticar.* Devemos, primeiro, entender o sentido da ideia de *incitação a práticas racistas.* Observamos anteriormente que a discriminação está baseada na animosidade em relação a membros de grupos sociais subalternizados, o que expressa valores culturais que circulam em uma sociedade, os quais expressam o consenso social de membros dos grupos majoritários sobre o valor e o lugar de pessoas que fazem parte de grupos subalternizados. Essas ideias circulam porque o grupo dominante, por controlar instituições culturais e políticas, pode criar e circular representações sobre todas as outras coletividades. Eles fundamentam as diferentes versões de estereótipo que influenciam a maneira como as pessoas são representadas nas diversas manifestações culturais. A dimensão descritiva dos estereótipos está claramente presente na fala do senhor Valter Nagelstein, citado na introdução deste capítulo, uma vez que ele associa a *raça* dos vereadores negros eleitos como evidência de que eles não são capazes de desempenhar funções públicas. Esta fala parte do pressuposto de que esses vereadores foram eleitos em função do que ele considera ser a influência nociva de partidos de esquerda nas universidades. Essa afirmação se mostra bastante problemática. Primeiro, porque classifica as universidades como um espaço de doutrinação política, posição que ignora o fato de que a mobilização da população negra não decorre desse fato, mas fundamentalmente da sua própria conscientização, posição que reflete um discurso, bastante presente no cenário político, que procura retirar dos negros brasileiros seu papel de protagonismo social e político. Segundo, ele faz uma falsa generalização dos vereadores ao negar as motivações individuais que os levaram a concorrer para um cargo público. Embora eles possam ter uma plataforma política comum, eles são indivíduos que possuem experiências sociais particulares, detalhe ignorado por Valter Nagelstein ao classificar todos eles como pessoas despreparadas por serem meros produtos da manipulação ideológica de pessoas brancas ligadas a partidos de esquerda.

A dimensão prescritiva dos estereótipos raciais também está presente no trecho da fala reproduzida no início deste capítulo. Ao atribuir a eleição de pessoas negras como produto da influência negativa da esquerda em diferentes espaços sociais, o senhor Valter Nagelstein parte do pressuposto de que as universidades, as instituições culturais e os meios de comunicação incentivaram a presença de pessoas negras em lugares nos quais elas não deveriam estar. Ele culpabiliza a esquerda por supostamente produzir transformações culturais que modificam o funcionamento natural de instituições sociais, transformações que retiraram pessoas brancas de classe alta de lugares nos quais elas deveriam ter protagonismo total. A fala de Nagelstein parte, então, do pressuposto de que a política é um lugar que deve ser ocupado por pessoas que fazem parte das elites políticas brasileiras, grupo formado essencialmente por homens brancos heterossexuais de classe alta.

Ao classificar como algo negativo a eleição de pessoas negras "sem nenhuma tradição política, sem nenhuma experiência, sem nenhum trabalho e com pouquíssima qualificação formal", o senhor Valter Nagelstein parte do pressuposto de que a possibilidade de engajamento e participação política está restrita a pessoas que fazem parte do grupo racial hegemônico. A expressão "tradição política" presente nessa frase está obviamente relacionada com o pertencimento aos grupos sociais que controlam a vida política nacional, grupos que podem ser claramente identificados, pois os integrantes desses grupos fazem parte dos mesmos segmentos que controlam outras esferas da vida social, como a economia e também a cultura: pessoas brancas, do sexo masculino, de classe alta, heterossexuais. Sua fala traduz a ideia de que a política não é lugar para pessoas negras, não é um lugar para pessoas pobres, não é um lugar para pessoas que não têm formação superior. Essa posição se mostra altamente preconceituosa porque ignora que esses fatores não são suficientes para determinar a qualificação de alguém para a vida política. A cena política tem sido marcada por membros de grupos subalternizados que encontraram, na mobilização coletiva, uma forma de transformação social efetiva, fato que ocorre quando indivíduos se reúnem em torno de uma causa comum. Pessoas brancas de classe baixa se mobilizaram, nas primeiras décadas do século passado, em torno da causa operária para demandar melhores condições de vida. Pessoas negras de todas as classes se mobilizaram pela luta contra os sistemas de discriminação racial presentes na África do Sul. Assim, a política não é um lugar para pessoas que têm "tradição", mas uma atividade na qual todos os seguimentos podem e devem estar engajados.[43]

[43] Para uma análise da mobilização de pessoas negras pobres e ricas na luta contra o racismo no Brasil ver HANCHARD, Michael. *Orfeu negro*: o movimento negro no Rio de Janeiro e São Paulo. Rio de Janeiro; EduUERJ, 2001.

É especialmente importante discutir o papel da dimensão relacional dos estereótipos para entendermos os motivos pelos quais podemos classificar o discurso em debate como um tipo de incitação ao racismo. Vimos que eles são falsas generalizações sobre membros de determinados grupos e que pressupõem características distintas e opostas entre grupos cognatos: positivas no caso de grupos hegemônicos e negativas no caso dos grupos subordinados. Ao afirmar que os vereadores negros eleitos não estão qualificados para exercerem cargos públicos, o senhor Valter Nagelstein parte do pressuposto de que a política deveria ser exercida por pessoas brancas de classe alta, as únicas que são verdadeiramente capazes de desempenhar cargos públicos de forma competente. Suas palavras podem ser interpretadas como uma tentativa de manutenção de um status racial privilegiado decorrente da raça e da classe das pessoas: é preciso manter a atividade política entre pessoas que possuem um tipo de pertencimento social específico. Esse aspecto de sua manifestação nos convida a falar sobre a questão do privilégio, objetivo da incitação a práticas discriminatórias. Em resumo, ele pretende justificar a reprodução do sistema de supremacia branca que vigora na sociedade brasileira.

O privilégio decorre da formação de redes de relacionamentos pessoais formadas entre membros dos grupos dominantes. A estratificação social pode também ser produto de um sistema de favoritismo pessoal destinado a garantir oportunidades àqueles que detêm o poder, objetivo que Nagelstein, o autor da manifestação, procura alcançar por meio de seu propósito de criar um instituto conservador que atuaria no processo de regulação da política. A preferência pela convivência com pessoas que possuem as mesmas características e a circulação de estereótipos sobre grupos tidos como diferentes, fazem com que posições profissionais sejam ocupadas por indivíduos que pertencem ao mesmo segmento.[44] A partir desta constatação, observamos que o preconceito existe basicamente em um sentido de posição de grupo: *mais do que ideias* que os membros de um grupo racial dominante têm em relação a minorias, *ele reflete sentimentos decorrentes da polarização* entre diferentes parcelas da população. As pessoas identificam a si mesmas como pertencentes a coletividades específicas, sendo que essa identificação não tem um caráter espontâneo, ela é o

[44] DASGUPTA, Nilanjana. Implicit group favoritism, outgroup favoritism, and their behavioral manifestations. *Social Justice Research*, v. 17, n. 2, 2007, p. 144-150.

resultado do processo de socialização. O tipo de imagem que um grupo social forma de si mesmo e de outros são similarmente produtos da internalização de representações culturais sobre o outro.[45] A formação da imagem dos grupos opera por um processo fundamentalmente coletivo, formalizado por mecanismos culturais a partir dos quais membros do grupo hegemônico constroem outros grupos como diferentes ao se apresentar como referência universal. Nesse sentido, caracterizar outro grupo é caracterizar o próprio grupo por oposição. É esse senso de posição social emergente de processos coletivos de classificação que fornece as bases, por exemplo, do preconceito racial.[46]

Quatro tipos básicos de sentimento estão sempre presentes no discurso dos grupos dominantes. Primeiro, um sentimento de superioridade demonstrado por meio de classificações condenatórias ou vexatórias dos membros de grupos oprimidos, tais como: preguiçosos, desonestos, inconfiáveis, incapazes e imorais. Segundo, um sentimento de que o grupo social subordinado é intrinsecamente diferente, o que aparece em frases como "eles não são como nós". Terceiro, um sentimento de propriedade e posse de certas áreas de privilégios e vantagens, como o direito a certas ocupações e profissões: o direito a certas posições de controle e tomada de decisão no âmbito privado, bem como no governo e perante a lei; o direito a certas posições de prestígio social, além da prerrogativa a certas áreas da intimidade e privacidade. Por fim, o quarto tipo básico de sentimento – como já citado anteriormente – é o medo e a suspeita de que a raça subordinada abriga projetos de usurpar as prerrogativas da raça dominante.[47]

Cada um desses tipos de sentimento tem um efeito próprio na relação entre os grupos raciais. O sentimento de superioridade posiciona os grupos oprimidos abaixo; o sentimento de que são alheios os posiciona além; o sentimento de propriedade e posse os exclui das prerrogativas de posicionamento; e o medo e a suspeita servem de combustível emocional para estabelecer tais grupos como um fator de perigo. O resultado dessa forma genérica de orientação – o sentimento de posição de grupo – é o estabelecimento de normas imperativas que guiam, incitam e exercem coação sobre os seus partícipes. Tais normas são estabelecidas, originalmente,

[45] BLUMER, 1958, p. 3.
[46] BLUMER, 1958, p. 4.
[47] BLUMER, 1958.

pelas condições iniciais de contato entre os grupos: prestígio, poder, posses e oportunidades são alguns fatores que podem desenvolver o sentimento original de posicionamento dessas coletividades. Por fim, tem-se que definir o fato de que a imagem coletiva abstrata de um grupo se desenvolve através de experiências e caracterizações dele enquanto entidade e não por meio de generalizações com base no contato pessoal.[48]

A manifestação do senhor Valter Nagelstein ilustra um aspecto importante de sociedades fortemente hierarquizadas como a brasileira. Indivíduos pertencentes a grupos privilegiados precisam se apoiar na negação ou em outras reações defensivas, para manter esse frágil sentimento de superioridade e para combater a dissonância e confusão que acompanham o reconhecimento e a compreensão de seus privilégios. Esta crença acaba por prejudicar o desenvolvimento emocional e intelectual de membros dos grupos dominantes, pessoas que desenvolvem uma atitude infantilizada baseada na proteção estrita de seus privilegiados. Por outro lado, indivíduos pertencentes a grupos subalternizados sofrem os impactos devastadores da opressão; eles vivenciam diversas formas de preconceito, fanatismo, ódio baseado em sua percepção de identidade, pobreza, violência física e até mesmo a morte. Internamente podem ver a si mesmos como vítimas ou até mesmo como incompetentes e podem chegar a expressar formas de racismo, sexismo, heterossexismo e um profundo sentimento de pavor em relação aos membros do próprio grupo.[49]

Em resumo, a fala reproduzida no início deste artigo pode ser classificada como um crime de racismo porque representa a intenção de uma pessoa branca em manter um regime de dominação social baseado na hierarquia entre pessoas de diferentes grupos raciais. Ela expressa o interesse em reproduzir estereótipos raciais responsáveis pela noção equivocada de que negros não são capazes de atuar na esfera pública de maneira competente, estratégia discursiva que procura manter uma forma de organização social hierárquica por meio de representações culturais que definem a vida política como uma prerrogativa branca. Sua fala expressa um elemento central do racismo: a percepção de que pessoas brancas são superiores, que pessoas negras são inferiores e que a sociedade deve operar

[48] BLUMER, 1958, p. 5-6.

[49] BLACK, L. L.; STONE, D. Expanding the definition of privilege: The concept of social privilege. *Journal of Multicultural Counseling and Development*, v. 22, n. 4, p. 252.

para manter a diferenciação entre esses grupos em todas as esferas da vida. A fala demonstra que ele sente seu status social ameaçado porque pessoas negras estão ocupando lugares para os quais não estariam qualificados em função da raça e da classe. Assim, mais do que expressão de estereótipos, sua fala demonstra o interesse em manter o status subordinado de pessoas negras para que pessoas brancas continuem controlando sistemas sociais necessários para a manutenção de privilégios raciais.

A tutela penal da igualdade tem como propósito impedir formas de tratamento arbitrário que possam causar danos aos indivíduos ou a grupos de indivíduos. A proteção da igualdade implica o reconhecimento da diferença como um elemento central do pluralismo social. Uma democracia pluralista pressupõe que todas as pessoas estão engajadas no reconhecimento da igualdade moral entre todos os cidadãos, requisito para a construção de uma comunidade política baseada na noção de solidariedade. Atos que induzem e incitam a discriminação racial promovem distúrbios na paz pública e provocam ressentimentos duradouros entre grupos sociais, o que podemos classificar como um obstáculo para a construção de uma cultura democrática. Por ser um tipo penal misto, o crime de racismo se configura quando um indivíduo, por meio de declarações preconceituosas e atos arbitrários, pratica a discriminação racial. Ela ocorre quando algum agente obstrui ou cria obstáculos para a realização de um direito e também quando ele induz e incita atos excludentes. Assim, promover a discriminação por meio da reprodução de estereótipos é um ato de racismo porque causa danos ao status cultural de minorias raciais, pessoas que passam a ser vistas como se não possuíssem o mesmo nível de dignidade humana. Incitar e induzir a discriminação é um ato individual que pode estimular comportamentos discriminatórios que afetam a vida de minorias raciais. Tendo em vista o que argumentamos anteriormente, podemos dizer que o intuito de criar um instituto conservador expressa o interesse do senhor Valter Nagelstein em fundar uma instituição que instituirá práticas que terão grande potencial de impedir o acesso de pessoas negras a direitos. Ele procura mobilizar pessoas brancas a agirem de forma discriminatória para que o status racial privilegiado de que gozam possa ser mantido. Não pode haver dúvidas de que suas declarações devem ser classificadas como um ato de racismo, tal como definido nas normas que caracterizam esse crime.

3. Liberdade de expressão

Os fatos do caso em questão nos obrigam a examinar o problema da liberdade de expressão e também de seus limites, tendo em vista a legislação que regula o crime de racismo. É comum, na realidade atual da sociedade brasileira, vermos pessoas afirmando que esse direito fundamental lhes autoriza a expressar todo e qualquer tipo de discurso, até mesmo o discurso de ódio contra grupos subalternizados. Elas classificam restrições ao conteúdo de suas falas como um tipo de censura, ato que, segundo eles, viola a norma constitucional que garante o exercício desse direito. Algumas decisões judiciais corroboram essa posição ao classificar falas abertamente racistas como mero discurso político protegido por esse direito. Muitos atores sociais certamente pensam que as manifestações do senhor Valter Nagelstein não são nada mais do que uma mera opinião de caráter político e não uma prática racista. Entretanto, essa percepção bastante difundida entre nós se mostra problemática quando analisamos os pressupostos desse princípio e o que ele pretende proteger. Ao contrário do que muitos argumentam, a liberdade de expressão não protege todo discurso; ela também não pretende proteger apenas indivíduos, uma vez que opera como um princípio de regulação da ordem política democrática.

A questão discutida no presente caso requer que recordemos as origens e as funções do direito à liberdade de expressão. Ele tem sido classificado como um dos pilares da vida política democrática ao longo do tempo. A democracia é um regime político no qual as pessoas podem participar do processo de formação da vontade estatal por meio da deliberação pública. Os integrantes de um regime democrático possuem um objetivo que é a promoção de interesses coletivos, motivo pelo qual todos eles estão, em tese, interessados que decisões políticas sejam devidamente legitimadas. Dessa forma, o direito à liberdade de expressão protege um bem jurídico muito importante, que é a possibilidade de exprimir posicionamentos sobre questões referentes ao debate político sobre os destinos da sociedade, o que permite ao sujeito participar da condução do seu destino pessoal e também do destino coletivo.[50]

A liberdade de expressão é uma das manifestações do regime geral de liberdades presentes em uma sociedade democrática, sendo que esse

[50] Para uma análise geral do direito à liberdade de expressão ver, entre outros, STONE, Geoffrey. *The free speech century*. Oxford: Oxford University Press, 2018.

termo implica a possibilidade de ações autônomas no espaço público e no espaço privado. Dentro da tradição liberal, a ideia de liberdade está relacionada com a noção de racionalidade, com a representação dos seres humanos como indivíduos capazes de tomar decisões por meio do uso adequado da razão, o que lhes permite serem membros de uma ordem política baseada na universalidade de direitos. Formulações mais recentes enfatizam a relação entre o regime de liberdades com possibilidades de segurança material, uma vez que as pessoas só podem agir de forma autônoma na medida em que podem ter acesso a direitos que garantam condições objetivas de paridade de participação por meio de direitos sociais. São livres aqueles indivíduos que gozam de respeitabilidade social e os que possuem uma base material de existência.

O direito à liberdade de expressão procura garantir a possibilidade de todas as pessoas poderem veicular suas ideias, mesmo aquelas que são contrárias às opiniões e interesses dos que detêm o poder. Ele permite a livre circulação de pensamentos, o que é considerado essencial em um regime político no qual indivíduos possuem diferentes concepções sobre como as instituições públicas devem operar. A liberdade de expressão concorre para a constante revitalização do processo político ao viabilizar a consideração de diferentes perspectivas nas deliberações sobre temas relevantes para a comunidade política. A democracia pretende garantir o bem comum e esse objetivo só pode ser alcançado pela participação das pessoas no processo democrático, o que requer troca de ideias sobre como conduzir os interesses públicos. Portanto, a liberdade de expressão tem importância instrumental para a defesa da soberania popular, porque apenas um regime que garante um debate público vigoroso pode criar os mecanismos para que todos os seguimentos sociais estejam adequadamente representados.[51]

Se a possibilidade de usar a palavra para defender posições políticas já estava presente no mundo grego, mais recentemente a liberdade de expressão adquiriu o status de um direito fundamental por causa de sua relevância na proteção da liberdade individual. Essa concepção está relacionada com o processo de subjetivação do direito ocorrido na modernidade, momento histórico no qual diversas categorias de direitos

[51] MACHADO, Jonatas Eduardo. *Liberdade de expressão*: dimensões constitucionais da esfera pública no sistema social. Coimbra: Boletim da Universidade de Coimbra, 2002, p. 32-100.

políticos foram consagradas em textos constitucionais. Poder expressar o pensamento aparece, dentro desse contexto, como a possibilidade de o indivíduo exercer sua autonomia. A verdade não está necessariamente nas regulações estabelecidas por aqueles que ocupam posições de poder, mas sim no processo aberto aos indivíduos para exercerem a liberdade de pensar e expressar suas percepções baseadas no exercício da razão. A vida política moderna tem, então, um elemento central: a liberdade produzida pelo pensar enseja uma constante invenção e reinvenção da comunidade política, bem como da própria existência individual. Assim, a expressão do pensamento é um ponto-chave do exercício de autodeterminação do ponto de vista individual e coletivo. Partilhar informações e ter acesso a informações é um requisito para que as pessoas possam exercer o direito de livre convencimento, uma vez que elas poderão considerar diferentes posições relevantes para o debate público sobre questões que dizem respeito ao interesse comum dos indivíduos que vivem em uma sociedade democrática.[52]

A doutrina aponta uma função importante do direito à liberdade de expressão: a descoberta da verdade. A supressão da opinião individual causa um duplo problema para a comunidade política: ela restringe o direito de participação e também impede que todos possam ter acesso a informações relevantes. O ato de supressão de opiniões prejudica o debate público porque os indivíduos poderiam ter chegado ao conhecimento de algo importante para a governabilidade da sociedade. O debate entre diferentes atores políticos pode promover a elucidação de questões cuja solução é importante para todos. A censura danifica, então, a esfera pública, que idealmente opera para permitir que os membros da comunidade política, por meio do debate democrático, possam chegar ao acordo de como atingir interesses comuns.[53]

Relacionada com a teoria da descoberta da verdade está a noção do mercado de ideias. Segundo os que esposam essa perspectiva, o espaço

[52] SARLET, Ingo Wolfgang ; MARINONI, Luiz Guilherme; MITIDIERO, Daniel. *Curso de direito constitucional*. 4ª ed. São Paulo: Saraiva, 2015, p. 485-504; MACHADO, 2002, p. 57-61; REDISH, Martin. *The value of free speech*, University of Pennsylvania Law Review, v. 130, n. 2, 1986, p. 596-611.

[53] CHEMERINSKY, Erwin. *Constitutional law*. 4ª ed. Irvine: Wolter Kluver, 2013, p. 1201-1203; INGBER, Stanley. *The marketplace of ideas, a legitimizing myth*. Duke Law Review, v. 1984, n. 1, 1984, p. 39-63.

público deve ser abordado como uma instância que funciona de maneira similar ao mercado: da mesma forma que os indivíduos consomem ou rejeitam mercadorias, eles também podem referendar ou legitimar discursos políticos. Os indivíduos devem ter a liberdade de analisar as diferentes mensagens existentes no espaço público e decidirão quais delas são legítimas e quais não são, processo que permitirá a legitimação ou a desconsideração delas. Proibir a circulação de discursos dificulta o amadurecimento da sociedade como um todo, porque essa supressão impede o entendimento da lógica desses raciocínios e os problemas deles decorrentes.[54]

Doutrinadores também afirmam que a liberdade de expressão estaria legitimada no interesse em defender a autonomia das pessoas. Esse direito seria, então, um mecanismo relevante para que o indivíduo possa afirmar sua personalidade dentro da esfera pública. Parte-se do pressuposto de que expressar o pensamento significa projetar a personalidade individual, fator necessário para a realização humana. Ligada a essa justificação da liberdade de expressão está a posição segundo a qual o direito em questão tem a função de promover a tolerância. O encontro com o outro produz, junto com o conhecimento da realidade na qual ele vive, a necessidade de regulação da expressão de sentimentos pessoais decorrentes das diversas interações sociais.[55]

O conceito de liberdade de expressão está diretamente associado ao conceito de esfera pública, dimensão central da ordem democrática. A possibilidade de participação na formação da vontade estatal decorre do fato de que as pessoas estão igualmente autorizadas a expressar posições políticas. Esse direito está conectado com a existência de um espaço de ação e de debate regulados por normas jurídicas no qual medidas de promoção dos interesses comuns são discutidas. Os que operam dentro dessa dimensão estão legitimados pelo status político e jurídico da cidadania, que pressupõe o reconhecimento de todas as pessoas como atores sociais capazes de operar no espaço público de forma adequada por meio do uso da razão. A esfera pública está, então, regulada pelo reconhecimento da igualdade de direitos, o que estabelece uma relação de paridade horizontal entre todos os membros da comunidade política.

[54] INGBER, 1984, p. 39-63.

[55] CHEMERINSKY, 2013, p. 1203-1204.

Dessa forma, a possibilidade de fala no espaço público constitui um dos pressupostos centrais da vida democrática. A supressão dessa possibilidade constitui um atentado não apenas ao direito de indivíduos específicos, mas à lógica da operação do regime democrático.[56]

O direito à liberdade de expressão opera, então, de acordo como uma lógica bem particular, uma lógica política que procura criar os meios para a circulação de ideias que possam contribuir para a expressão do interesse coletivo. Os cidadãos devem ter a liberdade para poder expressar pensamentos relevantes para a vida política, pois eles podem ser um ponto de partida para a construção de soluções para muitos problemas sociais. A censura surge, então, como um problema nesse contexto porque impede que discursos importantes para a tomada de decisões possam ser parâmetros para o debate sobre temas sociais relevantes. O ato de censura ocorre quando membros dos grupos que ocupam o poder impedem a circulação de mensagens que podem indispor a população contra eles. A censura é, então, um ato de manipulação política porque procura evitar quaisquer questionamentos sobre os métodos de condução do poder pelos que ocupam cargos públicos. Não podemos caracterizar como censura restrições ao discurso de ódio ou o crime de racismo porque esse tipo de discurso não traz qualquer tipo de benefício para o bem coletivo. Pelo contrário, incitar e induzir a discriminação racial é uma prática que compromete o funcionamento adequado da esfera pública porque reproduz a noção de que apenas certas parcelas da sociedade merecem respeitabilidade.

Tendo em vista o potencial do crime de racismo de comprometer o funcionamento da esfera pública, devemos nos perguntar se discursos que induzem ou incitam a discriminação racial trazem consequências concretas na vida de membros de minorias raciais. As consequências da incitação à discriminação não se resumem à frustração do exercício de direitos, o que já é um problema considerável. Mensagens depreciativas sobre grupos minoritários causam danos psicológicos significativos. A circulação contínua de estereótipos negativos também pode provocar danos psicológicos de longa duração nos indivíduos. Além dos problemas surgidos no plano pessoal, temos ainda questões no plano político, notoriamente a fragmentação social, o que traz consequências sérias ao longo do

[56] TAYLER, Charles. *Argumentos filosóficos*. São Paulo: Loyola, 2000, p. 275-304.

tempo. Mensagens de conteúdo discriminatório dirigidas a um indivíduo específico podem gerar danos significativos para ele. Discursos racistas causam danos psicológicos às pessoas negras, gerando alterações físicas imediatas, como aumento da pressão sanguínea, mudança do padrão de respiração e comportamentos agressivos. Tendo em vista que estereótipos negativos sobre minorias atuam de forma incessante dentro do nosso universo cultural, outros problemas podem ocorrer: baixa autoestima, diminuição da aspiração pessoal e comportamentos depressivos. Estudos sugerem que certas doenças particularmente comuns entre grupos minoritários, como alterações de pressão cardíaca e também de diabetes, estão associadas com o estresse emocional produzido pela incitação à discriminação. A exposição constante à discriminação leva muitas pessoas negras a desenvolverem o que psicólogos chamam de desamparo aprendido: a percepção de que elas nunca terão o mesmo nível de apreço e respeitabilidade social, o que deveriam ter por serem membros de uma comunidade política democrática.[57]

Vemos, então, que os danos psicológicos decorrentes de tratamentos discriminatórios legitimados por estereótipos raciais são significativos. Eles incluem medos patológicos e retraimento, algo que compromete o funcionamento social das pessoas. Elas podem fazer tudo para evitar as situações que provocam estresse emocional, o que torna a vida em sociedade uma fonte de ameaça constante. Podem, ainda, desenvolver um sentimento de desconfiança permanente em relação a membros dos grupos dominantes, algo muito grave, uma vez que ela está em contato com eles todo o tempo. Mas algo ainda mais problemático pode ocorrer, porque essas pessoas podem internalizar o ódio expresso nas representações racistas e procurar se afastar do próprio grupo social, o que significa se afastar de si mesma. Outros indivíduos recorrerem a meios problemáticos para reagir ao problema do racismo, fazendo uso de drogas ou desenvolvendo os mais diversos sintomas psicossomáticos. Desgraçadamente, a consciência de

[57] Diversos estudos comprovam os danos psicológicos causados pela intolerância social na saúde mental de minorias. Ver, por exemplo, ANESHENSEL, Carole. Social stress: theory and research. *Annual Review of Sociology*, v. 18, n. 1, pp. 15-38, 1992; PLATT, Lisa; LENSEN, Alexandra. Sexual orientation microaggressions and the experience of sexual minorities. *Journal of Homosexuality*, v. 60, p. 1011-1034, 2013; WRIGHT, E. R.; PERRY, B. L. Sexual identity distress, social support, and the health of gay, lesbian, and bisexual youth. *Journal of Homosexuality*, v. 51, n. 1, pp. 81-110, 2006.

que nunca serão respeitados compromete seriamente o desenvolvimento psicológico desses indivíduos. As pessoas podem responder a estereótipos racistas de forma agressiva ou então passiva, sendo que, nos dois casos, os danos psicológicos são significativos.[58]

Os especialistas interpretam o direito à liberdade de expressão a partir de diferentes perspectivas. Muitos defendem uma interpretação liberal desse direito, posição que enfatiza a prioridade do indivíduo em relação à sociedade. Para eles, esse direito não está voltado prioritariamente para a racionalização do processo de debate público, mas expressa uma prerrogativa individual de poder emitir quaisquer tipos de discursos, o que garante, segundo os defensores dessa posição, uma esfera pública robusta na qual discursos podem ser confrontados para a produção de um maior amadurecimento da sociedade. Entretanto, outros teóricos criticam o indivíduo como referência central para o exercício desse direito. Por exemplo, Alain Freeman, argumenta que a interpretação liberal do direito à liberdade de expressão tem um grande problema: ela representa a perspectiva do opressor. Essa posição privilegia a análise do conteúdo do discurso e também do direito individual sobre os interesses coletivos de grupos minoritários. Muitos pensam que a circulação do discurso de ódio tem plena compatibilidade com o sistema democrático porque todo tipo de discurso deve circular, o próprio sistema político seria responsável pelo descrédito de mensagens que veiculam ódio contra as pessoas. Os defensores dessa perspectiva acreditam que as instituições estatais devem ter uma postura neutra sobre esse tema porque não cabe a elas restringir o conteúdo de discursos sociais. Essa postura mostra-se particularmente problemática quando é defendida em uma sociedade que construiu uma narrativa social baseada na noção de neutralidade racial. Ela permite que o discurso de ódio seja classificado como uma mera grosseria, o que contribui para a marginalização cultural de minorias raciais.[59]

As consequências psicológicas do discurso de ódio apontam a necessidade de criarmos uma interpretação desse tema que parta da perspectiva daqueles que sofrem as inúmeras consequências da marginalização cultural

[58] DELGADO, Ricardo; STEFANCIC, Jean. *Understanding words that wound.* Westview Press, 2004, p. 12-13.

[59] FREEMAN, Alan. Legitimizing discrimination through antidiscrimination law. A critical review of Supreme Court doctrine. *Minnesota Law Review,* v. 62, n. 4, 1978, p. 1052-1057.

propagada por discursos racistas. É necessário levar em consideração, em primeiro lugar, como discursos racistas afetam a reputação de todos os membros de um grupo racial, fator que compromete a vida psíquica e também a vida material dos indivíduos. O direito de uma pessoa ou grupo de pessoas poderem exprimir hostilidade racial não pode ter um peso maior do que o status moral e o status material de todos os membros de minorias raciais. O argumento presente no debate público brasileiro, de que discursos racistas apenas expressam crenças individuais, ignora de forma voluntária os danos que ele causa na vida de todos os membros de minorias raciais, uma vez que estereótipos negativos os acompanham em todos os âmbitos de suas vidas e por toda a vida deles. Mais do que causar danos à vida material desses grupos de pessoas, eles expressam a ideia de que negros não são seres humanos, de que não merecem apreço social, elemento que possui um caráter estratégico no processo de reprodução da hegemonia branca.

Por esse motivo devemos interpretar o direito à liberdade de expressão a partir da perspectiva dos grupos subordinados, o que implica, ainda, a necessidade de considerarmos a função social das regras sobre civilidade. Elas são importantes para a promoção da coesão social porque exigem que as pessoas direcionem suas ações a partir de normas que podem ser moralmente justificadas. Regras de civilidade exigem que reconheçamos o fato de que todos os membros da comunidade política são membros capazes de atuar na esfera pública. A formação da nossa consciência moral está diretamente relacionada com nossa experiência na vida em sociedade, motivo pelo qual regras de civilidade permitem que os grupos humanos possam ter uma reputação positiva. Elas não são meras normas de cordialidade, mas mandamentos que nos permitem reconhecer as outras pessoas como merecedoras de apreço social. Mais do que normas que permitem a cooperação cotidiana entre pessoas, as regras de civilidade têm uma função bem mais relevante para uma sociedade: a formação de um tipo de unidade baseada na ideia de que todos os seres humanos podem atuar de forma competente na esfera pública. O discurso de ódio compromete essa dimensão política da civilidade porque reproduz concepções de que apenas certas pessoas podem ser consideradas como seres humanos.[60]

[60] Ver, nesse sentido, ASH, Timothy Garton. *Free speech*. Ten principles for a connected world. New Haven: Yale University Press, 2016, p. 208-214; MARGALIT, Avishai. *The decent*

Cabe neste momento fazer uma análise da questão ora discutida a partir de um princípio que nossos tribunais utilizam para analisar a aplicação de normas jurídicas a um determinado caso: a proporcionalidade. Se o princípio da razoabilidade está preocupado com a avaliação de uma relação interna entre meios adequados e finalidades legítimas, o princípio da proporcionalidade está baseado na análise de três elementos: a *adequação*, a *necessidade* e a *proporcionalidade* em sentido estrito. O primeiro requer que os critérios de diferenciação possam atingir os interesses estatais da maneira mais adequada. Este princípio decorre da necessidade de que critérios de distribuição ou atribuição de direitos sejam racionalmente justificados a partir da demonstração de uma relação entre meios adequados e fins legítimos. Estamos, então, diante de um preceito que considera a racionalidade entre critérios de tratamento diferenciados e as finalidades atribuídas às instituições estatais pelo texto constitucional. Essas finalidades são estabelecidas por princípios que estruturam o sistema constitucional, normas que prestam o tipo de justiça que a sociedade considera como o parâmetro adequado para a ação das instituições públicas. O meio escolhido pela norma deve ser o mais eficaz para o alcance do propósito legalmente estabelecido. Alguns meios podem ser inadequados não apenas porque há vedação legal da utilização deles, mas também porque não são os mais apropriados para isso em função de um julgamento falso ou incorreto sobre sua habilidade de ser utilizado na situação em questão.[61]

O exame da necessidade consiste na análise da existência de meios alternativos àqueles utilizados pelo poder público, os quais poderiam atingir uma finalidade, mas sem a imposição de restrições aos interesses de membros de outros grupos. Estamos aqui, então, diante de uma análise sobre a adequação dos meios menos restritivos para o alcance de uma finalidade. Os critérios utilizados por uma norma podem ter consequências distintas na aplicação da medida pretendida. Isso requer que a utilização deles seja precedida de considerações sobre que critério deverá ser usado de forma que tenha o menor impacto no gozo de direitos por outras pessoas ou grupos de pessoas. Eles podem atingir objetivos de forma mais

society. Cambridge: Harvard University Press, 1998, p. 9-57; SHILS, Edward. *The virtue of civility*: selected essays on liberalism, tradition, and civil society. Boston: Liberty Fund, 1997, p. 63-102.

[61] AVILA, Humberto. *Uma teoria dos princípios*. São Paulo: Malheiros, 2005. p.149-150.

ou menos eficaz, de maneira mais ou menos célere, com maior ou menor custo social. Alguns meios poderão promover uma ou mais finalidade de forma mais precisa, enquanto outros não poderão fazer isso com o nível de exatidão esperada pelos poderes públicos.[62]

O terceiro elemento considera se a diferenciação feita entre pessoas e situações guarda uma relação de proporcionalidade entre os objetivos pretendidos e a restrição de direitos imposta. Estamos diante da exigência da análise entre a relevância social da finalidade pretendida e a intensidade de restrição de direitos fundamentais, o que nos permitirá concluir se o alcance dos objetivos supera as possíveis limitações de direitos que eles possam trazer. Esse terceiro elemento exige, então, que consideremos se o fim a ser atingido excede a prioridade de proteção dos interesses individuais. Haverá, nesse balanço, o exame dos interesses coletivos que poderão ser alcançados com uma medida que restringe os direitos de certos grupos de indivíduos, consideração feita a partir dos vários princípios que estruturam a ordem jurídica, como os princípios da justiça social, da dignidade humana e da promoção da cidadania de todos.[63]

Vimos que textos constitucionais democráticos estabelecem o conceito de igualdade como um princípio estruturante da ordem jurídica, mas não determinam como ele deve ser interpretado e aplicado nas diversas situações. Isso requer, então, que os tribunais criem meios para a verificação da congruidade de uma norma ou prática com esse princípio. Observamos que os tribunais estabeleceram as noções de razoabilidade e da proporcionalidade como meios de interpretação da igualdade, o que permitiu a criação de uma perspectiva interpretativa baseada em dois elementos centrais: o preceito do *tratamento igualitário* entre indivíduos igualmente situados, elemento que encontra base no princípio de justiça simétrica, e a demonstração de uma *relação racional entre meios lícitos e finalidades legítimas*. Essa perspectiva está interessada na racionalização do processo político, de forma que normas estatais não reproduzam padrões não coerentes com o dever estatal de tratamento igualitário entre as pessoas. Vemos, então, que essa perspectiva interpretativa tem o propósito de identificar e eliminar classificações que violam o dever de tratamento simétrico entre os membros da comunidade política. Por estar baseada em uma concepção de

[62] AVILA, 2005, p. 158-159
[63] AVILA, 2005.

justiça simétrica, essa perspectiva tem uma natureza antidiscriminatória: seu objetivo central é garantir a alocação de direitos e oportunidades segundo um princípio de justiça objetivo. Essa racionalidade instrumental percebe o meio social como uma instância as pessoas que são ou deveriam ser tratadas de forma equitativa, motivo pelo qual ela está preocupada com a regulação adequada da distribuição de oportunidades e alocação de direitos.[64]

Essa perspectiva interpretativa de inspiração liberal-individualista incorpora uma série de aspectos importantes da tradição constitucional moderna. Ela está em plena consonância com o princípio da igualdade formal e sua dimensão procedimental. O conceito de justiça simétrica implica o reconhecimento da igualdade entre todos os membros de uma classe de pessoas criada por uma norma jurídica, fator que exige a atribuição do mesmo tratamento a todas elas. A simetria de tratamento exige, então, uma posição de neutralidade moral e política em relação a traços que não guardam uma relação adequada com os fins estatais. Ela permite a proteção de grupos minoritários no processo decisório ao impor a neutralidade estatal em relação a traços que não podem ser utilizados para discriminação negativa. Os que defendem essa perspectiva também apontam sua objetividade como um elemento de grande importância, porque permite a análise precisa das relações de racionalidade que uma norma pode ter com interesses reconhecidos como válidos para a ordem estatal. É importante também mencionar que essa perspectiva possui grande apelo entre operadores do direito porque está direcionada à proteção de indivíduos, uma vez que pretende eliminar aquelas classificações que impedem o tratamento simétrico entre eles. Dessa forma, a perspectiva da antidiscriminação pode ser vista como uma forma de interpretação ideal da igualdade, quando consideramos a uniformidade social como uma característica da ordem política de uma sociedade. A simetria de tratamento opera como uma perspectiva ideal para aqueles que entendem o sistema jurídico como uma instância formada por pessoas que existem fundamentalmente como indivíduos que possuem o mesmo status social.[65]

[64] FISS, Owen. Groups and the equal protection clause. *Philosophy and Public Affairs*, v. 5, n. 2, 1976, p. 108-115.

[65] MOREIRA, 2020, p. 280-300.

Defendemos que uma perspectiva meramente procedimental da igualdade se mostra problemática e, por esse motivo, afirmamos que a análise da proporcionalidade deve levar em consideração o status social que os diferentes grupos ocupam na sociedade. Essa perspectiva interpretativa institui a consideração da condição social efetiva de um grupo como elemento central para a consideração da compatibilidade de normas com o sistema constitucional. Uma ordem jurídica comprometida com a emancipação de grupos deve, então, considerar a situação social no qual eles vivem, levando em conta se essa prática contribui ou não para aumentar a desvantagem de membros de grupos vulneráveis. Ao integrar a análise da situação de desvantagem na consideração da constitucionalidade de uma norma ou ato, esses autores pretendem afirmar a necessidade de analisarmos o contexto social e histórico no qual os membros de um grupo designado por um critério de classificação se encontram. Para eles, a relação de interdependência entre o indivíduo e o grupo ao qual ele pertence significa que ele não pode ser visto apenas como um sujeito específico, porque sua existência está diretamente relacionada com a do grupo ao qual ele pertence. A ênfase na questão do grupo indica, então, que o processo de interpretação da igualdade deve procurar promover a igualdade de status entre grupos, uma vez que uma sociedade democrática não pode permitir que segmentos sociais estejam em uma situação permanente de desvantagem social. Vemos aqui uma mudança de ênfase da igualdade como procedimento para a igualdade de status entre grupos que se encontram em situação social distinta.[66]

A preocupação com o tema de status adquire relevância central dentro dessa perspectiva, porque ela permite a consideração de muitos elementos que podem não estar presentes quando se compreende a igualdade a partir de uma perspectiva procedimental. A preocupação com a identificação de classificações irracionais considera a situação presente dos indivíduos envolvidos em uma controvérsia. Dessa maneira, se consideraria a relação de racionalidade entre a raça do indivíduo e a capacidade intelectual para se chegar a uma universidade, postura que impede a análise dos vários mecanismos que impedem ou dificultam o acesso de pessoas negras às instituições de ensino superior. Os diferentes grupos sociais estão sempre lutando por estima e oportunidades, motivos pelos quais os que controlam

66 FISS, 1976, p. 147-157.

as instituições sociais criam os meios para assegurar que seus membros sempre terão acesso privilegiado a oportunidades. Grupos sociais não são meras formas de identidades criadas por seus próprios membros, eles são criados por normas jurídicas e políticas que atribuem a eles características e funções sociais específicas para legitimar as posições que eles ocupam na sociedade.[67]

A busca da garantia da igualdade por meio da preocupação com grupos sociais expressa uma concepção substantiva de igualdade interessada com os danos que práticas sociais podem ter em grupos que estão em uma situação de desvantagem. O que está aqui em questão é o problema do dano que uma prática pode ter no status social que um grupo tem dentro de uma sociedade. A imposição de um dano ao status social de um grupo deve ser vista como uma violação da igualdade porque ele pode propiciar a piora da situação atual do grupo, além de contribuir para os processos de estratificação que os situam nessa condição. Dano ao status deve ser entendido tanto em relação ao status cultural quanto ao status material de um grupo que já está em uma situação de desvantagem. Assim, o tema da arbitrariedade não se resume à questão da racionalidade da classificação, mas sim aos *efeitos* que a norma ou prática social terá no status do grupo em questão. Esse método permite, então, considerar de forma mais efetiva aquelas práticas que não são negativas na sua face, mas que têm um efeito desproporcional em grupos que já se encontram em uma situação de desvantagem. Isso significa que a igualdade não pode ser interpretada apenas como um princípio que exige tratamento simétrico entre pessoas que estão em uma situação similar, mas sim como um preceito que tem o propósito de promover a emancipação de minorias sociais. Saímos, então, de uma compreensão desse princípio como algo que tem um caráter antidiscriminatório, que enfatiza o tema de classificações, para uma posição antissubordinatória, perspectiva que entende a igualdade como um possível mecanismo de emancipação social. O princípio da proibição de imposição de desvantagem a grupos sociais aparece como elemento central dessa perspectiva que muitos chamam de antissubordinação.[68]

[67] Para uma análise do conceito de grupo social ver YOUNG, Iris Marion. Polity and group difference: a critique of the ideal of universal Citizenship. *Ethics*, v. 99, n. 2, p. 250-274, 1999.

[68] MOREIRA, 2020, p. 298-319.

A utilização dessa interpretação sistemática possibilita a eliminação daquelas normas e práticas discriminatórias que incorporam preconceitos que concorrem para a subordinação de certos grupos sociais. Isso requer a cooperação de várias categorias de direitos para que a justiça social seja alcançada. O princípio da igualdade não apenas procura eliminar práticas discriminatórias que se perpetuam ao longo do tempo, mas procura também promover a criação de capacidades que possibilitem a inclusão social e a criação de uma sociedade pluralista. Isso significa que apenas uma noção de justiça capaz de articular reconhecimento e redistribuição pode garantir uma aplicação do princípio da igualdade compatível com o atual paradigma constitucional. Vemos, então, que o aplicador do direito deve verificar se o ato governamental limita arbitrariamente as condições objetivas e subjetivas de paridade de participação dos indivíduos. Isso se torna necessário porque problemas de reconhecimento e redistribuição estão presentes simultaneamente em muitas das demandas atuais de direitos. A luta pela igualdade sexual requer necessariamente políticas de reconhecimento, porque o gênero também é uma construção cultural que tem por função a justificação da hierarquia social entre os sexos. Ela implica também a consideração de políticas de redistribuição, porque o gênero aparece como um critério de organização socioeconômica da sociedade. O fator central a ser considerado nesse estágio de aplicação do princípio da igualdade está na compreensão dos direitos fundamentais como capacidades que permitem o exercício da liberdade de ação como um agente. O intérprete deve observar, então, se as pessoas agrupadas em uma classificação legislativa realmente possuem a liberdade efetiva para alcançar um direito. A eliminação das relações de subordinação requer a combinação de inúmeras categorias de direitos para se garantir a possibilidade de conversão de liberdades individuais em liberdade de condição de agente, uma forma de liberdade que inclui também a busca pelo bem-estar pessoal[69]. Muitas dessas relações de subordinação

[69] Ver nesse sentido, STF – ADI 3.300 MC/DF – Rel. Celso de Mello – DJ 09.02.2006 (argumentando que o direito à livre expressão sexual requer o acesso a uma série de direitos necessários para a construção de uma vida em comum); STF – 2ª T. – AgR RE 410.715-5 – Rel. Celso de Mello – 22.11.2005 (Qualificando o direito à educação como um "dos direitos sociais mais expressivos, direitos derivados da segunda geração de direitos cujo adimplemento impõe, ao Poder Público, a satisfação de um dever de prestação positiva, direito que sustenta várias outras categorias de direitos"); TRF 4ª Região – 3ª T. – AC 170.491/RS – Rel. Marga

impedem que indivíduos possam exercer a liberdade de ação como um agente em diversos aspectos da vida social[70].

Conclusões

Acreditamos que a manifestação do senhor Valter Nagelstein pode ser caracterizada como um crime de racismo, uma vez que ela articula a animosidade de grande parte da população brasileira contra partidos de esquerda com o desprezo racial para mobilizar eleitores brancos contra o avanço de pessoas negras na legislatura municipal. Sua fala reproduz estereótipos que legitimam formas de integração subordinada de pessoas negras nos espaços sociais, além de afirmar que a política deve ser vista como uma atividade que só pode ser desempenhada por pessoas que são membros do seu próprio grupo racial, pessoas que tradicionalmente ocupam a política daquela municipalidade. A denúncia contra o senhor Valter Nagelstein atende os elementos da análise da proporcionalidade. Primeiro, devemos nos perguntar se ela mobiliza o poder público em torno de uma causa que procura atingir um objetivo legítimo. Pensamos que a denúncia não viola o princípio da proporcionalidade, porque a legislação que regula o crime de racismo tem objetivos de duas ordens: ela protege os interesses de indivíduos e de grupos de indivíduos na proteção de

Inge Barth Tessler – DJU 24.11.1998 (afirmando que os direitos previdenciários garantem acesso a uma série de benefícios necessários para uma vida digna, servindo como base para o exercício da liberdade sexual); TRF 1ª Região – 6ª T. – MS 2005.34.00.013248-1/DF – Rel. Souza Prudende – DJ 03.10.2007(argumentando que a escolha de um parceiro íntimo é um direito protegido pelo direito à privacidade).

[70] Ver, por exemplo, STJ – 6ª T. – REsp. 395.904/RS – Rel. Hélio Quaglia Barbosa – DJ 06.02.2006 (Há que se perceber que não há igualdade jurídica no direito. Ao se negarem, mesmo através de mecanismos legais, direitos fundamentais, entre eles o de sobrevivência, mediante percebimento de benefícios previdenciários a pessoas que, se fossem de sexos diferentes, lograriam êxito em auferi-los, emerge um não direito, ferindo o sentido que o Poder Constituinte procurou proteger, com a igualdade, ao editar a Constituição Federal de 1988); TRF 2ª Região – 7ª T. – AC 2002.51.01.019576-8 – Rel. Sérgio Schwaitzer – 04.07.2007 (argumentando que a recusa de se reconhecer as uniões homoafetivas como uniões estáveis decorre de preconceito contra a homossexualidade, forma de preconceito que impede o acesso a direitos necessários a uma vida digna); TJRS – 8ª Câmara Cível – AC 59.836.255 – Rel. José Siqueira Trindade, 01.03.2000 (argumentando que a exclusão de casais homossexuais constitui uma forma de discriminação proibida pela Constituição Federal, tratamento atentatório ao princípio da dignidade humana dos indivíduos).

seus direitos e, também, procura promover uma esfera pública baseada na respeitabilidade entre todos os membros da comunidade política. A criminalização da incitação e indução à discriminação racial procura proteger o tratamento igualitário entre membros de todos os grupos raciais para que minorias não sejam vítimas constantes de um sistema que procura preservar uma ordem social iníqua. A contínua circulação de estereótipos na nossa sociedade impede a construção da solidariedade, um dos requisitos para a construção de uma democracia pluralista.

Pensamos que a denúncia contra o senhor Valter Nagelstein também não viola o princípio da proporcionalidade porque não significa uma restrição do direito fundamental à liberdade de expressão. Não estamos diante de um mero exercício de opinião política, mas de um discurso que opera segundo uma lógica bastante clara: ele reproduz a noção de que pessoas negras não estão preparadas para ocupar cargos políticos, motivo pelo qual seus eleitores deveriam se mobilizar contra políticas públicas que garantiram a presença de negros e negras nas universidades. O interesse na proteção do status cultural e material de pessoas negras se mostra mais relevante do que um suposto direito de poder expressar posições racistas, possibilidade que não está protegida pelo direito à liberdade de expressão. Mesmo que esse fosse o caso, o interesse na proteção do status coletivo de minorias raciais seria mais relevante do que a garantia dele poder induzir e incitar a discriminação racial.

Referências

ALMEIDA, Silvio Luiz de. *Racismo estrutural*. São Paulo: Jandaíra, 2018, p. 23-53.

ANESHENSEL, Carole. Social stress: theory and research. *Annual Review of Sociology*, v. 18, n. 1, p. 15-38, 1992.

ASH, Timothy Garton. *Free speech*. Ten principles for a connected world. New Haven: Yale University Press, 2016, p. 208-214.

AVILA, Humberto. *Uma teoria dos princípios*. São Paulo: Malheiros, 2005, p. 158-159

BALIBAR; Étienne; WALLERSTEIN, Immanuel. *Raça, nação, classe*. As identidades ambíguas. São Paulo: Boitempo, 2020, p. 51-53.

BANTON, Michael. *Racial theories*. Cambridge: Cambridge University Press, 1998, p. 17-40.

BLACK, L. L.; STONE, D. Expanding the definition of privilege: The concept of social privilege. *Journal of Multicultural Counseling and Development, v. 22, n. 4*, p. 252.

BLUM, Lawrence. *"I am not a racist... but"*. The moral quandary of race. Ithaca: Cornell University Press, 2002, p. 1-33.

BLUMER, Herbert. Race prejudice as a sense of group position. *The Pacific Sociological Review*, v. 1, n. 1, 1958.

CHEMERINSKY, Erwin. *Constitutional law*. 4ª ed. Irvine: Wolter Kluver, 2013, p. 1201-1203.

CORBO, Wallace. *Discriminação indireta*. Conceito, fundamentos e uma proposta de enfrentamento à luz da Constituição de 1988. Rio de Janeiro; Lumen Iuris, 2017, p. 111-176.

DASGUPTA, Nilanjana. Implicit group favoritism, outgroup favoritism, and their behavioral manifestations. *Social Justice Research*, v. 17, n. 2, 2007, p. 144-150.

DC – Diário de Canoas. Presidente do Canoasprev, Valter Nagelstein é condenado por racismo. 9 mar. 2023. Disponível em: https://www.diariodecanoas.com.br/noticias/regiao/2022/03/09/presidente-do-canoasprev-valter-nagelstein-e--condenado-por-racismo.html. Acesso em: 2 fev. 2023.

DELGADO, Ricardo; STEFANCIC, Jean. *Understanding words that wound*. Westview Press, 2004.

DESMOND, Matthew; EMIRBAYER, Mustafa. *Racial domination, racial progress*. The sociology of race in America. Nova York: McGraw Hill, 2009, p. 1-49.

FANON, Franz. *Peles negras, mascaras brancas*. São Paulo: Ubu Editora, 2020.

FEAGIN, Joe R. *The many consequences of racism*. Nova York: Rowan & Littlefield, 2002.

FISS, Owen. Groups and the equal protection clause. *Philosophy and Public Affairs*, v. 5, n. 2, 1976, p. 108-115.

FREEMAN, Alan. Legitimizing discrimination through antidiscrimination law. A critical review of Supreme Court doctrine. *Minnesota Law Review*, v. 62, n. 4, 1978, p. 1052-1057.

GOLDBERG, David Theo. The social formation of racist discourse. *In*: GOLDBERG, David Theo (ed.), *Anatomy of racism*. Minneapolis: University of Minnesota Press, 1990, p. 295-318.

GUIMARÃES, *Classes, raças e democracia*. São Paulo: Editora 34, 2002, p. 13-76.

HANCHARD, Michael. *Orfeu negro*: o movimento negro no Rio de Janeiro e São Paulo. Rio de Janeiro; EduUERJ, 2001.

HANEY-LÓPEZ, Ian. The social construction of race. Some observations on illusion, fabrication and choice. *Harvard Civil-Rights-Civil Liberties Law Review*, v. 29, n. 1, pp. 1-62, 1994.

HASENBALG, Carlos. *Discriminação e desigualdades raciais no Brasil*. Belo Horizonte: Editora da UFMG, 2005, p. 207-231.

HELLMAN, Deborah, *When is discrimination wrong?* Cambridge: Harvard University Press, 2016, p. 15-27.

HOETNIK, H. *Slavery and race relations in the Americas*. Nova York: Harper, 1973, p. 3-40.

HORSMAN, Reginald. *Race and manifest destiny*. Cambridge. Harvard University Press, 1981.

INGBER, Stanley. The marketplace of ideas, a legitimizing myth. *Duke Law Review*, v. 1984, n. 1, 1984.

LIPPERT-RASMUSSEN, Kasper. *Born free and equal?* An enquire into the nature of discrimination. Oxford: Oxford University Press, 2016.

MACHADO, Jonatas Eduardo. *Liberdade de expressão*: dimensões constitucionais da esfera pública no sistema social. Coimbra: Boletim da Universidade de Coimbra, 2002, p. 32-100.

MALIK, Kenan. *The meaning of race*. Race, history, and culture in western society. Nova York: New York University Press, 1996, p. 71-123.

MARGALIT, Avishai. *The decent society*. Cambridge: Harvard University Press, 1998, p. 9-57.

MARTINOT, Steve. *The rule of racialization*. Class, identity, governance. Filadélfia: Temple University Press, 2003.

MELLO, Celso Antônio Bandeira. *O conteúdo jurídico do princípio da igualdade*. São Paulo: Malheiros, 2003.

MOREIRA, Adilson José. *Cidadania sexual*: estratégia para ações inclusivas. São Paulo: Arraes, 2017a, p. 147-204.

MOREIRA, Adilson José. Direito, poder, ideologia: discurso jurídico como narrativa cultural. *Direito & Práxis*, v. 8, n. 2, p. 830-868, 2017b.

MOREIRA, Adilson José. *O que é discriminação?* Belo Horizonte: Letramento, 2017c, p. 165-186.

MOREIRA, Adilson José. *Racismo recreativo*. São Paulo: Jandaíra, 2018, p. 45-51.

MOREIRA, Adilson José. *Tratado de direito antidiscriminatório*. São Paulo: Contracorrente, 2020.

NOVAIS, Jorge Reis. *Princípios estruturantes do estado de direito*. Coimbra: Almedina, 2019, p. 25-64.

OMI, Michael; WINANT, Howard. *Racial formation in the the United States*. From the 1960s to 1990s. Nova York: Roultledge, 1994, p. 55-60.

OMNI, Michael; WINANT, Howard. Racial formation in the United States. New York: Routledge, 2014, p. 105-137.

PETTIGREW, T. Prejudice. *In*: *Prejudice*. Cambridge: Cambridge University Press, 1992, p. 4-5.

PLATT, Lisa; LENSEN, Alexandra. Sexual orientation microaggressions and the experience of sexual minorities. *Journal of Homosexuality*, v. 60, p. 1011-1034, 2013.

REDISH, Martin. The value of free speech, *University of Pennsylvania Law Review*, v. 130, n. 2, 1986, p. 596-611.

RIBEIRO, Djamila. *Lugar de fala*. São Paulo: Jandaíra, 2018.

SARLET, Ingo Wolfgang ; MARINONI, Luiz Guilherme; MITIDIERO, Daniel *Curso de direito constitucional*. 4ª ed. São Paulo: Saraiva, 2015, p. 485-504.

SARLET, Ingo Wolfgang. *A eficácia dos direitos fundamentais*. Uma teoria geral dos direitos fundamentais na perspectiva constitucional. Porto Alegre: Livraria dos Advogados, 2015, p. 147-161.

SHILS, Edward. *The virtue of civility*: selected essays on liberalism, tradition, and civil society. Boston: Liberty Fund, 1997, p. 63-102.

SOLOMOS, John; BACK, Les. *Racism and society*. Nova York: Palgrave, 1996.

STF – 2ª T. – AgR RE 410.715-5 – Rel. Celso de Mello – 22.11.2005 (Qualificando o direito à educação como um "dos direitos sociais mais expressivos, direitos derivados da segunda geração de direitos cujo adimplemento impõe, ao Poder Público, a satisfação de um dever de prestação positiva, direito que sustenta várias outras categorias de direitos").

STF – ADI 3.300 MC/DF – Rel. Celso de Mello – DJ 09.02.2006 (argumentando que o direito à livre expressão sexual requer o acesso a uma série de direitos necessários para a construção de uma vida em comum).

STJ – 6ª T. – REsp. 395.904/RS – Rel. Hélio Quaglia Barbosa – DJ 06.02.2006.

STONE, Geoffrey. *The free speech century*. Oxford: Oxford University Press, 2018.

TAYLER, Charles. *Argumentos filosóficos*. São Paulo: Loyola, 2000, p. 275-304.

TELLES, Edward. *Racismo à brasileira*. Uma nova perspectiva sociológica. Rio de Janeiro: Relume-Dumará, 2006, p. 221-263.

TJRS – 8ª Câmara Cível – AC 59.836.255 – Rel. José Siqueira Trindade, 01.03.2000 (argumentando que a exclusão de casais homossexuais constitui uma forma de discriminação proibida pela Constituição Federal, tratamento atentatório ao princípio da dignidade humana dos indivíduos).

TRF 2ª Região – 7ª T. – AC 2002.51.01.019576-8 – Rel. Sérgio Schwaitzer – 04.07. 2007.

TRF 4ª Região – 3ª T. – AC 170.491/RS – Rel. Marga Inge Barth Tessler – DJU 24.11.1998 (afirmando que os direitos previdenciários garantem acesso a uma série de benefícios necessários para uma vida digna, servindo como base para o exercício da liberdade sexual); TRF 1ª Região – 6ª T. – MS 2005.34.00.013248-1/ DF – Rel. Souza Prudende – DJ 03.10.2007.

VECHIATTI, Paulo Roberto Iotti. *Manual da homoafetividade*. São Paulo: Pessotto, 2019, p. 173-233.

WRIGHT, E. R.; PERRY, B. L. Sexual identity distress, social support, and the health of gay, lesbian, and bisexual youth. *Journal of Homosexuality*, v. 51, n. 1, p. 81-110, 2006.

YOUNG, Iris Marion. Polity and group difference: a critique of the ideal of universal Citizenship. *Ethics*, v. 99, n. 2, p. 250-274, 1999.